Gerhard,
ICH habe dich bei deinem

01.08.06

Lieber Her Moll!

Weiterhin gute besserung.
Viel Freude beim Lesen
wünscht Jhnen

H. Utig

Autobiographie: Gerhard Klemm

Haus Stiegelmar
Schuster Str. 27
88074 Mecklenbeuren

Gerhard Klemm

Gerhard,
ICH
habe dich bei
deinem
Namen gerufen

Autobiographie

Skopus-verlag

Umschlaggestaltung: Sven von Deyen

Vertrieb für Deutschland:
ASAPH Buch & Musikvertrieb GmbH, Lüdenscheid

Vertrieb für Schweiz:
Christliche Buchhandlung, Hauptstrasse 58, CH-9434 Au

Copyright:
Gerhard Klemm & Skopus-verlag, von Deyen
Hoppenstedtstraße 66, 21073 Hamburg

1. Auflage: 1000
2. Auflage: 6000

ISBN: 3-00-004249-0

Zum Gedenken an einen wahren Freund

Kurz vor Mitternacht wollte ich Conrad Lemke noch ein E-Mail senden mit der Bitte, in „Wort und Geist" eine Buchbesprechung über meine Autobiographie zu veröffentlichen und mit dem Vorwort für dieses Buch nicht bis zur Entrückung zu warten. Einige Stunden später – bei uns in Kanada war es 6.00 Uhr in der Frühe – erhielt ich von meinem Verleger, Günter von Deyen aus Hamburg, einen Anruf mit der Nachricht: Conny ist heimgegangen ...

*Conny und ich waren über fünfzig Jahre Freunde; Freunde, von denen die Bibel sagt: „**Ein Freund liebt mehr als ein Bruder.**"*

In dem vorliegenden Buch erzähle ich viel über unsere Freundschaft, darum erspare ich mir hier ausführliche Schilderungen. Aber eines möchte ich noch hervorheben: Als Conny durch einen Läuterungsprozeß zu gehen hatte und wieder im säkularen Berufsleben stand, wurde er von der Gewerkschaft „Druck und Papier" für seine vorzügliche Arbeit als Betriebsratsvorsitzender für Bonn vorgeschlagen. Er fragte mich, was ich davon hielte, beantwortete aber seine Frage gleich selbst: „Die Gewerkschaft hat sehr viele gute Aspekte für die Menschen, aber identifizieren kann ich mich nur mit der Gemeinde Jesu."

So habe ich ihn als Freund und Bruder im Gedächtnis, und so werde ich ihn in Erinnerung behalten.

Gerhard Klemm

*Und sollte es für mich doch etwas bringen –
das schätzt du nun ja besser ein als ich –,
dann leg', mein Freund, so zwischen Plausch und Lobpreissingen
ein gutes Wort bei IHM mit ein, für mich.*

*Aus einem Gedicht
von meinem Neffen Günter von Deyen*

5

Außerplanmäßiges Vorwort

Es war schon eine Überraschung, als mich Gerhard Klemm anrief. Nein, nicht die Tatsache, daß er mich sprechen wollte, sondern das Anliegen, um das er mich bat: ein Vorwort für seine Autobiographie zu schreiben. Was war geschehen? Conrad Lemke, sein bester Freund, war heimgegangen, und der sollte natürlich das Vorwort schreiben.

Gerhard Klemm, wie auch Conrad Lemke, waren meine „Sonntagsschulonkel" in der ELIM-Gemeinde Hamburg. Gerhards spannender Lebensweg war – und ist immer noch – ein Vorbild für mich. Sein Weg war kurvenreich, aber immer auf ein Ziel gerichtet. Das Leben dieses Mannes ist für mich abenteuerlich und nachahmenswert. Ich folgte ihm oft unbewußt, aber auch ganz bewußt. Besonders als er nach Bremen ging und dort mit allen ihm zur Verfügung stehenden Kräften und Mitteln eine Gemeinde aus dem Boden stampfte. Unsere Wege kreuzten sich immer wieder, mal in Deutschland, mal in den USA oder auch in Kanada.

Gott weiß schon, was ER macht. Jahre später führte mich Gottes starke Hand nach Bremen. Ich darf nun schon seit vielen Jahren hier meinen Dienst tun ... Aber lesen Sie dieses spannende Buch, dann werden Sie meine Begeisterung viel besser verstehen.

Werner Gunia, Bremen 1999

Ein paar Worte in eigener Sache

Von Freunden aus der Schweiz, Max Nagel und Kurt Burkhalter, wurde ich eingeladen, sie auf einer Reise nach Alaska, in einem Camper, zu begleiten. Der nördliche Teil von Britisch Kolumbien, der Yukon und dann Alaska zeigten sich von ihrer besten Seite. Außerordentlich schön.

Durch einen Schlaganfall, den ich 1996 in Lesotho erlitten habe, bin ich auf beiden Augen jeweils links erblindet. Mein Sehblickwinkel ist sehr eingeschränkt. Deshalb konnte ich die Naturschönheiten nicht so genießen wie meine Brüder.

An den langen Abenden in unserem Camper haben wir über alles mögliche gesprochen, regelmäßig unsere Bibel gelesen und miteinander gebetet. Es ergab sich ganz von selbst, daß jeder einmal etwas über sein Leben erzählt hat. So auch ich.

Das veranlaßte meine Brüder, mich zu bitten, ein Buch darüber zu schreiben. Im großen und ganzen hatte ich das nicht vor. Doch ich horchte auf. Wenn ich mit meinen Erfahrungen ein Zeugnis für Jesus sein kann, will ich es gerne schreiben. So also ist dieses Buch entstanden. Danke für die Motivation.

Danken möchte ich meinem Neffen Günter von Deyen in Hamburg, der mich ebenfalls ermutigte zu schreiben. Er hat wesentlich zum Entstehen der Broschur beigetragen. Günters Sohn Sven hat das Cover gestaltet.

Pastor Ludwig Eisenlöffel, ein Freund aus alten Zeiten, hat in diesem Buch mein inzwischen verdrehtes Deutsch auf Vordermann gebracht. Er hat lektoriert und korrigiert. Auch ihm gilt mein herzlichster Dank.

Widmen möchte ich dieses Buch einer Reihe von Personen:

Meiner lieben Frau Gerda und meinen vier Kindern, die es mit einem solchen Mann und Vater ausgehalten haben.

Meinen Bremer Freunden Leo und Olli Mittelstädt, die mir immer in ihrem Heim ein Zuhause geschenkt haben.

Walter und Elsbeth Kimmerle, Toronto, die wie kein anderer in Kanada oder sonstwo mit ihren Mitteln die Mission unterstützten, die Gott auf mein Herz gelegt hat.

Erhart und Ilse Marie Arndt, Kalifornien, die mich in liebevoller Fürsorge bis ans Ende meines offiziellen Dienstes unterstützt haben.

Hans und Christel Trebe, ohne deren jahrelange Treue ich meinen Dienst nicht hätte vollbringen können.

Philipp und Eleonore Sehne, die dafür gesorgt haben, daß wir uns als Eheleute an unserm Lebensabend keine Gedanken über das Morgen zu machen brauchen.

Und all den vielen Betern, die in großer Treue Tag für Tag meine Arbeit und mich vor den Thron Gottes gebracht haben. Ihnen allen möchte ich danken.

Gerhard Klemm, Kelowna 1999

Vorwort eins, zwei, drei, vier und fünf

I

*1946 wurden wir aus unserer Heimat vertrieben und kamen als Flüchtlinge über Emsdetten nach Hamburg-Wilhelmsburg. Wir wurden von Bekannten zur **ELIM-Gemeinde** in Altona eingeladen. Es gab dort viele Jugendliche.*

Mich, als inzwischen 23jähriges Mädchen, haben die mit großer Freude und Inbrunst betenden jungen Männer stark beeindruckt. Noch nie hatte ich junge Männer so beten gehört. Über das andere Geschlecht und über die Ehe hatte ich mir damals so gut wie keine Gedanken gemacht. Mir fiel mein jetziger Mann auf, und ich empfand in meinem Herzen etwas für ihn. Aber ich war zu schüchtern, das offen zu zeigen. Er fragte mich, ob ich seine Frau werden wollte. Nach einigen Tagen des Gebetes, und als er mich wieder ansprach, sagte ich ja. Wir heirateten sehr bescheiden, aber das war das Schicksal vieler Menschen damals.

Als Gerhard zur Bibelschule ging, glaubte ich an seinen Ruf als Pastor. Ich hatte jedoch keine Vorstellung, wie das alles einmal werden würde. Ich hatte zu ihm ja gesagt und: „Wo du hingehst, da will auch ich hingehen", und dabei blieb ich.

Mein Mann ist ein Draufgänger, ohne Rücksicht auf sich und seine Mitarbeiter zu nehmen. Er verlangte sehr viel. Damit hat er – besonders am Anfang – anderen und auch uns als Familie manchmal weh getan. Er war hart und streng, allerdings auch gegen sich selbst. Er hat sich selbst nicht geschont. Wenn er verreiste, empfand ich stark den Schutz und die Gegenwart Gottes. Ich kann das nicht so gut beschreiben, aber so war es. Wenn er längere Zeit fort war, rief er uns an oder er schrieb uns. Kam er dann nach Hause zurück, so brachte er immer eine Kleinigkeit mit. Seine Liebe konnte er nicht in Zärtlichkeiten zeigen, wie es sich eine Frau so wünscht. Er liebt mich und seine Familie auf seine Art, und wir verstanden das und konnten damit umgehen.

Als die Kinder klein waren, konnte ich im Reich Gottes nicht viel helfen. Aber ich habe immer für ihn gebetet. Beim Lesen seines Buches habe ich alles in Gedanken noch einmal durchlebt und danke heute Gott, daß mein geliebter Mann so vielen Menschen helfen durfte.

Gerda Klemm (Ehefrau)

11

II

*Als älteste Tochter kann ich mich noch gut an die Nachkriegszeit
erinnern. Ich sehe noch heute vor meinen geistigen Augen die
Ruinen von Bremen. Auch die Spenden aus Schweden habe ich
nicht vergessen. Wie ehrfurchtsvoll ging ich doch durch die Reihen der Tische, auf denen die gespendeten Kleider ausgebreitet
lagen. Die Mama hatte dafür gesorgt, daß wir alle etwas anzu-
ziehen bekamen; ich durfte mir etwas Persönliches aussuchen und
wählte eine schwarze Lackhandtasche.*

*Damals konnte ich noch nicht überblicken, was unsere Eltern
geleistet haben. Der Papa war immer weg, und so wuchsen wir
mit unserer Mama in einem sehr fröhlichen und ruhigen Elternhaus auf. Immer wieder erklärte Mama uns, daß unser Papa so
begabt ist und sie ihn gerne für unseren Heiland abgegeben hat,
damit er arbeiten konnte im Reich Gottes. Es ist wirklich ein Vor-
recht, im Dienst Gottes stehen zu dürfen. Deswegen danke ich
Gott für die Hingabe, den Eifer und die Liebe, mit welcher meine
Eltern dem Vater im Himmel dienten. Es schien ihnen nichts zu
schwer oder zu viel zu sein.*

*Ich bin Papa sehr dankbar, daß er dieses Buch geschrieben
hat. Es hat mich tief bewegt, mich zum Weinen aber auch zum Lachen gebracht. Es ist der Wunsch der Familie Sos, daß dieses
Buch vielen Menschen zum Segen wird und ein glaubhaftes Zeugnis der Gnade und Güte Gottes für unsere Nachkommen bleibt.*

*Bärbel (geb. Klemm), Stefan, Ben und Joshua Sos
Manuela, David, Brooklynne und Zachary Helbig
Michelle, Myron und Dominie Keehn
Melanie und Daniel Tonn*

III

*Meine Eltern haben ein vorbildliches Leben gelebt. Es hat mich
auf jede Art positiv beeindruckt. Meine Mutter hat uns durch ihre
liebevolle Art den Wert eines jeden Menschen gezeigt. In dieser
Hinsicht ein Vorbild, das mich an das Leben unseres Herrn erinnert. Ihre liebe, ruhevolle Ausdrucksweise hat mein Leben geprägt
und ich versuche es jetzt an meine Kinder weiterzugeben. Durch
das Leben meines Vaters habe ich gelernt, daß mit der Hilfe Gottes alles möglich sein kann. Seine unermüdliche Energie, sein po-*

sitives Denken und sein engagierter Umgang mit Menschen sind mir besonders zum Vorbild geworden. Es ist mein Gebet, daß ich an meine Kinder und den Menschen, mit denen ich in Kontakt komme, das weitergeben kann, was ich so großzügig empfangen habe.

Andreas und Meredith Klemm
Anna, Megan und Peter

IV

Es ist schon ein urkomisches Erlebnis, die Lebensgeschichte seines eigenen Vaters zu lesen und nachzuvollziehen. Obwohl unser Papa uns viel von seinen Erlebnissen erzählte, hat sein Buch mir doch wieder ganz neue Eindrücke aus seinem Leben vermittelt.

Tief bewegt hat mich der Eifer meines Vaters und der seiner Mitstreiter für die Sache unseres Herrn Jesu. Nichts war diesen Berufenen, von denen dieses Buch berichtet, zu schwer oder zu viel. Lebe ich persönlich so für meinen Erlöser? Weiter fesselte mich das Vertrauen, das meine Eltern zu Gott haben. Es geht wie ein roter Faden durch dieses Buch. Dieses Ausmaß an Glauben wünsche ich meinem Vater nun auch für den Rest seiner Tage. Vielleicht sollte es noch stärker werden, denn physisch gesehen werden seine Tage nicht leichter werden.

Vom Pastorenamt mag mein Papa ja pensioniert sein, aber nicht vom Auftrag Jesu, sein Jünger zu sein. Vaters Tage sind ruhiger geworden. Dennoch nutzt er die Zeit und läßt die Menschen um sich herum wissen, wie sehr Jesus sie liebt. Ich weiß, mein Vater wird so leben, bis zu dem Tag, wo er vor IHM stehen wird, für den er geeifert, gelebt und an den Papa so treulich geglaubt hat. Danke für dein vorbildliches Leben in unserer Familie.

Gaby (geb. Klemm) Sabrina und Hans Reimann
Jen, Jard und Mackenzie Clark

V

Als jüngste Tochter möchte ich in erster Linie Gott für meine Eltern danken, die zweifellos ihr Christsein an erster Stelle in ihrem persönlichen Leben vorgelebt haben.

Mein Vater ist wohl einer der ideenreichsten Menschen, die ich bisher kennengelernt habe. Er sucht das Abenteuer und nimmt Risiken in Kauf; das kam uns als seinen Kindern sicherlich zugute. Den Ausgleich für Entbehrungen schaffte unsere Mutter mit ihrer Ausgeglichenheit, Liebe und täglichen Zuwendungen.

Ich danke meinem Vater, daß er dieses Buch geschrieben hat, und bin sehr beschämt, mit welchem Enthusiasmus und welcher Hingabe er Gott immer gedient hat. Was ich am meisten an ihm schätze, ist seine Liebe zu allen Menschen; egal, welcher Hautfarbe oder sozialen Schicht sie angehören. Auch sein bis heute anhaltendes Verständnis und Interesse an der jungen Generation ist beeindruckend. Als Familie Schack können wir uns nur seinem Schlußwort anschließen: Auch wir wollen Gott von ganzem Herzen dienen.

Angelika (geb. Klemm) und Folker Schack
Jana, Jones und Lennard

Die Erde, aus der ich bin

Um meine Herkunft für den Leser transparent zu machen, vorweg ein paar Informationen über meine Familiengeschichte: Die Familie meines Vaters kam im 18. Jahrhundert aus dem Salzburgischen nach Ostpreußen. Damals wurde eine große Zahl evangelischer Christen aus dem Erzbistum Salzburg vertrieben und in Ostpreußen angesiedelt. Die Protestanten hatten damals während der römisch-katholischen Gegenreformation im Salzburger Land viel zu leiden. Sie hatten schließlich nur noch die Wahl, entweder katholisch zu werden oder aber ihre Heimat zu verlassen. Weil sie sich an die Bibel halten wollten, zogen sie es vor, Haus und Hof zu verlieren. Einige in religiöser Hinsicht tolerante deutsche Herrscher nahmen damals Glaubensflüchtlinge in ihren Ländern auf, z. B. in Brandenburg und Hessen (die Hugenotten).

Ein Volksstamm, von dem sich der Name Preußen herleitet, wird in den frühesten Quellen als *Pruzzen*, *Prussi* oder *Borussi* bezeichnet. Dieser Volksstamm war mit den Litauern verwandt und bewohnte das Gebiet zwischen der Weichsel und der unteren Memel. Die Sachsen drangen im 10. Jahrhundert nach Osten bis in dieses Gebiet vor, konnten die *Pruzzen* aber nicht unter ihre Herrschaft bringen und zum Christentum bekehren. 997 starb der böhmische Bischof Adalbert als Missionar in Ostpreußen den Märtyrertod. Der christliche Glaube setzte sich erst um die Mitte des 13. Jahrhunderts durch, als der Deutsche Orden die Preußen unterwarf und deutsche und niederländische Siedler ins Land holte. Am Ende des 13. Jahrhunderts hatte der Orden das Gebiet vollständig unter seiner Kontrolle und beherrschte es ab diesem Zeitpunkt als päpstliches Lehen. Allerdings hatte sich der christliche Glaube so subtil mit dem östlichen Volksglauben vermengt wie nirgendwo sonst auf unserer Erde. Litauen, Estland, Ostpreußen, die gesamten baltischen Länder zählen zu den Hochburgen abergläubisch-christlicher Verbrüderung. Der litauische Donnergott Perkunas und der in Lettland beheimatete Perkons (auch Perkollas genannt) und noch viele andere erfreuten sich lange Zeit heimlicher Beliebtheit, besonders unter den Bauern und einfachem Volk.

Daß auf den Abkömmlingen jener gläubigen Salzburger später in Ostpreußen ein besonderer göttlicher Segen gelegen habe, kann ich von meiner Sippe nicht sagen. Möglicherweise wirkte sich aber in der Familie meiner Mutter eine – von den Frommen sogenannte – Segenslinie aus. Immerhin war sie eine tiefgläubige Frau.

Von männlicher Seite sind Großvater, Vater und ich in Königsberg geboren. Zu meiner Zeit war die Stadt mit 200 000 Einwohnern – am Pregel gelegen – die Hauptstadt Ostpreußens. Durch einen Kanal ist sie mit dem eisfreien Vorhafen Pillau an der Ostsee verbunden. Die Stadt wurde im Zweiten Weltkrieg bekanntlich stark zerstört. So waren schon zu meiner Zeit – als ich Königsberg 1944 verließ – die historischen Bauten wie der Dom aus dem 14. Jahrhundert zum Teil nur noch als Ruinen erhalten. Die 1544 gegründete Universität machte Königsberg zum Bildungszentrum. An der Universität hatte der in Königsberg geborene deutsche Philosoph Immanuel Kant gelehrt. 1945 dann die Kapitulation der deutschen Truppen vor der Roten Armee. 1946, am 5. Juli, wurde diese meine Heimatstadt Königsberg in Kaliningrad umbenannt.

Mein Großvater wie auch mein Vater waren offensichtlich keine so berühmten Leute wie der Königsberger Philosoph Immanuel Kant. Sie waren Arbeiter in einer Ziegelei. Später stieg mein Vater allerdings zum Vorarbeiter auf, in einer Baufirma, die Rammarbeiten für Hafenanlagen und Kaimauern verrichteten. Im Ersten Weltkrieg war Vater schwer verwundet worden und mußte dennoch bis vier Jahre nach Kriegsende in französischer Gefangenschaft schmoren. Wann und wie er meine Mutter Anna Mitzkus kennengelernt hat, ist mir nicht bekannt.

Meine geliebte, selige Mutter war 1887 im schönen Memelland geboren. Ihr Vater war noch Fährmann an der Memel gewesen und übte nebenbei den Beruf eines Korbflechters aus. Er wohnte mit seiner Familie direkt an dem romantischen Fluß, war aber sehr arm gewesen. Seine Tochter Anna, meine Mutter also, mußte schon ab ihrem zwölften Lebensjahr als Hausmädchen in den Häusern reicher Leute arbeiten gehen. Dreck wegmachen war ihre Tätigkeit, für die sie einen Hungerlohn bekam. So hat sie nie – wie man heute so schön sagt – ihren Hauptschulabschluß machen können. Sie erzählte mir manchmal, wie sie bei Frost und Schnee barfuß zur Schule gehen mußte. Auf dem langen Weg dorthin hat sie sich dann hin und wieder in die Hocke gesetzt, ihren langen, ärmlichen Rock wie ein Zelt um die Beine fallen lassen und über ihre nackten Füße *„ein Bächlein gemacht"*, damit sie wieder etwas wärmer wurden!

Kinder hatten es damals besonders schwer, sie wurden von den Gutsbesitzern als Leibeigene (Sklaven) gehalten. Mädchen und Frauen wurden von ihren Herren oft sexuell mißbraucht. Was vielleicht wenige wissen: Noch unter Hitler gab es in Deutschland

Leibeigene, über die dann so ein Lehnsherr auch intim frei verfügte. Nicht alle diese Männer nutzten ihre Macht unmoralisch aus. Aber meine Mutter mußte diese Schmach erleiden und hat so zwei nichteheliche Kinder zur Welt gebracht: meine Halbschwester Frieda und meinen Halbbruder Walter. Sie tragen daher auch Mutters Mädchennamen Mitzkus. Ich wurde am 12. Juni 1928 als letzter von acht Balgen in diesen Kindersegen hineingeboren und heiße deshalb Klemm. Drei meiner Geschwister starben bereits als Kleinkinder. Meine Mutter war bereits 41 Jahre alt, als sie mit mir schwanger ging. Zur gleichen Zeit trug auch ihre älteste Tochter Frieda ihr Kind im Bauch durch die Welt. So bin ich mit meiner Nichte Hildegard gleichaltrig. Der Arzt meiner Mutter hatte davon abgeraten, mich zur Welt zu bringen, mit der Begründung: „Sie haben mit Ihren sieben Kindern schon Plage genug." Doch meine Mutter war eine Christin, und darum war es für sie überhaupt keine Frage, dieses ihr Kind Gerhard auszutragen. Und ich bin froh darüber, daß sie durchgehalten hat! Gott segne solche Mütter! Vielen Frauen und Mädchen erging es so in jener „guten alten Zeit", nicht nur meiner Mutter. Frauen waren oft nur Arbeitssklaven und Gebärmaschinen.

Meine Schwester Gretel – sie war fünf Jahre älter als ich – mochte mich nicht sonderlich; sie war eifersüchtig, denn ich stand ihr im Wege bei den Zuwendungen unserer Mutter.

In der Schule gehörte ich zu den besseren Schülern, so daß meine Lehrer vorschlugen, mich auf ein Gymnasium zu schicken. Das aber kostete Schulgeld, das wir nicht hatten. Außerdem erlaubte mein Vater als Erzkommunist und Arbeiter solch eine „gebildete Laufbahn" seinem Sohn nicht. Das Schulgeld hätte er auch lieber in Form von Alkohol durch seine Kehle rinnen lassen wollen. Dennoch muß ich sagen: Ich hatte einen guten Vater. Leider konnte er seine tiefsten Empfindungen nicht zeigen, nie habe ich von ihm gehört: „Mein Junge, ich hab dich lieb ..." oder ähnliches.

Meine Eltern erlaubten mir aber eine Lehre, und das war schon viel für unsere Verhältnisse. Sie hätten mich zwingen können, als Arbeiter die Familie mit zu unterstützen. Das erlebten in jener Zeit viele Kinder so. Ich jedoch durfte nach Schulabschluß bei der Deutschen Reichspost eine Lehre beginnen. Doch bis dahin gab es im Hause für mich als Kind noch viel Arbeit. Freizeit und Spiel habe ich so gut wie gar nicht gekannt. Schon in frühen Kinderjahren trug ich nach der Schule Zeitungen aus, so um die

200 Stück. Und da es keine Hausbriefkästen im Parterre gab, ging's die Stockwerke auf und ab. Das Geld, das ich dafür bekam, mußte ich zu Hause abgeben. Da wir einen Garten und Kaninchen hatten, war es meine Aufgabe, die Nager täglich mit gerupftem Frischfutter zu versorgen. Ich mußte auch die Pflanzen im Garten mit einer Gießkanne begießen und ständig das Unkraut entfernen. Ein Haufen Arbeit für ein Kind. Vielleicht ist es da zu verstehen, daß ich mich riesig freute, als man mich endlich – mit neun Jahren – als Pimpf in die Hitlerjugend aufnahm.

Da durfte ich wo hingehen und weg sein von zu Hause. Dort bei den Pimpfen hatte ich etwas Kindgerechtes um die Ohren, das mir Spaß bereitete: mittwochs Heimabend, samstags Sport und Spiel. Später Zeltlager an den Wochenenden, allerdings auch schon mit vormilitärischer Ausbildung. Keine Macht der Welt hätte mich von dieser Einrichtung Hitlers fernhalten können, auch nicht meine Eltern. Beide waren strikt gegen Hitler und die Nazis. Vater als Kommunist, Mutter als Christin. Aber diese Abende am Lagerfeuer habe ich bis heute nicht vergessen. Wie habe ich mich bei den Pimpfen und später in der Hitlerjugend glücklich gefühlt.

1942 war es – der Krieg war bereits im vollen Gange –, als ich mit 14 Jahren die Ausbildung zum Inspektor bei der Deutschen Reichspost begann. Das wurde nur bewilligt, weil ich mich für die Zeit danach freiwillig für 12 Jahre zum Militär verpflichtet hatte. Hier lernte ich Gerd Tobien kennen. Wir wurden Freunde, und uns gegenseitig leider auch zum Verhängnis, aber davon später mehr. Zwei Jahre nach Lehrbeginn meldeten wir uns zu den Fallschirmjägern. Obwohl wir immer hart am Tode lebten, war es nicht nur eine abenteuerliche, sondern auch schöne Zeit. Wir waren verschworene Freunde im Leben wie im Sterben.

Durch den Krieg verschlagen und geprägt

Wir nannten ihn *Nicky*. Er war der Spaßvogel der Kompanie. So ein Pausenclown, den es ja überall gibt, wo sich Menschen in Gruppen sammeln. Wir alle mochten ihn wirklich gern, nur unsere Vorgesetzten nicht. Eines Tages bekam er Heimaturlaub, doch er kam viel zu früh zurück. „Nichts los zu Hause, die pupen sich vor Angst nur in die Hosen, da bin ich lieber hier bei euch." Gleich an seinem ersten Tag dann ein Feuerüberfall vom Feind ... am Ende dieser Attacke trugen wir seine zerrissenen Glieder in einer Zeltplane zusammen und begruben ihn unter militärischen Ehren. Das war ein schwerer Verlust, und grausam dazu. Was haben wir Helden geheult. Unserer Kompanie befahl man, Berlin zu verteidigen. Wir mußten unsere Festung bei Königsberg verlassen und schlugen uns nach Pillau durch. Mit dem Schiff ging es dann nach Gotenhafen-Gedingen, und von dort sollte es weitergehen nach Stettin. Vor dem Einsatz in Berlin bekam ich noch zehn Tage Heimaturlaub. In dieser Zeit wollte ich natürlich mein Elternhaus und meine Verwandten besuchen, aber alle waren geflohen oder schon tot. Meine Schwester Frieda hatte mit ihren drei Kindern Hilde, Günter und Helmut bei einem Onkel von mir in Tarpiau in einer Tankstelle gewohnt. Dort bekam ich die Information, daß Frieda mit ihren beiden Jungen nach Flensburg geflohen war. Ihre älteste Tochter Hilde war bereits Monate früher zu Hohen Herrschaften nach Rendsburg beordert worden. Ein Pflichtjahr – wie es damals so schön hieß – mußte in der Hitlerzeit jedes schulentlassene Mädchen absolvieren, ehe es eine Lehre oder ein Studium beginnen konnte. Otto, der Mann meiner Schwester, war nach Flensburg-Mürwik auf das Marineschulschiff *Karibia* abkommandiert worden. Von dort hatte er wohl aus Militärinformationen erfahren, was Ostpreußen bevorstand. Und daraufhin ließ er seine Familie nach Flensburg kommen.

Meine Mutter hatte noch einen der letzten regulären Züge erwischt und ist mit Hans-Joachim, einem der drei Söhne meiner Schwester Grete, und mit ihrer Tochter Frieda nach Flensburg gefolgt.

Mein Großvater und mein Vater waren in Königsberg geblieben, sowie eine Anzahl weiterer Verwandten. Sie hatten als Erzkommunisten in den Sowjets die großen Befreier erwartet. Aber meinen Großvater haben die Rotarmisten später mit Knüppeln erschlagen. Der Bruder meiner Mutter, mein Onkel Willi, hatte den Russen anhand seines kommunistischen Parteibuchs klarmachen wollen, daß er doch gesinnungsmäßig einer von ihnen sei. Die Russen haben nur gelacht und in seinem Beisein seine Frau und seine Tochter vergewaltigt. Mein Vater ist verhungert; er war nicht zu bewegen gewesen, mit seiner Frau die Heimat zu verlassen. Dies erzählte mir später eine ehemalige Nachbarin aus Königsberg.

Von den drei Söhnen meiner Schwester Gretel war gerade zu dieser Zeit einer in einem Erholungsheim untergebracht; wir haben nie wieder etwas von ihm gehört. Meine Schwester selbst war – später als meine Mutter – mit ihrem jüngsten Sohn Peter geflüchtet. Frauen und Kinder mußten Königsberg verlassen. Von den 110 000 Zivilisten in der Stadt überlebten bis zur Ausweisung nach Deutschland (1947/48) nur noch etwa 25 000 Menschen. Bei späteren Gesprächen hatte sich dann gezeigt, daß Gretel fast gleichzeitig mit mir Stettin erreicht haben mußte. Seite an Seite lagen die Flüchtlingsschiffe dort im Hafen. Zehntausende von Menschen, insbesondere Frauen und Kinder, waren darauf untergebracht. Niemand von ihnen durfte an Land. Aber auch Militär war in Stettin stationiert, und so blieb es nicht aus, daß die Alliierten diese Stadt fürchterlich bombardierten. Auch die Schiffe wurden angegriffen und auf den Grund der See gebombt. Alle Flüchtlinge auf den sinkenden Schiffen ertranken elendig und hilflos. Unter Granatsplitterhagel sprang meine Schwester von Schiff zu Schiff und rettete sich an Land. Ihr jüngster Sohn Peter war vorher auf dem Schiff an Erschöpfung gestorben. Man hat das tote Kind in ein Kissen gebettet, dieses mit schweren Teilen bestückt und ihn dann der Ostsee übergeben. Mit den Schiffen versank auch all unsere familiäre Habe, die Gretel bei sich hatte und retten wollte: Silber, Papiere und Erinnerungsfotos. Krieg ist grausam, aber er wird brutaler durch subjektive Entscheidungen einzelner Menschen. Nur so konnte es geschehen, daß immer wieder auch Zivilisten ganz bewußt vernichtet wurden. Man erinnere sich nur an die „Gustlov", ein Schiff besetzt mit Tausenden von Flüchtlingen, das wissentlich torpediert worden ist, ohne Rücksicht auf die Frauen und Kinder an Bord. Gretel hatte sich ebenfalls nach Flensburg durchgeschlagen, genauso wie meine Schwester Else mit ihrem Mann Alfred und deren Sohn Jürgen.

In Gotenhafen begannen wir Igelstellungen zu bauen und uns auf einen Häuserkampf einzurichten. Doch auch das zerschlug sich. Wir wurden auf das Versorgungsschiff *Goya* verfrachtet und dann doch über die Ostsee nach Stettin gebracht. Bereits in Gotenhafen hatte das große Hungern begonnen. Die allgemeine Verpflegung wurde knapp. Wir erhielten jeden zweiten Tag eine etwa zwei Zentimeter dicke Scheibe Brot. Muckefuck-Kaffee soviel wir wollten. An den Abenden waren wir dabei, Läuse zu knacken, denn davon gab es mehr als genug.

In Stettin wurden wir auf einen kleinen Dampfer verfrachtet und sind nur ganz knapp dem Angriff der Alliierten auf Stettin entflohen. Mit diesem Binnenschiff fuhren wir auf einen der pommerschen Flüsse, südlich ins Landesinnere. Das Schiff paßte genau in den kleinen Fluß hinein. Man hätte während der Fahrt von Bord an Land gehen können.

Ich kann nicht beschreiben, wie wir gehungert haben. Wir haben alles gegessen, was eßbar war. Zum Schluß auch Holz. Wir träumten nur vom Essen, wenn wir zusammensaßen. Damit haben wir uns das Hungern sicherlich nicht leichter gemacht, aber so war es eben. Unser Wunschessen? Wir wollten noch einmal zum Frühstück Kakao und belegte Brötchen verspeisen. Wir waren so stark darauf fixiert, daß wir uns als Gruß zuriefen: *„Kakao mit belegten Brötchen"*, anstatt „Guten Tag" oder „Guten Morgen".

Immer, wenn wir irgendwo anlegten – und wir legten oft an –, hatte man im voraus die dortigen Bäckereien und Lebensmittelgeschäfte vor uns gewarnt. Wenn sie nicht geschlossen waren, haben wir sie gestürmt und alles, was eßbar war, verschlungen und vieles mitgenommen. Es war einfach katastrophal. Wir waren wie ausgehungerte Löwen und nicht zu bändigen.

Eines Nachts, ich weiß nicht, wie lange wir unterwegs waren, wurden wir in einen Güterzug verladen. Keiner von uns wußte, wohin die Reise ging. Wir lagen müde, hungrig und demoralisiert auf dem Boden des Waggons. Der schlingerte so fürchterlich, daß einige von uns seekrank wurden. Sie spuckten wie die Reiher und bekamen Magenkrämpfe. Wir waren völlig fertig.

Endlich hatten wir unsern Zielort erreicht: Neustadt in Mecklenburg, oder war es Pommern? Ich weiß es nicht so genau. Es gibt so viele Neustadts. Wir wurden in einem RAD-Lager (Reichsarbeitsdienst) untergebracht. Ehe sie uns in die Baracken brachten, wurden wir entlaust, was wirklich nötig war. Erst dann bekamen wir etwas Warmes zu essen. Ich hatte ein Zwei-Liter-Kochgeschirr. Als ich es geleert hatte, habe ich mit hungrigen Augen umhergeschaut: Mehr. Wir verhielten uns unvernünftig, und viele wurden krank. Das einzig Gute war, daß unsere Vorgesetzten auch nicht mehr so richtig wußten, was sie mit uns anstellen sollten. Die Fronten hatten sich verschoben. Der Russe stand bereits vor den Toren Berlins. Wir sollten zu neuen Einheiten zusammengestellt werden, aber vorher bekamen wir Heimaturlaub. Nach Ostpreußen konnte ich nicht. Also buchte ich meine Reise nach Flensburg, denn dort – das wußte ich – lebte meine älteste Schwester Frieda.

Während meines Urlaubs suchte ich meine Familie in Flensburg; Gerd Tobien war mit dabei. Die Adresse, die ich hatte, galt nicht mehr; sie sollten in der Appenraderstraße wohnen, bei einem gewissen Herrn Christiansen. Sie waren jedoch inzwischen nach Klues umgezogen, das wußte ich aber nicht. Ziellos zog ich mit meinem Freund, dem kleinen Gerd, durch die Straßen der

Stadt. An einer Straßenbahnhaltestelle sah ich dann meine Nichte Hilde aus der Bahn steigen. Damals wußte ich noch nicht, was vorlaufende Gnade ist, denn Zufälle gibt es bei Gott nicht. So weiß ich heute, daß es die Führung Gottes war, die uns dort zusammenbrachte. Otto von Deyen, mein Schwager, hatte sie alle untergebracht. Er war für uns – damit meine ich unsere gesamte Familiensippe – der hilfreiche, großartige Organisator. Aus heutiger Sicht sehe ich ihn als den Joseph des Alten Testaments, der dort in Ägypten alle seine Brüder aufgenommen hatte. Man hatte Otto an der Peripherie Flensburgs im Stadtteil Klues drei leerstehende Flakbaracken zur Verfügung gestellt, und er brachte alle Verwandten dort unter. Er war wirklich gut zu uns allen. Jedoch seine eigene Familie mußte fürchterlich unter ihm leiden, ausgenommen sein jüngster Sohn Helmut. (Ich möchte an dieser Stelle auf das Buch meines Neffen Günter von Deyen „Ratlos vor mir selbst" verweisen. Dort schildert er sein Leben und das seiner Familie. Da es in manchen Punkten Parallelen mit diesem Buch gibt, ist es sicherlich bereichernd, es ebenfalls zu lesen.)

Nach einem kurzen Besuch bei meiner Mutter und meinen Verwandten dort in Klues meldeten wir uns rechtzeitig zur Truppe in Neustadt zurück.

1945 im April waren wir dreimal in englische Gefangenschaft geraten und jedesmal auch wieder geflohen. Unsere letzte Flucht – wir waren in der Nähe von Mürwik gefangengesetzt worden – war recht abenteuerlich verlaufen. Die Engländer sind fromme Leute und gingen, trotz Kriegsgefahren, sonntags geschlossen zum Militärgottesdienst. Sie ließen nur einen Posten im Keller zurück, in dem sie uns untergebracht hatten. Insgesamt waren wir 100 Männer auf drei Räume verteilt. Wir beschlossen, den wachhabenden Soldaten zu überwältigen, ihm den Schlüssel abzunehmen und uns dann in zwei Gruppen mit je einer Barkasse von Mürwik über die Flensburger-Förde zum Ostseebad abzusetzen. Das Überwältigen des Postens war sehr einfach gewesen. Der arme Kerl hatte fürchterliche Angst, daß wir ihn umbringen würden. Er tat alles, was wir ihm sagten. Dann stürmten wir eine Barkasse und zwangen den Schipper freundlich, mit uns in Richtung Ostseebad zu tuckern.

Ich wußte, daß mein Neffe Günter Mitzkus bei der Handelsmarine diente, und wie der Zufall (?) es wollte, lag sein Schiff in der Flensburger Förde auf Reede. Ich ließ am Schiff halten, mein Neffe stand an der Reling und ich rief ihm zu, er solle eine Strickleiter runterlassen. Der kleine Gerd und ich strampelten daran hoch und blieben einige Tage an Bord. Dann wurden wir an Land gerudert. Prompt liefen wir der deutschen Feldgendarmerie in die Arme. Die haben damals – der Krieg war ja noch nicht zu Ende, es fehlte noch ein Monat – Soldaten, die sich unerlaubt von der Truppe entfernt hatten, kurzerhand aufgeknüpft oder standrechtlich erschossen. Daran waren wir nun wirklich nicht interessiert. Doch der kleine Gerd und ich wurden glücklicherweise von Soldaten mit Herz aufgegriffen. Sie hätten unsere Väter sein können und sie ließen uns laufen. Mein nächster Weg führte zu einer Polizeidienststelle, wo ich mich als Flüchtling ohne Papiere stellte. Ich gab ein jüngeres Geburtsdatum an, so daß ich noch gar nicht wehrfähig hätte sein können. Damit kam ich zu provisorischen, aber amtlichen Papieren, die mir damals sehr halfen. Später – als nach dem Krieg die Ordnung in Deutschland wieder hergestellt war – hatte ich versucht, die Sache richtigzustellen. Aber da es keine Originalpapiere mehr von mir gab, wurde von Amts wegen das gefälschte Geburtsdatum belassen.

Als ich 65 Jahre alt wurde, mußte ich *just for fun* noch ein Jahr länger arbeiten. Ja, ja die Wunden heilen, aber die Narben bleiben. Was wir uns einbrocken, müssen wir auch selber auslöffeln. Dabei hält uns der liebe Gott den Napf manchmal etwas mundgerechter, damit's nicht ganz so schwer wird mit dem Löffeln.

Die Familie Klemm war zwar immer arm gewesen, aber sie war eine ordentliche Familie. Nie war ein Mitglied unserer Sippe mit der Polizei oder der Justiz in Konflikt geraten. Doch das änderte sich mit dem jüngsten Sproß der Familie Klemm, nämlich mit mir. Einem harmlosen Anfang von Entenklau und Brotdiebstahl folgten Schmuggel, Einbrüche und sogar Raubüberfälle. Mühelos hatten mein Freund, der kleine Gerd, und ich Gesinnungsgenossen gefunden und bildeten mit ihnen eine kriminelle Bande.

Meine kriminelle Laufbahn

Nach meiner Entlassung aus britischer Gefangenschaft – ich hatte mich ordnungsgemäß nach der Kapitulation noch einmal den Briten gestellt – setzte ich meine Berufsausbildung bei der Deutschen Post in Flensburg fort. Meine kriminelle Laufbahn beendete sie aber vorzeitig, und das kam so: Auch mein Neffe Günter Mitzkus kam zu uns nach Flensburg. Die Nachkriegszeit war eine grausame Epoche in der Geschichte Deutschlands. Ein bis dahin nie bekanntes Hungern begann für uns, und was haben wir gefroren! Nichts gab es zu kaufen. Wenn irgendwo ein Schornstein qualmte, wenn irgendwer belegte Brote aß, konnte man davon ausgehen, daß die Dinge entweder gestohlen waren oder über andere illegale Wege ihre Besitzer erreicht hatten.

Wir, das waren nun der kleine Gerd, Neffe Günter Mitzkus und ich, überlegten, was wir unternehmen könnten und kamen darauf, angeln zu gehen. Fische fingen wir nicht, aber dafür zwei Enten, die dort auf dem Bach schwammen; sie gehörten einem in der Nähe wohnenden Bauern. Das war für die damalige Zeit nichts Ungewöhnliches. Aber jeder Ganove fängt klein an. Unsere Laufbahn als Diebe setzte sich damit fort, daß wir ganz in der Frühe den Bäcker besuchten. Der hatte nämlich seine Maisbrote – andere gab es damals kaum – zum Kühlen auf dem Hinterhof abgestellt. Damit er es nun nicht so schwer hatte, sie wieder in den Laden zu tragen, haben wir ihm heimlich einen ganzen Sack voll davon abgenommen. Was wir essen konnten, haben wir uns schmecken lassen, den Rest auf dem Schwarzmarkt gegen Zigaretten und Schnaps eingetauscht.

Da unser Wirken der Polizei in Flensburg nicht verborgen geblieben war, wurden wir gejagt. Wir mußten uns absetzen und verlegten unsere Räuberei 1946 nach Bremerhaven. Dort drangen wir in das Hoheitsgebiet der Amerikaner ein und klauten, was nicht niet- und nagelfest war. Wir brachen ihre Jeeps auf und stahlen daraus stangenweise Zigaretten. Die Amis hatten das gar nicht gern, und irgendwann schnappte uns die Polizei, allerdings nicht auf frischer Tat. Sie konnten uns nichts beweisen und mußten uns schon bald wieder aus der U-Haft entlassen. Wir lachten uns eins ins Fäustchen. Das war im Februar 1946. Wir hatten außerdem jede Menge Lebensmittelkarten beim letzten Einbruch gestohlen, damit kamen wir gut über die Runden. Aber in Bremerhaven war für uns nun der Boden zu heiß geworden, also zogen wir wieder nach Flensburg zurück. Wie froh waren wir, als wir den Bahnsteig des Flensburger Bahnhofs wieder unter unseren Füßen hatten. Mit der Straßenbahn ging's dann nach Klues in unsere Baracke.

Die Familie meiner Schwester Frieda, Else, ihr Mann und Sohn Jürgen wie auch meine Mutter mit Hans-Joachim waren inzwischen nach Hamburg übergesiedelt.

Günters Mutter – meine Schwägerin Ilse Mitzkus – war während des Krieges mit ihren anderen Kindern nach Sachsen evakuiert worden. In einem Ort – den Namen habe ich vergessen – hatte sie wertvolle, persönliche Dinge zurücklassen müssen. Wir fuhren nun dorthin, um diese Sachen zu holen. Neffe Günter, der kleine Gerd und ich mußten „schwarz" über die Ostzonengrenze, die von russischen Soldaten bewacht wurde. Aber wir waren ja Profis und alles ging gut. In einen mitgenommenen Seesack stopften wir alles, was hineinging, hinein und fuhren zurück nach Flensburg. Die abenteuerliche Zugfahrt ging über Hamburg. Dort trennte sich Günter von uns und zog mit dem gefüllten Seesack ins Ruhrgebiet. Reisende Leute soll man nicht aufhalten, dachten wir und ließen ihn ziehen.

Der kleine Gerd und ich blieben einen Tag in Hamburg, weil meine Mutter Geburtstag hatte. Es war der 10. April 1947, und ihr sechzigster Jahrestag. In der Nacht kamen wir an und wurden wegen Raummangels in der Küche einquartiert. Meine Mutter lebte nämlich noch im Hause meiner ältesten Schwester Frieda und ihrem Mann Otto, in der Laubenkolonie HORST e.V.! Der kleine Gerd und ich schliefen auf einer Sprungfedermatratze, die für jeden Fakir ein Genuß gewesen wäre.

Plötzlich wurden wir unsanft aus dem Schlaf geweckt.

Eine Gruppe fanatischer Christen – was ich damals nur ahnte – brachte meiner Mutter in aller Frühe ein sogenanntes Geburtstagsständchen. Mit Gitarre, Mandoline und so. Meine Güte, wie habe ich mich darüber aufgeregt. Schließlich waren's ja nicht die Wiener Sängerknaben, die da vor dem Fenster standen. ‚Typisch diese Frommen', dachte ich. ‚Sie haben nichts anderes zu tun, als anständige Menschen im Schlaf zu stören.' Das Schlimme an der Sache war, daß der Gesang kein Ende nahm. Einen Vers und noch einen Vers und einen dritten und vierten. Den Refrain natürlich immer zweimal hintereinander nach jedem Vers. Was mich am meisten daran ärgerte, war, daß das Lied überhaupt nicht mit einem Geburtstag in Verbindung gebracht werden konnte. Was sollte das nur? Am Ende kannte ich den Refrain schon auswendig: „Das Blut des Lammes reinigt uns und schaffet alles neu."
„Happy Birthday" als Ständchen hätte ich mir ja noch gefallen

25

lassen. Die Einladung zur Geburtstagsfeier lehnte ich erbost ab. Statt dessen fuhren wir nach St. Pauli auf die Reeperbahn und tranken soviel wie möglich Alkohol. Obwohl zu der Zeit fast alles zerbomt gewesen war, lief das Geschäft auf der sündigsten Meile in Deutschland ungebrochen weiter. Die „Große Freiheit" auf St. Pauli war von den Bomben unberührt geblieben, und daß dort geneppt wird, weiß heute jeder. In jenen ersten Jahren nach Kriegsende zahlte man für eine Flasche 42prozentigen Birngeist 360,00 Reichsmark. Aber wir hatten es ja! Sünde ist nicht nur tödlich, sie ist dazu auch teuer. Um sicher zu sein, daß die Frommen nicht mehr bei meiner Mutter waren, fuhren wir um 24 Uhr mit der letzten Straßenbahn zurück.

Am nächsten Tag dann ab nach Flensburg. Nichts als weg von dieser frommen Gesellschaft. Zu dieser Zeit ahnte ich nicht im geringsten, was in Flensburg auf mich wartete. Als ich mit meinen Gedanken allein war, träumte ich von einer sorglosen Zukunft. Daß diese Zukunft mit dem Lied *Das Blut des Lammes reinigt uns* indirekt bereits begonnen hatte, konnte ich nicht ahnen.

Ein Schlüsselerlebnis

Wieder in Flensburg angekommen, spezialisierten der kleine Gerd und ich uns auf Eisenbahnüberfälle. Wir brachen Waggons auf, die aus Dänemark kamen, und raubten Lebensmittelpakete. Wir nannten sie Speckpakete, und davon konnte man ganz gut leben. Leben? Damals wußte ich noch nicht, was Leben ist. Aber schon bald wurden der kleine Gerd und ich dann Ende April 1947 verhaftet.

14 Polizeibeamte waren in der Frühe aus zwei Mannschaftswagen gesprungen und hatten unsere Baracke umstellt. Wir waren von einem Polizeispitzel verraten worden. Man hatte uns getrennt abtransportiert und in verschiedene Zellen gebracht. Die erste Zeit steckte man mich mit einem Mann zusammen, der ein Bauernehepaar umgebracht hatte. Er benahm sich sehr merkwürdig. Aus Angst konnte ich nicht mehr schlafen. Ich mußte ständig denken: ‚Der Mann ist verrückt, vielleicht geht er dir auch noch an den Hals.' Doch bald brachten sie mich auf eine Einzelzelle. Man hatte entdeckt, daß ich – nach Aussage meiner gefälschten Papiere – noch Jugendlicher war.

Zunächst versuchte ich alles auf die leichte Schulter zu nehmen, nach dem Motto: *Alles ist vergänglich, sogar lebenslänglich.*

Doch mit der Zeit begann ich über den Unsinn meines Lebens – und den Sinn des menschlichen Daseins überhaupt – nachzudenken. Ich erinnerte mich, daß von den 360 jungen Menschen meiner früheren militärischen Einheit – die im Alter zwischen 17 und 19 Jahren gewesen waren – nur sechs überlebt hatten. Sie alle hatte man, genau wie mich, einberufen. Einer der sechs Überlebenden war ich, das machte mich nachdenklich. Ob ich in jener Zeit gebetet habe? Ich habe nicht einmal daran gedacht! Wozu leben wollen? Was war denn der Sinn des Lebens überhaupt? Ich begann alle diese Fragen gedanklich durchzuspielen – Zeit genug hatte ich ja – und kam zu keinem annehmbaren Ergebnis. Aber der Gedanke: ,Es ist ja alles sinnlos, dein Leben ist doch verpfuscht, es bringt nichts mehr, mach Schluß‘, wurde immer stärker und ging mir nicht mehr aus dem Sinn.

Auf einmal, wie ein Blitzeinschlag, drängte sich der Gedanke in mir auf: ,Und wenn es nun doch einen Gott gibt? Einen, der deinem Leben Sinn und Inhalt geben kann?‘ Ich verwarf diese Blitzidee gleich wieder. ,Nein, nein, den gibt es nicht, das ist eine Krücke für Schwache, für Leute, die keinen Willen haben. Es ist nicht bewiesen, daß es Gott gibt. Er existiert sicher nicht.‘ Ich war mir also klar darüber: ,Gott gibt es nicht.‘ Ein Kampf wogte in mir. Aber meine Gedanken gaben nicht nach: ,Gerhard, du bist feige. Alle Möglichkeiten hast du gedanklich durchgespielt. Ohne Ergebnis. Warum aber läßt du Gott außen vor? Du hast Angst. Angst vor Konsequenzen.‘

Angst und Feigheit sind ein verschiedenes Paar Schuhe.

Angst hat jeder Mensch. Wer sagt, er hätte keine Angst, der lügt. Bei Feigheit ist es etwas anderes. Ich habe Angst gehabt in vielen Situationen, aber feige war ich nicht und wollte es auch nie sein. Und so beschäftigte ich mich weiterhin gedanklich mit Gott. Zum ersten Mal in meinem Leben fing ich in Gedanken bewußt an, mit Gott so etwas wie ein Gespräch aufzunehmen.

Bis zu diesem Zeitpunkt hatte ich noch nie das innere Bedürfnis, in eine Kirche zu gehen. (Als Kleinkind bin ich wohl von meiner Mutter einige Male in einen Gottesdienst mitgenommen worden.) Noch nie hatte ich bis dahin die Bibel oder andere religiöse Bücher gelesen. Also wußte ich auch nicht, wie man mit Gott redet. In der Gefängniszelle an meiner Pritsche kniete ich mich aber zum ersten Mal in meinem Leben nieder und betete zu Gott. Ich tat es auf meine Weise und das klang ungefähr so:

„Gott, wenn es Dich gibt – was ich nicht glaube –, wenn Du da bist und meinem Leben Sinn und Inhalt geben willst, dann will ich für Dich leben und Dir dienen. So, wie ich bisher der anderen Seite gedient habe."

Leute, ich habe es damals in der Einzelzelle hundertprozentig ehrlich gemeint. Und Gott ließ es mir als einem Aufrichtigen gelingen. Es war unerklärlich für mich: Ich begann mich über mein bisher gelebtes Leben zu schämen. Scham war mir bis dahin unbekannt gewesen. Im Gegenteil, ich habe angegeben und noch *„mehr Butter daraufgestrichen"*, wenn ich mich meiner kriminellen Taten vor anderen rühmte. Ich war immer stolz auf das, was ich geleistet habe. Aber Schamgefühle? Nein, die kannte ich nicht. Doch dort im Knast schämte ich mich zum ersten Mal bewußt und gründlich. Hinzu kam ein mir bis dahin nicht bekanntes Schuldbewußtsein. Ich sah meine Sünden vor meinen geistigen Augen. Alles, was ich angestellt hatte, tat mir plötzlich furchtbar leid: Lügen, Stehlen, Unzucht, Jähzorn und anderes mehr. Diese demütigende Selbsterkenntnis wollte nicht aufhören. Ein erdrückendes Schuldgefühl legte sich auf mich. Viele Menschen hatte ich verletzt. Sie standen nun wie stumme Ankläger vor meinem inneren Auge. Was sollte ich nur dagegen unternehmen? Innerlich fühlte ich mich nicht nur unwohl, sondern so richtig dreckig. So stieg in mir das Bedürfnis, sauber sein zu wollen. Woher kam dieser Konflikt in mir? Ich kam zu der Erkenntnis: ,Das kann nur von Gott sein, zu dem ich gebetet habe.'

Es ist schwer, die damalige Erfahrung zu beschreiben. Ich hatte das innere Bedürfnis, Gott alle meine Sünden zu bekennen, ich habe es hinausgeschrien, wollte meine Schuld loswerden, wollte sauber sein. In dieser inneren Not kam mir das Geburtstagslied von jenem Morgen in Hamburg in den Sinn: *„Das Blut des Lammes reinigt uns und schaffet alles neu."* Mir wurde klar, daß ich genau das wollte und brauchte, und so betete ich aus tiefstem Herzen:

„Gott, reinige mich. Reinige mich durch das Blut Jesu, mache alles neu. Bitte, mache alles neu! Laß mich ein anderer Mensch werden."

Ich weiß nicht, wie oft ich das wiederholt habe. Es hat Tage gebraucht, bis ich innerlich zur Ruhe kommen konnte. Immer wieder, wenn mir eine Schandtat einfiel, habe ich sie vor Gott bekannt. Ich schäme mich nicht, zu schreiben, daß ich damals geheult habe. Es war ein heftiger Kampf um ewiges Leben oder ewiges Sterben. Einige Zeit später zog Friede ein in mein Herz. Frieden mit Gott, unbeschreiblich, überzeugender als alle menschliche Vernunft. Mit diesem Frieden kehrte auch Freude in mir ein.

Ich konnte in meiner Gefängniszelle auf und ab gehen und singen. Ja, ich versuchte nun auch das Lied zu singen: *„Das Blut des Lammes reinigt uns und machet alles neu."* Sicherlich habe ich das nicht richtig zustande gebracht, und den Text habe ich schon gar nicht verstanden. Was heißt das denn: *Das Blut des Lammes?* Gefühlsmäßig war ich aber völlig sicher, daß mir dieses *Blut des Lammes* helfen konnte. Heute weiß ich, daß sich damals sogar der Himmel gefreut hat über den Sünder, der da in der Gefängniszelle Buße getan hat.

Ich ahnte zu der Zeit nicht, wie mein weiteres Leben verlaufen würde. Aber ich wußte: Meine Sünden sind mir vergeben, mein Verhältnis zu Gott war klar, ich bin ein Christ, ein Kind Gottes; und das war mir mehr wert als alles andere.

Mit diesem Erlebnis im Herzen wurde ich nach einem Monat U-Haft nun zum zweiten Mal aus einem Gefängnis entlassen. Da der kleine Gerd schon vorbestraft gewesen war, mußte er – ohne Bewährung zu bekommen – eine mehrjährige Haftstrafe absitzen. Er hatte sich in meine Schwester Gretel verliebt, die nun aber lange auf ihn warten mußte.

Ein unerfreulicher, aber lehrreicher Rückblick

Ehe ich über meine Umkehr zu Gott berichte, will ich noch ein bestimmtes Erlebnis erzählen. Ich hatte eine Menge Freunde. Wir haben so manches miteinander ausgefressen und gingen, wie man so sagt, gemeinsam durch dick und dünn, was auch immer man darunter verstehen mag.

Es war Silvester 1947. Wir hatten nichts Richtiges zu trinken, *Hochprozentiges*, versteht sich. Ohne einen in der Krone zu haben, gibt es keine Stimmung, war damals meine Lebensdevise. Wir hatten einige Einbrüche begangen, einmal drei Geschäfte und zwei Gaststätten ausgenommen. Aber die hatten nicht so richtig was gebracht. Außerdem hatten wir einige zünftige Parties im Wiener Café gefeiert. Ein Raubüberfall, von dem wir uns eine schöne Stange Geld versprochen hatten, ging glücklicherweise – nach meiner heutigen Sicht – in die Hose. Das war meine Schuld gewesen. Ich hatte mir aus einem alten Mantelärmel einen strammen Sandsack genäht, doch ich hatte den Mann nicht richtig am Hinterkopf erwischt. So fing er an, wie am Spieß zu schreien. Logisch, daß wir einen *Adler* gemacht haben, d. h. daß wir abgehauen sind. Eine Flasche Schnaps kostete damals z. T. über 300,00

Reichsmark. Es kam immer darauf an, was gerade auf dem Schwarzmarkt war. Also, woher nun nehmen und nicht stehlen? Mein nur ein halbes Jahr jüngerer Neffe Günter Mitzkus, der kleine Gerd Tobien und ich mußten uns etwas einfallen lassen. Schließlich waren wir immer die Rädelsführer gewesen. Günter war ja Seemann gewesen, und so kam uns der folgende Gedanke: Wir gehen in den Hafen, suchen uns das größte Schiff aus und montieren den Kompaß ab. Dann zapfen wir den fast reinen Alkohol ab, mit dem solch ein Ding meist gefüllt war.

Gedacht, getan und hin zum Hafen. Über zwei kleine Boote ging es zu einer großen Yacht. Die Matrosen waren an Land, die Wache pennte wohl. Jedenfalls konnten wir ungestört arbeiten. Wir montierten seelenruhig den Kompaß ab, schleppten das schwere Gerät nach Hause und öffneten es dort. Wir kochten sicherheitshalber den abgezapften Alkohol noch einmal auf und streckten ihn mit Fruchtsaft. Das war lebensgefährlich, was wir damals machten, schließlich ist reiner Alkohol reines Gift und er hätte ja mit Phenol angereichert gewesen sein können. ‚Schiet egal‘, dachten wir. Einmal gehen wir so oder so kaputt. Wir tranken das Zeug.

Als wir raus an die kühle, frische Winterluft kamen, dachte ich, mir hätte einer mit dem Vorschlaghammer vor den Kopf gehauen. Das Zeug brachte es voll. Nach einer kurzen Schlägerei im Löwenbräukeller verlief die Silvesterfeier dann doch noch friedlich. Ich werde es nicht vergessen: Es war nach zwölf Uhr Mitternacht. Die Glocken läuteten und es gab auch ein kümmerliches Feuerwerk, aber auch fürchterliche Detonationen, daß die Häuser wackelten. Da müssen einige Kerle irgendwas wie Tellerminen mit Feuerwerkskörpern verwechselt gehabt haben.

Jedenfalls waren wir vor einer Kirche gelandet. Die Leute wollten gerade das Gotteshaus verlassen. Wir standen an der Kirchentür wie die Unschuldslämmer, die keiner Fliege etwas zuleide tun könnten. Wie richtige Kirchendiakone schüttelten wir allen, die herauskamen, kräftig die Hand und wünschten *Prost Neujahr*. Es war richtig feierlich. Eine Mutter war so begeistert von mir, daß sie ihrer Tochter sagte, so einem netten jungen Mann solle sie doch einen Kuß geben. Mutter und Tochter hatten leider nicht den gleichen Geschmack, und auf die Mutter verzichtete ich lieber.

So waren damals meine Freunde und Kumpels. Ich hatte jede Menge davon, aber ich kannte noch nicht die Qualitätsunterschiede zwischen Freund und Freund. Diesen Unterschied sollte ich erst noch kennenlernen.

30

Ein neuer Anfang

Unterwegs – vom Gefängnis nach Zuhaus – hatte ich mir noch schnell fünf Zigaretten gekauft, wie gewohnt angezündet, dann aber eine nach der anderen wieder weggeworfen. Sie schmeckten mir nicht mehr. Seitdem habe ich nie wieder geraucht. Die letzten Schritte zu unserer Wohnung in der Luftwaffenbaracke in Flensburg-Klues fielen mir immer schwerer. Meine Mutter und meine Schwester Else waren zu diesem Ereignis extra aus Hamburg angereist. Vielleicht, weil sie mich beschützen wollten? Ich hatte meiner Mutter aus dem Gefängnis geschrieben – ohne es näher zu erläutern –, sie würde einen *neuen Sohn* bekommen. Aber das hatte sie vermutlich nicht geglaubt. Zu oft war es von mir versprochen, doch nie gehalten worden.

Wie würde wohl die Begegnung mit ihr und den anderen Angehörigen ausfallen? Ich stand vor der Tür und klopfte an. Meine Schwester Gretel öffnete und überfiel mich, noch auf der Türschwelle stehend, mit einem Schwall von freundlichen Worten. Sie beteuerte immer wieder, wie begeistert sie doch wäre, mich wiederzusehen. Und wie sie sich alle freuen, mich wieder bei sich begrüßen zu können. Außerdem sei alles für eine große Party in B. B., unserem Stammlokal, vorbereitet. „Wir werden richtig einen draufmachen", sagte sie voller Unternehmungslust. Das alles noch im Türrahmen.

Ja, und dann sagte ich etwas, was sie total überraschte:

„Gretel, ich mache nicht mehr mit."

Sie wurde bleich und drohte umzufallen. Fassungslos sah sie mich an und stotterte:

„Aber warum denn nicht?"

„Ich bin Christ geworden", antwortete ich.

„Das glaub' ich dir nicht. Nicht du, jeder andere. Du hast kein frommes Blut. Du hast keine fromme Veranlagung. Ich kenne dich besser als jeder andere. Das geht vorbei. Ich gebe dir 14 Tage."

„Du hast ja recht", sagte ich etwas verlegen. „Ich war noch nie ein Frommer, aber jetzt glaube ich an Gott. Und wenn es nichts bringen sollte, kann mich keiner mehr davon abhalten, mein Leben so zu leben, wie ich es bisher getan habe." Dann fragte ich freundlich: „Aber darf ich nun erst einmal hereinkommen?"

Gretel gab die Tür frei und ich ging wortlos in die Baracke. Mitten in der kleinen Stube standen meine Mutter und meine Schwester Else. Ich blieb vor meiner Mutter stehen und sagte: „Mutti, ich möchte dich um Vergebung bitten. Ich war ein sehr schlechter Sohn. Ich habe dich mit meiner Art zu leben und wie ich dich behandelt habe zur Verzweiflung getrieben. Du hattest recht, als du gesagt hast, ich sei dir wie ein Nagel zu deinem Sarg. Entschuldige und verzeih mir. Bitte verzeih mir. Ich habe Gott um Vergebung gebeten, und ER hat mir vergeben. Bitte vergib du mir auch."

Dabei nahm ich meine Mutter in den Arm, soweit ich denken konnte, wohl zum ersten Mal. Dann bin ich von einer Schwester zu anderen gegangen und habe auch sie um Vergebung gebeten. „Ich war euch ein schlechter Bruder, bitte vergebt mir."

Und dann lagen wir uns alle in den Armen und weinten, wir weinten vor Freude. Meine Sache mit Gott und den Menschen war auf eine unerwartet harmonische Weise klar geworden.

Aber ehrlich gesagt, ich hatte plötzlich Angst vor dem Christsein. Meine Schwester Gretel hatte doch gesagt: „Ich kenne dich. Du hast keine fromme Veranlagung, kein frommes Blut." Da hatte sie wohl recht.

Ich war schon immer ein Optimist und eine echte Frohnatur, auch vor meiner Bekehrung. Wenn es Christen gibt, die sagen, daß Nichtchristen sich nicht wirklich freuen können, dann liegen sie mit ihrer Meinung falsch. Bei uns in der Clique war immer was los gewesen. Und wenn nichts los war, dann wurde was los gemacht, und das hat uns immer auch gefreut.

Später sind mir in meinem weiteren Leben Leute begegnet, die sich Christen nannten, die aber mit einem Gesicht herumrannten, als hätte sie ein Magen-Darm-Katarrh gequält oder sie hätten auf Zitronendiät gelebt. Verbitterte und unerlöste Gesichter hatten sie. Von ihrer Freude im Herrn war nichts zu spüren und nichts zu sehen. Solche Leute waren und sind für mich schwer zu verstehen. Christsein äußert sich in Freude und Stärke. Es war wohl Nietzsche, der gesagt hat: ‚Christen müßten erlöster (freudiger) aussehen, wenn ich an ihren Erlöser glauben soll.' Der Mann hatte recht.

Und genau das war damals in meinen Anfängen die Angst in mir: Angst vor einem freudlosen Christsein. Christen – so hatte ich gehört – dürften all die kleinen schönen Dinge des Lebens nicht genießen, die einem das oft miese Dasein lebenswert halten können.

Was würde ich als frischgebackener Christ wohl während einer ganzen Woche unternehmen? Was würde an den Abenden laufen? Das war eine berechtigte Frage für einen zwanzigjährigen Mann. Mußte ich mit einigen alten Omas in irgendeiner Kirchenecke auf einer Kirchenbank (nicht einmal auf einer Wolke) nur immer Halleluja singen, mit einer Klampfe in der Hand? Mit Grausen dachte ich dabei an jene Geschichte von Mark Twain: *„Der Käpten Stormfield erzählt von seiner Reise in den Himmel."* Wie wird die Wirklichkeit meines neuen Lebens aussehen? Ist es berechtigt, Angst vor einem freudlosen Christsein zu haben? ‚Wie wird das bei mir sein?', fragte ich mich selbst.

Heute bin ich mehr denn je begeisterter Christ, und noch immer eine optimistische Frohnatur. Das jedoch ahnte ich damals noch nicht.

Als ich als Christ aus dem Knast kam, sagte meine Schwester Else, die schon lange Christin war: „Der Gerhard ist erweckt." Ich wußte damals nicht, was das bedeutete. Das ist frommer Jargon. Man nennt es auch die *Sprache Kanaans*. An all das mußte und wollte ich mich gewöhnen. Ich sagte mir: ‚Wenn du ein neuer Mensch sein willst, wenn du diesen Frieden und diese Freude weiterhin genießen möchtest, dann sind in diesem neuen Leben auch neue Regeln einzuhalten.'

Aber schwierig war es am Anfang für mich schon. Es gab Augenblicke, wo der alte Gerhard Klemm sein natürliches Wesen zeigte. Besonders schwer fiel es mir, wenn meine alten Kumpels frotzelten, mich verspotteten oder über Jesus in beleidigender Form redeten.

Ich erinnere mich, daß ich mal an einem Kino vorbeikam und einen ehemaligen Freund von mir in der auf Einlaß wartenden Menschenschlange entdeckte. Ihm mußte ich erzählen, was mit mir geschehen war. Er wurde derart ausfallend, nicht über mich, sondern über Jesus, daß ich weggehen mußte. Ich konnte den gemeinen Spott über meinen neuen Herrn nicht ertragen. Ich war völlig erbost darüber, und bei mir brannte eine Sicherung durch. Nach etwa hundert Schritten kehrte ich um und suchte ihn. Ich dachte: ‚Nun erzähle ich es noch einmal. Wenn er dann wieder lästert, dann schiebst du ihm eine rein, so daß er in die Schaufensterscheibe fliegt.' Doch ich fand ihn nicht mehr. Ich weiß auch nicht, wo er geblieben war. Gott hatte ihn wohl vor mir in Schutz genommen.

Wir werden als Säugling geboren, und nicht anders ist es auch im geistlichen Leben. Aber das ist eine Sache, aus der man herauswächst. Eine Zeitlang nur macht man noch die Windeln voll. Langeweile? Absolut keine. Freunde? Mehr als ich verdient hatte. Und zwar richtige Freunde! So fing alles bei mir an neu zu werden, aber Gott hat auch einen Plan für jeden Menschen. Es ging weiter in meinem Glaubensleben, an der guten Hand Gottes.

Es war mein Schwager Otto, der für mich eine Zuzugsgenehmigung nach Hamburg erwirkte. Er kam eigens für mich nach Flensburg und erledigte mit einem unerschütterlichen Auftreten bei den Behörden alle Formalitäten. Dann nahm er mich mit nach Hamburg und ließ mich in seiner winterfest umbauten Gartenlaube mitwohnen. Auf neun Quadratmeter Raum lebte ich friedlich mit meiner Mutter zusammen. Das Arbeitsamt vermittelte mich zu der weltbekannten Füllfederhalterfabrik ‚Mont Blanc‘. Dort fand ich vorübergehend als Dreher und Drechsler eine Beschäftigung. In Hamburg wurden auch die Weichen für meinen späteren geistlichen Dienst gestellt.

Wie gesagt: Ich war hungrig und durstig nach Gott und konnte nicht genug bekommen vom Glauben an Jesus Christus. Er hatte mir die Tür zu einem völlig neuen Leben geöffnet. Und als guter Hirte führte er mich Schritt um Schritt tiefer in das Geheimnis seiner Liebe hinein.

Eine charismatische Freikirche

Die Christengemeinde ELIM hatte 1947 vorübergehend in Hamburg-Altona von den Adventisten für sonntags deren Gemeinderaum gemietet.

Da diese Glaubensgemeinschaft den Samstag als den gottgewollten Sabbattag feiert, standen ihre Kirchen sonntags leer. Die Liebe unserer Geschwister aus den Adventistengemeinden war vorbildlich, denn nicht nur in Hamburg stellten sie ihre Kirchenräume für andere Freikirchen zur Verfügung, sondern auch anderswo.

Meine Schwester Frieda nahm mich dorthin mit zu meinem ersten Gottesdienst in Hamburg. Ich war sehr gespannt, wie so etwas wohl ablaufen würde. Von einem in Flensburg erlebten Gemeindebesuch war ich nicht so begeistert gewesen. Aber die persönliche Erfahrung, die ich im Gefängnis gemacht hatte, gab mir soviel Kraft, daß ich Enttäuschungen hinnehmen und meinem Glauben trotzdem treu bleiben konnte. Meine Schwestern Frieda und Else, und auch meine Mutter, waren sehr neugierig, wie ich jetzt wohl reagieren würde.

Als ich den Raum betrat, der fast bis auf den letzten Platz besetzt war, dachte ich, mich trifft der Schlag. Sah ich nicht richtig? Was irritierte mich hier in diesem Raum so?

An einem der Tage im Gefängnis – ich hatte mich niedergekniet, um mit Gott zu reden – sah ich vor meinen geistigen Augen einen vollbesetzten Raum. Mittendrin stand ein großer, dicker Kanonenofen mit einem verlängerten Rohr. Ich konnte mich in einer Art Vision persönlich hinter einem Rednerpult stehen sehen und zu vielen Leuten reden hören. Damals wußte ich nichts damit anzufangen. Ich dachte nur: ‚Mensch, Gerhard, du wirst doch hoffentlich nicht religiös wahnsinnig?‘ Ich hatte davon gehört, daß einem so etwas widerfahren könnte.

Nun stand ich also in der Kirche. Ich schaute mich um, und siehe da, es war der Raum und der Ofen, wie ich ihn im Gefängnis als Vision gesehen hatte. (Hinter jener Kanzel – die ich nun vor mir sah – habe ich später, vor meiner Taufe, den Leuten erzählt, wie ich zu Jesus gefunden hatte.)

Ich setzte mich und harrte der Dinge, die da kommen sollten. Mir war komisch zumute. Diese Vision aus dem Knast ließ mich nicht los. So etwas kann es doch nicht geben, dachte ich immer wieder. Es gab es aber doch, denn ich saß in diesem Raum, den ich damals in einer Art Tagtraum gesehen hatte.

Dann sang der Chor, begleitet von Gitarren, Mandolinen und einer Zither. Immerhin gefiel mir das, und ich war beeindruckt. Dann sang auch die Gemeinde und anschließend wurde zum Gebet aufgefordert. Man stelle sich vor: Ich, der ich sonst in Bars und Kneipen zu Hause war, sitze jetzt in einer lebendigen christlichen Gemeinde. Leute, ich kann nur sagen: da ging die Post ab. Ich wußte gar nicht, wie mir geschah. Hier schien jeder zu beten, laut und mit einer Anteilnahme, wie ich sie noch nie erlebt hatte.

Junge, Junge, ich habe regelrecht eine Gänsehaut bekommen. Ein Schauer nach dem andern lief mir den Rücken rauf und runter. Ob mich das geschockt hat? Schon! Jedoch positiv. Ich habe gedacht: ‚Meine Güte, können die beten, das kannst du nicht!‘ Es stimmte. Ich konnte nicht so beten. Ich nahm es sicherlich sehr ehrlich mit meinem Glauben. Aber, daß man so intensiv und mit solcher Inbrunst beten kann, das wußte ich bis dahin nicht.

Da hat auch nicht einer nach dem andern gebetet, sondern alle beteten miteinander, zur gleichen Zeit. In den Kirchen soll es ja so etwas geben, daß alle miteinander ein „Vaterunser" beten. Aber das war hier nicht der Fall. Ich hörte genau hin: Jeder sagte und betete etwas anderes. Außerdem – so stellte ich fest – es hörte keiner dem anderen zu, was der betete. Das beeindruckte mich. Andere Menschen mögen anders empfinden, aber bei mir schlug dieses Chorbeten positiv ein. Und was hab' ich während des Gebets gemacht, als ich merkte, niemand hört zu oder beobachtet den

35

andern? Ich fing auch an zu beten. Nicht so laut wie die andern. Dazu war ich anfangs noch zu schüchtern. Aber ich betete halblaut und fühlte mich ungeheuer gut dabei. So richtig befreiend war das.

Am Schluß wurde vom Pastor jemand persönlich aufgefordert, laut ein freies Gebet zu sprechen. Da wurden alle anderen still, hörten zu und sagten gemeinsam: Amen.

Dann sang ein gemischter Chor a cappella, ohne Instrumente. Das gefiel mir nicht so gut, obwohl es nicht schlecht war. Für meinen Geschmack zu klassisch. Nachdem der Pastor viele Vorankündigungen und gemeindeinterne Angelegenheiten bekanntgegeben hatte, sang noch einmal der Gitarrenchor ein flottes Lied. Das mir wieder ausgezeichnet gefiel.

Der Pastor war mir sympathisch. Seine Predigt fand ich jedoch langweilig. Meine Mutter flüsterte mir zu: „Den kenne ich schon aus Königsberg, er heißt Paul Rabe."

Das brachte ihm bei mir weitere Pluspunkte ein. Er stand auch nicht steif wie eine Schaufensterpuppe herum, er verließ sogar sein Rednerpult. ,Hei', dachte ich, ,das ist gar nicht so schlecht.' Aber von dem, was er sagte, verstand ich so gut wie gar nichts. Er erzählte von einem Aaron und von was weiß ich wem. Ja Leute, diese Herrschaften aus der Bibel kannte ich doch gar nicht. ,Die haben sich nie bei mir vorgestellt', dachte ich amüsiert. Ich begriff nicht, was ich mit denen zu tun hatte.

Die Gestik des Pastors gefiel mir besser. Ich achtete auf seine Bewegungen. Er wackelte manchmal so eigenartig mit dem Kopf. Ab und zu erzählte er eine Geschichte aus dem Leben. Das kannte ich, und da schaltete ich wieder ein. Bis dahin hatte ich abgeschaltet. Und wenn er das tägliche Leben mit den Aussagen der Bibel verglich, dann dachte ich: ,Ach so meint er das. Das ist logisch', und ich gab in Gedanken meinen eigenen Senf dazu.

Zum Schluß sang erfreulicherweise noch einmal der Gitarrenchor. Der Pastor sprach ein kurzes Schlußgebet. Das war's. Wir gingen nach Hause. „Das war nicht schlecht", erklärte ich meinen Schwestern und meiner Mutter, die gespannt waren, wie ich wohl alles aufgenommen hatte.

So also erlebte ich meinen ersten Sonntagmorgen in einer Pfingstgemeinde.

Der Prediger ging mir nicht aus dem Kopf. Ich will hier schon den Eindruck wiedergeben, den er – auch später noch – auf mich machte. Was für ein Mann Gottes war doch dieser Paul Rabe: Von Beruf war er einmal Prokurist der Devisenabteilung einer Bank gewesen. Sehr gutes Auftreten. Sehr gutes Allgemeinwissen. Ein Mann, der viel betete und sich von Gott leiten und Weisheit schenken ließ. Hat er Fehler begangen? Sicherlich. Doch für mich und meine geistliche Entwicklung konnte es damals keinen besseren Pastor geben. In seiner Predigt war Seelsorge. Er verunsicherte seine Zuhörer nicht und ließ dann viele Fragen offen. Er beantwortete sie gleich in der Predigt. Für mich sind nicht nur das die guten Pastoren, vor deren Sakristeien sich Warteschlangen bilden, weil man durch die Predigt verunsichert worden ist, sondern auch die, die schon während der Verkündigung entstehende Fragen beantworten. Pastor Rabe war solch ein Verkündiger. Das wurde mir schon bald klar, und ich freute mich über ihn.

Er hatte auch Sinn für Humor. Es durfte herzlich gelacht werden, auch in einem Gottesdienst. Er wußte Feste zu feiern wie kein anderer Pastor, den ich kennengelernt habe. Für ihn war Gottesdienst nicht nur geistliche, sondern auch soziale Gemeinschaft, die wir Menschen brauchen. Immer wieder verstand er es, Höhepunkte in der Gemeinde zu schaffen. Weihnachten habe ich in keiner Gemeinde so feierlich und anbetungsvoll erlebt wie in der *ELIM-Gemeinde*. Paul Rabe wußte, daß er als Mensch und als Prediger immer nur einen gewissen Prozentsatz seiner Gemeinde ansprechen konnte. Und so verstand er es, hin und wieder Gastredner einzuladen, die mit ihrer Art zu predigen sein eigenes Manko ausgleichen konnten.

Oftmals kam zur Gebetsstunde an den Montagen irgendein *ELIM*-Veteran, der uns eine Kurzpredigt vor dem Gebet hielt. Pastor Reinhold Sieneich aus Glückstadt oder Pastor Hermann Bonnke (Reinhard Bonnkes Vater) aus Krempe sowie die Pastoren Hermann Dunst aus Bremen und Fritz Fries aus Lixfeld-Frechenhausen. Um nur einige zu nennen, die damals Pastoren der *ELIM-Bewegung* waren.

Pastor Paul Rabe war und ist für mich der beste Gemeindepastor, den ich kennengelernt habe. *Nobody is perfect* (niemand ist vollkommen). Er hatte auch seine Schwächen und Fehler, nach meiner bescheidenen Meinung: Er hätte früher nach einem geeigneten Nachfolger Ausschau halten müssen. So kam es zur Stagnation. Die *ELIM-Gemeinde* Hamburg hatte zeitweilig über eintausend Mitglieder, aber dabei blieb es dann. Später nahm sie sogar wieder ab. Allerdings gab es dafür auch andere Gründe, z. B., daß frühere Stationsgemeinden – die zur Bachstraße gehörten – sich selbständig machten und ihre Mitglieder eben nicht mehr in Hamburg mitgezählt worden sind.

Zur Geschichte der *ELIM*-Bewegung

Ein präziser Anfang der weltweiten geistlichen Erneuerung – am Beginn unseres 20. Jahrhunderts – läßt sich kaum ermitteln. Auffällig oft gerieten schon Ende des 19. Jahrhunderts viele Christen unter die Wirkung des Heiligen Geistes und begannen wieder neu, Gott zu vertrauen. Anfangs blieben sie noch in ihren Kirchen, versammelten sich aber zusätzlich in Privathäusern, um auch dort für eine neue geistliche Erneuerung der Christenheit zu beten. Im Jahre 1905 entstand durch die geistgewirkten Predigten des jungen Bergmanns Evan Roberts in Wales eine starke Erweckung, die auch der Öffentlichkeit nicht verborgen geblieben war. 1906 geschah das gleiche in Los Angeles, USA, in Skandinavien und in der Schweiz.

Zur gleichen Zeit erlernte der gesegnete Heinrich Viether bei den beiden Begründern der Deutschen Zeltmission, Jacob Vetter und Jonathan Paul, dessen Schwiegersohn Viether war, das Handwerk eines Zeltevangelisten. Viether wurde ein begnadeter Evangelist und gründete im Jahre 1922 die Zeltmission *Berlin-Lichterfelde e.V.!* Er missionierte im Sommer 1922 zuerst die Stadt Altona (sie gehört erst seit 1937 als Stadtteil zu Hamburg), von dort aus evangelisierte er in ganz Deutschland. Da er selbst keine Gemeinden gründete, sammelten sich die Erweckten in den schon bestehenden Kirchen oder auch in Hauskreisen. Diese spontanen Versammlungen und Zusammenkünfte wurden immer größer. Insbesondere in dem östlichen Teil Deutschlands bildeten sich große Gemeinden. In Lauter, im Erzgebirge, wurde sogar eine Bibelschule ins Leben gerufen.

So entstand in vielen Städten neben anderen fundamentalistischen Freikirchen die *ELIM-Bewegung*. Es handelte sich dabei um einen machtvollen geistlichen Aufbruch inmitten der politischen Schwierigkeiten der damaligen *Weimarer Republik*.

Unter Hitler wurde die Bewegung verboten, weil JESUS als Heiland, Führer und Befreier, *der über alles ist*, besungen wurde. (Alle diese Texte, die in ihren Gemeindegesangbüchern standen, mußten schwarz überdruckt werden. Solche Liederbücher, mit schwarzen Seiten, habe ich selbst noch gesehen.) Die Nazis mochten es nicht, daß außer ihrem *Gröfaz* (= größter Führer aller Zeiten) Adolf Hitler noch jemand anderes besungen wurde.

Aber nicht nur deswegen wurde die damalige charismatische Bewegung verboten, sondern auch, weil sie in andern Sprachen, in prophetischer Zungenrede, Botschaften brachte. Die Spitzel, die jene Partei zur Kontrolle in die Gottesdienste einschleuste, konnten diese biblische Glossolalie nicht entziffern. Man deutete sie als einen verschlüsselten Geheimcode und verdächtigte die *ELIM-Bewegung*, daß sie subversiv (zerstörerisch, wühlerisch) mit den USA zusammenarbeitete.

Warum mit der USA? Die Geistausgießung am Anfang des 20. Jahrhunderts ging mit dem Zeichen des Zungenredens fast um die ganze Erde. Sie hatte in Wales (Großbritannien) begonnen – wie ich schon erwähnte – und war in den USA in der bekannten Azusa Street zur Fortsetzung gelangt. Das war den Nazis überaus verdächtig.

Tatsache ist aber, daß es solche geistlichen Aufbrüche schon lange vorher in anderen Teilen der Welt gegeben hat. Das war damals nur nicht bekannt geworden. (Schließlich hatte man damals noch kein Fernsehen.) Und da für manche Menschen alles Gute und für andere alles Schlechte aus den USA kommt (welch eine Logik!), waren die Nazis überzeugt, daß sie unbestritten richtig vermuteten. Außerdem stand in den Statuten der *ELIM-Bewegung*, daß jeder, der sich für Christus entscheidet, glaubt und getauft wird, Mitglied dieser Freikirche werden konnte. Also, auch Juden. Es soll Gemeinden gegeben haben, die *Nichtarier*, zu denen auch Zigeuner gehörten, in ihre Gemeinschaft aufgenommen hatten.

Die NS-Regierung ließ aber einen Zusammenschluß freikirchlicher Gruppen zu. So bildete sich im Dritten Reich der *Bund evangelisch freikirchlicher Gemeinden*. Dazu gehörten die Baptisten und ein Teil der *Brüdergemeinden* sowie die *ELIM-Bewegung*. Ob noch andere Kirchen dazugehörten, entzieht sich meiner Kenntnis. Nach dem Krieg trennten sich die *Elimiten* wieder von diesem Freikirchenbund und schlossen sich der Freien Pfingstbewegung an (heute Bund Freikirchlicher Pfingstgemeinden – BFP).

Laufen lernen ist nicht einfach

Doch nun zurück zu meinen Erlebnissen als jungbekehrter Christ. Mein erster Sonntagmorgen in einer Pfingstgemeinde hatte eine Fortsetzung. Am Nachmittag war wieder ein Gottesdienst. Evangelisation nannten sie es. Das gefiel mir wesentlich besser als am Morgen. Es wurde viel mehr gesungen, und es war auch etwas lockerer. Der Jugendgottesdienst war ausgefallen, denn die Jugendlichen der Gemeinde waren zu einer Freizeit nach Missunde an der Schlei gefahren. Dieser mein erster Sonntag in einer Pfingstgemeinde – früher wußte ich nicht einmal, daß es eine solche Kirche überhaupt gibt – hatte mich innerlich froh gestimmt. Mit Muttern habe ich die Bibel gelesen und gebetet. Ich konnte ja nicht viel beten und schon gar nicht lange. Ich wußte nicht, was ich sagen sollte. Die Erfahrung, daß ich mit anderen Christen gemeinsam laut und mit eigenen Worten beten konnte, war noch zu flüchtig gewesen. Doch Gott sah mein Herz an, und ER hatte mein Gebet im Gefängnis gehört: Alles neu! Bitte, lieber Gott, mache alles neu in mir!

Da war eine Gemeindeschwester in den Vierzigern, sie hieß Charlotte. Sie schien mich ins Herz geschlossen zu haben, denn sie kümmerte sich um mich. Weil zwei Nachzügler zu den Jugendlichen nach Missunde fuhren, empfahl sie mir – ich war noch arbeitslos – mitzufahren und mich an der Freizeit zu beteiligen. Das war schon ein guter Gedanke, aber ganz wohl war mir nicht dabei. So tagelang nur mit frommen Jugendlichen zusammenzusein, wie würde das gehen? Aber Ausreden hatte ich keine, und so fuhr ich mit. Den beiden Nachzüglern, Lotti Betz und Otto Schulz, auch Otsche genannt, wurde ich vorgestellt. Treffpunkt nächsten Morgen im Hauptbahnhof.

Um in den Waggons mehr Leute unterzubringen, hatte man die Sitzbänke rausgenommen, oder aus welchem Grunde auch immer. Jedenfalls saßen wir alle auf dem Fußboden. Immer an der Wand lang. Rechts neben mir saß Otto, links die Lotti.

Mir gegenüber hockte ein junges Mädchen, das sehr hübsch war. Mich interessierten Mädchen nicht sonderlich. Aus solch einem Leben war ich ja gerade herausgekommen. Mein Interesse galt Jesus. Sie aber flirtete mit mir und gab mir zu verstehen – ohne daß wir ein Wort gesprochen hatten –, daß sie mich mochte. Otto fiel das auch auf. Einmal hielt der Zug. Sie schlängelte sich zu mir durch und wir standen uns Auge in Auge gegenüber. Ich fühlte bald alle ihre Körperformen, so dicht drängte sie sich an mich. Ich konnte nicht ausweichen, weil alles voller Menschen war. Mir wurde heiß bis in die Zehenspitzen. Sie ergriff die Initiative und sagte mir, daß sie mich mag und daß ich zu ihr kommen sollte. Sie wohnte in Flensburg. Meine Güte! Zum Glück fuhr ich da nicht hin. „Ich muß in Schleswig raus", antwortete ich ihr. „Wir drei fahren nach Missunde zu einer christlichen Jugendfreizeit." „Das macht nichts", meinte sie, „ich habe viel Zeit und komme mit."

Mir war nicht wohl in meiner Haut. Dann sah ich um ihren

Hals an einer Kette ein kleines silbernes Kreuz. Ich fragte sie, warum sie das trüge und was es ihr bedeutet. Ach, meinte sie, das ist Mode und sieht doch nett aus, oder? Junge, das war heiß. Ich sollte mir das Kreuz in ihrem Dekolleté ruhig näher ansehen, meinte sie. Gott half mir. Ich erzählte ihr, daß das Kreuz für mich kein Modeschmuck sei und daß mein bester Freund daran gestorben ist. Sie war ganz überrascht und fragte: „Wieso?" Ja, und dann habe ich ihr aus meinem Leben erzählt. Wie ich mich bekehrt habe, und daß mich jetzt keine Mädchen interessieren, sondern meine ganze Aufmerksamkeit Jesus gehört.

Daraufhin war sie beleidigt und ich froh, daß ich sie losgeworden war. Einfach war es aber nicht gewesen.

Otto fragte mich: „Was wollte die denn?"

„Ja, was wohl?" Mehr brauchte ich nicht zu erklären.

In Missunde lernte ich nun um die fünfzig junge Christen kennen. Zuerst haben sie mich etwas argwöhnisch beobachtet. Doch dann ging alles schnell. Wir hatten eine super Freundschaft und Gemeinschaft. Geleitet wurde die Freizeit von einem Pastor Schreiber, der in Eckernförde ein Kinderheim betreute. Er sprach über das Thema: „Damit sie alle eins werden." Nach Johannes 17. Für mich war alles nur Bahnhof.

Wir saßen in der Runde in einem Zelt. Und dann wurde es peinlich. Wir mußten alle der Reihe nach beten, einzeln. Ich sollte beten, hier im Zelt vor allen Leuten? Da habe ich geschwitzt! Wenn es irgendwo ein Loch gegeben hätte, einen mir bekannten Schützengraben, er wäre mein gewesen. Aber es gab keinen Ausweg, nur einen großen Kampf in mir. Ich mußte mich überwinden. Der Grund war: Ich wollte mich nun doch nicht vor den Mädchen blamieren. Und so habe ich mir – ehe ich an der Reihe war – ein Gebet zurechtgelegt und es dann mehr schlecht als recht herausgebracht. Ich habe nicht zu Gott, sondern nur für die Ohren der Menschen um mich herum gebetet. Meine Angst steigerte sich noch, weil ich mich davor fürchtete, *mir* und *mich* zu verwechseln.

Beten war offensichtlich ein Schwachpunkt bei mir, und dagegen wollte ich etwas unternehmen. Ich wollte beten lernen. Darum ging ich mit Otsche in den Wald. Wir fanden einen Graben, der mit wilden Rhabarberblättern überdeckt war, krochen darunter und beteten. Vor Otto brauchte ich mich nicht zu schämen. Er war so erfrischend einfältig und liebte Jesus von ganzem Herzen. Von Otto habe ich dann beten gelernt.

Übrigens: Unsere Wohnzelte, wie auch das Zelt, in dem wir

unser Bibelstudium hatten, waren Lkw-Planen. Am Abend vor der allgemeinen Abreise bauten wir jungen Männer die Quartierzelte ab, um es nicht morgens, wenn es feucht war, tun zu müssen. Darum schliefen Jungs und Mädchen die letzte Nacht gemeinsam im Unterrichtszelt. Da ist nichts, aber auch gar nichts passiert. Doch von Pastor Schreiber bekamen wir ganz schön was auf den Deckel. Ich wußte gar nicht, was er wollte. Er meinte, so etwas gehöre sich nicht für christliche junge Leute. Von solchen moralischen Bedenken hatte ich keine Ahnung, und so ließ ich den Rüffel ergeben über mich ergehen. Später habe ich dazugelernt, daß es auch gesetzlich verboten war, Jungs und Mädchen im selben Raum schlafen zu lassen. Damals gab es im deutschen Strafrecht noch den Paragraphen der Kuppelei.

Eine kleine Gruppe – etwa zehn bis zwölf Mädchen – blieb noch etwas länger. Da sie Angst hatten, allein dort zu sein, wurde ich gebeten, bei ihnen zu bleiben. (Natürlich habe ich getrennt von ihnen geschlafen.) Als einziger Mann wurde ich von Pastor Schreiber aufgefordert, eine Bibelstunde zu halten. Meine Güte, was sollte ich nun tun? Ich bin in den Wald gelaufen und habe gebetet (das konnte ich ja nun), habe die Bibel auf- und zugeschlagen, denn da gibt es soviel zu lesen. Aber was war für die Mädchen wichtig?

Dort kam mir zum erstenmal zu Bewußtsein, wie schwer doch der Pastorenberuf sein muß. Ich kam zu Römer 13. Ausgerechnet ein Kapitel, über das sich Scharen von berühmten Theologen schon versucht haben. Aber für mich stand da als Überschrift: *Christliche Lebensregeln.* Naiv dachte ich: ,Da kann ich nichts verkehrt machen. Ich las den Mädchen das ganze Kapitel vor, vierzehn Verse. Lesen kann ich. Dann legte ich den Text in der Weise aus, daß ich jeden Vers noch einmal von vorne las. Wie die das ausgehalten haben? Christlich geduldig. Aber sie baten mich einmütig, nicht wieder eine Bibelstunde für sie zu halten. Ich fuhr allein nach Hamburg zurück.

Die Stimmung unter den Jugendlichen in Hamburg war einmalig. Jeden Sonntag entschieden sich junge Leute für Jesus. Weil ich noch nicht viel Erfahrung hatte und auch nicht predigen konnte, postierte ich mich am Schluß des Nachmittagsgottesdienstes an die Tür und lud junge Leute zur nachfolgenden Jugendstunde ein und unterhielt mich mit ihnen, bis der Gottesdienst begann.

Wir jungen Männer verabredeten uns manchmal, um die Nacht von Samstag auf Sonntag durchzubeten, was uns nicht immer gelang. Wir machten den Fehler, während der ganzen Zeit zu knien. Das ist ermüdend. Mein Nebenmann, Hermann Richert, begann zu beten, und plötzlich hörte ich, wie er seelenruhig von eins bis zwölf zählte. So ein Gebet hatte ich noch nie gehört, aber es gibt ja nichts, was es nicht gibt. Doch dann stellte ich fest: Hermann war eingeschlafen. Ich gab ihm einen Rippenstoß. Er fuhr zusammen, wandte sich mir zu und fragte: „Was ist los?" „Hermann, du hast eben bis zwölf gezählt. Du warst eingeschlafen." Er lachte laut los. „Weißt du, wir haben im Schrebergarten Hühner. Jeden Abend, wenn ich sie in den Stall scheuche, muß ich sie zählen, ob noch alle da sind. Das habe ich wohl eben auch im Traum nachvollzogen." Hatte er.

Wir waren also nicht ganz die geistlichen Gebetshelden, für die wir uns hielten. Aber wir haben dann gelernt, des öfteren unsere Stellung beim Beten zu wechseln. Es muß nämlich nicht immer ein Gebet auf den Knien sein. Es darf auch im Stehen, im Gehen und Sitzen oder auf dem Angesicht liegend gebetet werden. Seitdem wir das wußten, wurde manche Nacht zu einem großen Segen für uns.

Meine Berufung zum Dienst im Reich Gottes

Von mir aus hätte es jeden Tag einen Gottesdienst geben können. Zeit hatte ich, denn ich war gerade 20 Jahre alt und hatte jede Menge Muße. Natürlich mußte ich mein ganzes Leben neu ordnen. Mein vorheriges kriminelles Dasein hatte ja meine ganze Karriere bei der Post zerstört. Ein deutscher Beamter darf nicht vorbestraft sein, und so wurde ich entlassen, war ohne erlernten Beruf. Mein Vater im Himmel half mir. ER hatte seinen Plan mit meinem Leben.

Es war wohl im Herbst 1948, als in Hamburg, in der Eimsbütteler Straße, bei Pastor Oskar Lardon in der Gemeinde, eine Serie besonderer Gottesdienste mit einem Gastredner aus New York, USA, durchgeführt wurde. Der Name des Redners war Hans Waldvogel. Sein Vater war ein Deutschschweizer, der nach den USA ausgewandert war.

Pastor Waldvogel oder *„Onkel Hans"*, wie wir ihn liebevoll nannten, war und blieb sein Leben lang Junggeselle. Dieser Mann war nicht nur ein großer Prediger, sondern auch ein exzellenter Violinspieler. Er gefiel mir nicht nur, er faszinierte mich förmlich. Ein begnadeter und origineller Mann. Er besaß das, was viele Pastoren und Christen leider nicht besitzen oder aus Angst nicht nutzen: heilige Natürlichkeit.

Die Gottesdienste mit ihm waren ein Erlebnis. Die Nähe Gottes war spürbar, wenn er predigte, daher war es nie langweilig bei *Onkel Hans*. Er hatte keine Schwierigkeiten, zwischendurch mal einen richtigen Jauchzer loszulassen. (Ich wünschte, wir könnten das noch einmal hören.) Manchen Frommen mißfiel das, genauso wie ein kräftiges Halleluja aus den Reihen der Gemeinde. Hans Waldvogel hielt sich einmal die Nase zu und sagte: „Es riecht nach angebranntem frommem Fleisch."

Mich störte seine Art nicht. Mir gefällt das noch heute. Das ist doch ein ganz natürliches Benehmen für einen erlösten Menschen. Einige Christen meinen, nur Engel dürften jauchzen. So wie damals die Hirten in der Nähe von Bethlehem. Wir jungen Leute jedenfalls schätzten *Onkel Hans* und wir liebten es, durch seine Verkündigung in die Gegenwart Gottes geführt zu werden.

Ich erinnere mich nur zu gut an einen Gottesdienst, wo nach einem kurzen Lobpreis eine heilige Stille über die gesamte Gemeinde kam. Auch das nenne ich Gegenwart Gottes. Da waren Heiligkeit, Ehrfurcht und Friede greifbar nahe. So wohltuend, daß ich es nicht beschreiben kann. Das muß man erlebt haben. Niemand räusperte sich, hustete oder bewegte sich unnütz. Wir, das waren Hunderte von Menschen, erlebten, was Gerhard Tersteegen in seinem Lied *Ich bete an die Macht der Liebe* beschreibt: *Ich will, anstatt an mich zu denken, ins Meer der Liebe mich versenken.* Das sind nicht nur Worte eines christlichen Liederdichters, das ist Gotteserfahrung. Tersteegen kannte sie, wir erlebten sie dort auch. Über eine Stunde war vergangen, die uns so kurz wie wenige Minuten vorkam. Das hatte ich später von Zeit zu Zeit in meinen persönlichen Gebeten auch erfahren. Ich dachte, ich hätte nur einige Minuten gebetet, aber meist war über eine Stunde vergangen. Ewigkeit hebt die Zeit auf.

Aus dieser Stille heraus begann in jenem Gottesdienst aus einem zarten Pianissimo ein brausender Lobpreis, der anhielt, abebbte und dann wieder gewaltig anschwellen konnte. Mein Empfinden war, als sängen tausend Engel mit uns. Und das dauerte oft eine weitere Stunde lang. Wieviel innere Heilung haben Menschen während dieser Zeit erfahren? Gott war gegenwärtig. Gott hat tausend Weisen, einen Gottesdienst zu gestalten, wenn wir IHM nur die Gelegenheit dazu geben.

Außerdem waren Waldvogels Gottesdienste nicht kalkulierbar. Das waren keine schablonenhaften Andachten innerhalb einer bestimmten Frist. Es gab weder einen richtigen offiziellen Anfang, noch ein bestimmtes Ende. Niemand wußte, wann oder wie lange oder ob er überhaupt predigen würde. Das ist natürlich nichts für *Uhrchristen*, aber für Menschen wie mich, die hungrig und durstig nach Gott waren, war das genau das Richtige. Wer *Onkel Hans* kopieren wollte, wie es einige versucht haben, machte sich nur lächerlich. Er war, wie gesagt, ein Original Gottes. Von ihm gingen geistliche Kraft und Vollmacht aus.

Ich war beim Abschlußgottesdienst dieser besonderen Serie dabei. Die Kirche war mehr als überfüllt. Hunderte von Menschen, die hungrig nach Gott waren. Chorgesang, Lobpreis und Anbetung. Gegenwart Gottes pur! Dann predigte *Onkel Hans*. Frage mich niemand, was er und wie lange er gepredigt hat. Aber das war der Tag und die Stunde, wo ich ja zu Gottes Ruf gesagt habe. Ein Ja zum Dienst im Reiche Gottes.

Zum Schluß sagte Pastor Waldvogel: „Wenn es heute nur eine Person geben sollte, die sich Gott zur Verfügung stellt und IHM dienen will, dann haben sich diese zwei Wochen gelohnt."

Als junger Christ begriff ich das gar nicht: Eine Person? Hier waren Hunderte von Menschen. Das ist doch überhaupt keine Frage. Alle wollen Gott dienen. Doch mich sprach es besonders an. Gott dienen? Ja, das wollte ich.

Aber Gott suchte doch sicherlich andere Leute. Wer war ich schon? Ich kam mir so unwürdig vor. Ich war doch nur ein bekehrter Asozialer, ein begnadigter Krimineller. Meine Vergangenheit stand mir vor Augen. Ich schämte mich. Wer war ich denn? Was konnte Gott schon mit mir anfangen? Alles das ging mir durch den Kopf. Dann fing ich im Herzen an zu beten: ‚Lieber Gott, Du kennst mich, weißt, wer ich bin und wie meine Vergangenheit ausgesehen hat. Daß ich nicht fähig und dazu noch unbegabt bin. Aber wenn Du mit mir etwas anfangen kannst, dann sage ich ja. Dann bin ich bereit, der Eine zu sein, von dem Pastor Waldvogel sprach. Nimm mich, wie ich bin, ich will Dir dienen.' Gott nahm mich an. Er sah mein aufrichtiges Verlangen.

Damals begriff ich die Tiefe und Tragweite meiner Entscheidung noch nicht. Überhaupt: Ich hatte gar keine Ahnung, daß Freikirchen eigene Bibelschulen unterhielten, in denen man für den geistlichen Dienst ausgebildet werden konnte. Mein Ziel war, Gott zu dienen, was auch immer gefragt oder verlangt wurde. Bis es dazu kam, vergingen weitere drei Jahre, in denen ich mit Begeisterung Christ gewesen bin und mit dem Aufbau einer neuen Laufbahn begann.

Meine Erfahrungen mit der Musik

Die Musik wurde zu einem wesentlichen Dienst in meinem Glaubensleben, der in der Hamburger *ELIM*-Gemeinde begann. Den Lesern, die mich kennen, muß ich eindrücklich erklären, daß ich vor meiner Bekehrung unmusikalisch gewesen bin. Ich konnte kein Instrument spielen und hatte von Noten keine Ahnung. Die einzigen Noten, die ich kannte, waren die Banknoten. Und zum Singen war ich geeignet wie ein Igel zum Zähneputzen. Ich sang nie schön, aber dafür laut und lang anhaltend: *,Heute gehört uns Deutschland und morgen die ganze Welt'*, grölte ich damals als junger Soldat bei der Truppe mit. Oder bei einem feuchtfröhlichen Anlaß am Stammtisch in einer Kneipe: *,Schwarzbraun ist die Haselnuß ...'* Aber damit hatten sich dann auch schon meine Gesangskünste erschöpft.

Im Gottesdienst saß ich immer in der erste Reihe. Einmal unglücklicherweise in der Nähe des Harmoniumspielers. Er war auch kein großer Künstler und konnte nur dann die Melodie spielen und den Rhythmus halten, wenn er sich und die Gemeinde hörte. Nun saß ich da, kannte das Lied nicht und sang doch von ganzem Herzen kräftig mit. Auf einmal hörte er auf zu spielen, und natürlich hörte die Gemeinde auch auf zu singen. Der Pastor fragte: „Bruder Kreuzmann, warum spielst du denn nicht?"

Bruder Kreuzmann war von Beruf Kriminalkommissar und hatte den „Täter" sozusagen schon ermittelt. Er deutete auf mich und sagte, da er mich ja nicht kannte: „Der da vorne, der singt so laut und falsch, daß ich gar nicht mehr weiß, wo ich bin."

Ich war platt. Da saß ich wie ein Unschuldsengel, hatte doch mit Hingabe gesungen und war auf einmal der Übeltäter. Der Pastor war sichtlich verlegen. Er wollte mir, dem „Neuen", ja nicht weh tun und sagte daher ganz vorsichtig: „Bruder Klemm, wenn es dir nichts ausmacht, würdest du so freundlich sein und dich in die andere Ecke setzten?"

Mir machte es nichts aus und ich war so freundlich. Der Gesang konnte weitergehen.

Dennoch kam eines Tages der Leiter des gemischten Chores zu mir und fragte, ob ich bereit wäre mitzusingen. Ich würde doch Jesus lieben und da sei es immer gut, für Jesus zu wirken. Wenn der gewußt hätte, wen er sich einzuhandeln im Begriff war, würde er mich niemals gefragt haben. Fachmännisch fragte er mich sogleich, was ich denn singe. Und ich fragte zurück: „Wieso? Ich denke, ich singe mit dem Chor und nicht allein."

Meine Bedenken gingen dahin, daß ich vor allen Leuten vorsingen sollte.

„Tenor oder Baß?", fragte er präziser.

Aber damit war ich überfragt, das wußte ich auch nicht. Als er mein hilfloses Gesicht sah sagte er:

„Hoch oder tief?"

„Mehr tief", antwortete ich.

„Dann bist du ein Baß." Na schön, dachte ich, dann bin ich eben ein Baß.

Dann kam der erste Übungsabend. Ich stand mit andern Männern aus der Gemeinde in der letzten Reihe des Chores. Mir sang von links Werner Scheer und von rechts Martin Kopatscheck ins Ohr, sozusagen als Hilfe, damit ich den richtigen Ton erwischte. Hoffnungslos. Als erstes übten wir eine Motette von Hoff ein, es war Psalm eins: *„Wohl dem, der nicht wandelt im Rat der Gottlosen."* Das Stück begann mit einem Baßsolo. Solange Martin und Werner sangen, sang ich kräftig mit. Wie beim Militär. Als aber die andern drei Stimmen einsetzten, Sopran, Alt und Tenor, da war ich verloren. Ich wußte nicht mehr, wo ich war. Ich konnte weder den Ton halten noch harmonisch singen. Nur Gas geben, dachte ich, und sang noch lauter, mit dem Resultat, daß der gesamte Chor nicht sehr weit kam. „Noch einmal", sagte der Chorleiter. Wir sangen noch einmal. Und noch einmal. Dann fragte er: „Ja, wie kommt das denn, das ist doch ein altes Lied. Das haben wir so oft gesungen. Warum geht es heute nicht?"

Meine beiden Freunde nickten bedächtig mit dem Kopf und deuteten auf mich. Aus den Augenwinkeln bekam ich das mit. Der Dirigent nickte verständnisvoll zu ihnen zurück. Er bat mich freundlich: „Bruder Klemm, höre dir das Stück erst einmal an."

Das tat ich auch, und siehe da, der Chor sang es fehlerfrei durch. So durfte ich zuerst nur in den Übungsstunden mitsingen, aber nicht öffentlich in der Kirche. Das hat mir keine Schwierigkeiten bereitet. Was ich nicht konnte, konnte ich halt nicht. Um so mehr schätzte ich die Gemeinschaft mit den Leuten vom Chor, und sicherlich ist dabei auch etwas von der Musik bei mir hängengeblieben.

Man hatte in der *ELIM-Gemeinde* auch einen Posaunenchor, ein Blasorchester. Sie waren ständig auf der Suche nach neuen Bläsern. Eines Tages wurde ich dann von Bruder Blohm angesprochen, der wenigstens 20 Jahre älter war als ich. Er fragte mich, ob ich nicht Lust hätte, im Blasorchester mitzuspielen. Ihm erzählte ich von den Schwierigkeiten, die der Chor mit mir hatte, und daß ich den Posaunenchor lieber verschonen wollte. Aber er gab nicht nach. Wenigstens zur Übungsstunde sollte ich einmal kommen. Da ich Zeit hatte, tat ich es. Man plazierte mich neben einen Tenorhornbläser. Ein lieber und auch geduldiger Mensch. Ich staunte nur, wie die sich zurechtfanden, zwischen all den *Hieroglyphen*, denn etwas anderes war das für mich nicht, was ich da in den Notenbüchern vor mir sah. Dann gab der Orchesterleiter seine Anweisungen: „Wiederholen: Zweite Reihe, Auftakt ES, B und ES."

Interessiert fragte ich meinen Nebenmann, wo das denn sei?

„Hier", sagte er, „die Note vor dem Strich ist die Auftaktnote."

„Aber warum ist das ein ES?"

„Weil ein B davorsteht, sonst wäre es ein E", belehrte mich mein geduldiger Nebenmann.

Das war zuviel für mich. Ein ES, weil ein B davorsteht, sonst war es ein E ? Ich sah weder ein ES noch ein B irgendwo stehen und dachte: ‚Das begreifst du nie im Leben.' Zum Schluß wurde ich gebeten, mich an einer Trompete zu versuchen. Ich sollte dort hineinblasen.

„Hast du mal geraucht?", wurde ich gefragt.

„Ja."

„Dann weißt du, wie man so einen Tabakkrümel von der Zungenspitze spuckt. So mußt du es versuchen, und dann noch mit etwas Druck in das Mundstück pusten."

Ich habe gespuckt, gedrückt und gepustet. Und siehe da, irgendwann kam ein wunderbarer, langer und lauter Ton heraus.

„Begabt bist du", meinte der Orchesterleiter daraufhin und drückte mir eine Zugposaune in die Hand. „Üben, Töne halten und Noten lernen", waren die Kommandos für den Anfang meiner Musikerkarriere.

Wenn ich im Hause zu üben begann, flüchtete meine Mutter und ging Nachbarn besuchen. Meine Lippen schwollen so an, als ob mir ein Boxer eine rechte Gerade aufs Mundwerk gekloppt hätte. Doch es machte mir Spaß. Ich lernte und übte und durfte nach einem Vierteljahr das erste Mal in der Kirche mitblasen. Es war vorerst auch das letzte Mal. Warum das letzte Mal? Bei den Achtelnoten fühlte ich mich einfach überfordert, darum wartete ich auf die halben und ganzen Noten, und da schlug ich wieder voll zu. Laut und kräftig. So laut, daß die andern sich nicht mehr richtig hören konnten und deshalb auch lauter zu blasen begannen. Resultat: Der Posaunenchor spielte so laut, daß der liebenswürdige Pastor Rabe es unterbrechen mußte. Er befürchtete anscheinend, daß ihm seine Zuhörer davonrennen würden. Er bat uns, leiser zu spielen.

Mir wurde daraufhin nur noch erlaubt, bei der Freimission auf der Straße mitzublasen. Nicht für immer galt diese Anweisung, aber erst einmal. So viel über meine natürliche, musikalischen Begabung.

Endlich durfte ich in einem Chor mitsingen, ohne vorher ein halbes Jahr lang nur Übungsstunden besuchen zu müssen: Im Männerchor. Dort sang ich ebenfalls Baß. Immerhin war ich jetzt ja kein Neuling mehr. *Onkel Pu*, wie wir Bruder Putensen nannten, war ein ergrauter, über 80 Jahre alter Mann und leitete noch den Männerchor. Sein Herz brannte für Jesus. Wir mußten ihm immer auf den Dirigentenstuhl helfen. Früher war *Onkel Pu* einmal Berufsmusiker gewesen und hatte schon zu des Kaisers Zeiten einen Männerchor dirigiert. Er war auch einer von der Sorte, über die man sagen konnte: ‚*Dieser Jünger stirbt nie.*' 1950 ist er aber dann doch gestorben. Wie hatten wir diesen Mann so liebgehabt!

Ich hatte die Musik liebgewonnen und übte mich weiter im Singen und Spielen von Musikinstrumenten. Inzwischen spielte ich auch im Gitarrenchor mit. Ich machte gute Fortschritte. Zum Entsetzen einiger älterer Gemeindeglieder hatte ich auf der Reeperbahn eine Baßgeige gekauft. Darin waren noch die Namen der verschiedenen Lokalitäten eingeritzt, in denen das Instrument gespielt worden war. Ich hatte es, in einem persönlichen Gebetsakt, Jesus geweiht, und fing an zu spielen. Erst Zupfbaß, dann auch ab und zu – wo ich es für angebracht hielt – als Klatschbaß, bekanntlich eine Spielweise aus dem Jazz. Die Baßgeige mit einem Bogen zu spielen, davon hielt ich nicht viel. Neu war auch meine Art Gitarre zu spielen. Ich spielte sie mit einem Plektrum rhythmisch als Schlaggitarre. So lernte ich ein Instrument nach dem anderen zu beherrschen: Saxophon, Klarinette, Blasinstrumente aller Art. Dann Mandoline und Akkordeon. Später kam Klavier und Hammondorgel dazu; an der Geige scheiterte ich. Ich begann Lieder zu schreiben und Melodien zu komponieren. Dabei entwickelte ich als erster kreativer Musiker der noch jungen *Pfingstbewegung* einen neuen, an der modernen Musik orientierten Stil. Damit geriet ich dann in die massive Kritik der Gemeindeleitung. Es gab sogar einmal eine Tagung von Pastoren und Ältesten in Frankfurt, wo man über meine modernen Lieder diskutiert hat. Man befürchtete eine zu starke Anpassung an die Schlagermusik. Inzwischen ist das anders geworden. Über meine damals anstößigen Lieder würde man heute nur noch müde lächeln. Aber DAMALS! Einmal ging ich sogar als Schnulzenpastor durch die kircheninterne Presse. Das war, als ich in Bremen schon Pastor war. Die Kirchen vermißten an meinen Liedern das Sakrale. Aber ich hatte in meinem Leben weder zur Landeskirche noch zum Sakralen eine Beziehung gehabt. Die herkömmliche Kirchenmusik kannte ich nicht. Lieder, die ich schrieb, durften getrost mit gestopfter Trompete geblasen und synkopisch-rhythmisch gespielt werden.

In jener Zeit, als ich in Bremen schon als Pastor diente, gab es einen Wettbewerb für neue christliche Lieder im modernen Stil. Leider habe ich dabei keinen Preis gewonnen. Renner wurde das Lied „Danke für diesen guten Morgen. Danke für diesen neuen Tag ...!" Das Lied war 1963 auf dem deutschen evangelischen Kirchentag vorgestellt worden. Es signalisierte, daß auch in den traditionellen Kirchen ein neuer Musikstil akzeptiert wurde. Wie vielen Menschen ist doch gerade dieses Lied zum Segen geworden.

Ich greife der späteren Entwicklung vor und schildere schon hier, wie es mit meiner Musikbegabung weitergegangen ist: In Erzhausen auf der Bibelschule habe ich 1966 einen Gospelchor gegründet und dabei das Schlagzeug eingeführt. Das gab ein Spießrutenlaufen. Damals wußte ich noch nicht, daß Stefan Sos einmal mein Schwiegersohn werden würde, aber er spielte Schlagzeug. Damit war er mir schon mal sympathisch. Stefan hatte in ganz jungen Jahren eine Zeitlang in einer weltlichen Schlagerband gespielt. Er hatte es nicht leicht, sich mit seinem Instrument durchzusetzen. Selbst wenn er neben die Trommel schlug – sie also gar nicht berührte –, war es für einige Leute aus der christlichen Gemeinde immer noch zu laut. Man meinte: Musiker, die so laut spielten, beherrschten ihr Instrument nicht, haben wenig oder gar nicht geübt. Damals lief in Sachen Musik schon einiges durcheinander. Ich galt vielen als kleiner Rebell, aber ich setzte meine Ansichten immer im festen Glauben durch, daß ich damit Gott diente.

So konnte ich trotz anhaltender Kritik in musikalischer Hinsicht im freikirchlichen Raum neue Akzente setzen. Wenn ich an meine anfänglich geringe musikalische Erfahrung denke, erscheint mir das wie ein Wunder. Meine musikalischen Fähigkeiten sind unbestritten Geschenke Gottes in meinem Leben.

Die Erfüllung mit dem Heiligen Geist

In der medizinischen Badeanstalt in Hamburg-Ohlsdorf wurde ich unter Aufsicht von Harro Braker, der mein Chef war, zum Bademeister und Masseur ausgebildet. Dieser Beruf hat mich mit großer Freude erfüllt. Ich konnte Menschen helfen und hatte viel, sehr viel Gelegenheit, mit ihnen von Jesus zu reden. Da lagen sie vor mir, nackt, wie Gott sie geschaffen hatte, und konnten nicht weglaufen. Für gewöhnlich lagen sie auf dem Bauch. Während ich meinen ersten Massagestrich machte, fragte ich sie: „Na, was halten Sie denn von Jesus Christus?" Das war plump und unfair, ich weiß das heute. Aber so war ich damals eben. Meistens waren sie erschrocken und klammerten sich an den Massagetisch, der ja nicht so breit ist. Mit allem möglichen mögen sie gerechnet haben, nur nicht mit dieser Frage. Eher, daß ich gefragt hätte, wie denn der lokale Fußballclub gespielt hatte. Deshalb antworteten sie oft aus Verlegenheit: „Wie bitte? Was sagten Sie?" Na, und dann konnte ich noch einmal beginnen, die Frage wiederholen und ihnen dann erzählen, wie ich Christ geworden bin. Viele unterschiedliche Menschen habe ich während dieser Jahre kennengelernt, von ihren Nöten und Problemen gehört. Das war eine Vorstufe und eine gute Lehrzeit für das, was noch auf mich zukommen sollte. (Natürlich habe ich später als Pastor meine Zuhörer nicht massiert, versteht sich.)

In der *ELIM-Gemeinde* Hamburg gab es jede Menge Jugendliche. Wir hatten eine tolle Gemeinschaft. Das waren keine *frommen Spinner,* sondern Leute mit Rückgrat und nüchternem Sinn. Und begabt waren die! Meine Güte, dagegen war ich ein Waisenknabe. Die konnten singen, beten, Zeugnis ablegen und predigen. Mich beeindruckte das alles ungeheuer.

Harro Braker hatte die Räumlichkeiten seiner Badeanstalt in Ohlsdorf für Jugendstunden zur Verfügung gestellt. Dort erlebte ich eine Ausgießung des Heiligen Geistes. An jenem Abend wurden über 50 Jugendliche mit dem Heiligen Geist erfüllt. Wir lagen uns in den Armen, lachten und weinten vor Freude. „Jesus, Jesus allein" klang es in unseren Herzen. Welch ein Heiland! Es ist kaum zu beschreiben, was ich dort erlebte, obwohl ich selbst nicht mit dem Heiligen Geist erfüllt worden war. Ein geistliches Feuer brannte unter den Jugendlichen und erfaßte bald die ganze *ELIM-Gemeinde.*

Das Leben dieser jungen Menschen wurde zum Dienst für Jesus zubereitet. Sie waren nicht mehr zu stoppen, nicht aufzuhalten. An jeder Straßenecke, bei jeder Gelegenheit gaben sie ein Zeugnis von der Kraft, der Freude und dem Frieden, den sie von Gott erhalten hatten. So wie sie für die Sache Jesu brannten, wollte auch ich für meinen Herrn brennen. Noch war ich immer nur Zuschauer. Man klärte mich darüber auf, warum jeder Christ mit der Kraft des Heiligen Geistes erfüllt werden sollte. Durch den Geist Gottes war ich wiedergeboren worden, dessen war ich mir gewiß. Aber die Kraft des Heiligen Geistes, die uns zu einem vertieften Leben mit Jesus führt, hatte ich noch nicht erfahren. Ich lernte auch einige fromme Leute kennen, die mir erklärten, daß es so etwas wie eine Geistestaufe nicht mehr gäbe, und daß ein Christ sie auch nicht brauche. Hier möchte ich das Wort Gottes selbst sprechen lassen; vielleicht ist es für manche meiner Leserinnen und Leser wichtig, diesen Text gerade jetzt zu lesen:

„Es begab sich nun, während Apollos in Korinth war, kam Paulus nach Durchwanderung des Hochlandes nach Ephesus. Dort traf er einige Jünger und sagte zu ihnen: Habt ihr den Heiligen Geist empfangen, da ihr gläubig wurdet? Sie erwiderten ihm: Wir haben ja nicht einmal gehört, daß es einen Heiligen Geist gebe. Da sagte er: Nach was seid ihr denn getauft worden? Sie sagten: Nach der Taufe des Johannes. Da erwiderte Paulus: Johannes taufte mit einer Taufe der Bekehrung, wobei er dem Volke sagte, sie sollten glauben an den, der nach ihm komme, das ist Jesus. Als sie das hörten, ließen sie sich taufen auf den Namen des Herrn Jesus, und als Paulus ihnen die Hände auflegte, kam der Heilige Geist über sie, und sie redeten in Zungen und weissagten. Es waren insgesamt an die zwölf Männer" (Apg. 19,1-7).

Vielleicht kamen gewisse *Fromme* ohne diese Kraft aus, aber ich brauchte sie. Natürlich betete ich, las meine Bibel und war in der Gemeinde aktiv. Doch die geisterfüllten jungen Leute lebten mir etwas anderes vor, was ich noch nicht erlebt hatte, und das wollte ich auch haben. Das war vielleicht ein Kampf und Krampf zugleich. Wir hatten damals in der Gemeinde sogenannte *Wartestunden*. Viele blieben nach den Gottesdiensten noch zusammen und beteten oft viele Stunden lang.

Ich erinnere mich, wie ich einmal mit der letzten S-Bahn von Altona nach Hause fuhr. Bis zum letzten Augenblick hatte ich gebetet. Auf der S-Bahnstation warteten viele Leute, um nach Hause zu kommen. Die letzte S-Bahn wurde damals *Lumpensammler* genannt. Manche Fahrgäste waren betrunken und grölten herum. Es war sehr unangenehm. Sie fanden es sicherlich *cool,* so wie ich früher ja auch. Doch nun war mein Leben durch Jesus Christus verändert worden. Und wenn man aus der Gegenwart Gottes kommt, wie ich nach der langen Gebetszeit, dann merkt man erst, wie widerlich und erbärmlich solch ein alkoholisierter Zustand ist. Ich ging bis ans andere Ende des Bahnsteiges, wo es fast Dunkel war, und wo ich ungestört weiter mit Gott reden konnte.

Auf einmal hörte ich Musik. Eine zarte, wunderschöne Melodie. Ich fing an, an Engel zu denken. Doch dann entpuppten sich die Engel als junge Mädchen. Sie waren wie ich bis zum letzten Augenblick in der Kirche gewesen und hatten gebetet. Die Betrunkenen störten und verhöhnten sie, und so hatten auch sie sich zurückgezogen, um dort auf die S-Bahn zu warten. Sie hatten sich eingehakt, die Augen geschlossen und sangen den Refrain: *„Heilige Salbung, bleibe auf mir ruhn. Göttlicher Tröster, leite all mein Tun."* Mir war Gott dort auf dem Bahnsteig sehr, sehr nahe. Näher, als in manchem Gottesdienst, den ich öfter schon erlebt hatte.

Eine S-Bahn-Haltestelle sollte dann auch in meinem Leben eine entscheidende Rolle spielen. Im Gebet um den Heiligen Geist wurde ich von Gott in einen Prozeß der Reinigung und der Heiligung geführt. Da mußte ich vieles lernen. Ich mußte begreifen, daß ich mich total Gott überlassen muß. Ihm vertrauen, daß ER mir keinen Stein gibt, wenn ich IHN um den Heiligen Geist bitte. Gott ist ein Vater, der Seinen Kindern gute Gaben gibt.

Immer wieder mußte ich gegen Anfechtungen kämpfen, die durch meinen Verstand ausgelöst wurden. Wenn die Kraft Gottes über mich kam und mein Herz erfüllte, ja überfüllte, begannen in meinem Herzen Worte aufzusteigen, die ich nicht kannte und die mir fremd waren. Darum hatte ich Angst, sie auszusprechen, eine unsagbare Furcht, etwas verkehrt zu machen. Immer wieder dachte ich, es sei allein ein menschlicher emotionaler Aufbruch in mir. Ich wollte aber, daß Gott und der Heilige Geist das „In-neuen-Zungen-Reden" bewirken sollte. Woher kamen die falschen Gedanken? Aus dem Herzen! Und woher kommen die guten Gedanken? Auch aus dem Herzen. Gedanken sind im tiefsten Grunde unartikulierte Worte, die durchs Aussprechen hörbar werden. Ich hatte meine Schwierigkeiten, die neuen Worte auszusprechen.

Es war dann nach einer Fahrt mit der S-Bahn auf dem Weg zur Jugendstunde in der Medizinischen Badeanstalt Braker. Mehrere Jugendliche aus der Gemeinde und ich hatten in der Bahn gesungen und den Fahrgästen von Jesus erzählt. Wir sangen auf dem Bahnsteig in Hamburg-Ohlsdorf weiter. Plötzlich stellte ich fest, daß ich in einer anderen Sprache sang, *in neuen Zungen*. Gottes Heiliger Geist hatte mich erfüllt, und dieses Erlebnis gab meinem geistlichen Leben einen ordentlichen Stoß nach vorn.

Ja, Gott schenkte mir die Erfüllung mit dem Heiligen Geist auf einem Bahnhof. Ohne Handauflegung, einfach so. Und mit dieser Erfüllung bekam ich Geistesgaben. Geistliche Gaben, wie sie in der Bibel aufgezählt sind. Und Gott heiligte auch meine natürlichen Begabungen. Gaben zur Selbsterbauung, aber in erster Linie Gaben, um der Gemeinde Jesu zu dienen. Mir schenkte Gott die Gabe für die Musik. Ich habe ja schon über meinen Krampf um die Musik berichtet. Plötzlich konnte ich die Töne besser halten. Bekam ein sehr gutes musikalisches Gehör und begann ein Musikinstrument nach dem andern zu lernen, wie ich ja bereits berichtet habe. Ich bin niemals ein großer Künstler gewesen. Aber ich bringe auf jedem der genannten Instrumente etwas Ordentliches zustande. Für die Verhältnisse der damaligen Zeit sogar Erstaunliches. Außerdem wurde ich Chorleiter. Ich begann Lieder zu komponieren, weil es damals noch sehr wenig Liedmaterial gegeben hat. Als *Autodidakt* lernte ich Melodien schreiben und Harmonielehre. Ich habe über 50 Lieder geschrieben und bin in Deutschland ein anerkannter Komponist geworden.

Meine ganze musikalische Entwicklung – über die ich weiter vorne bereits geschrieben habe – ist nur zu verstehen durch die Erfüllung mit dem Heiligen Geist. Denn als natürlicher Mensch bin ich völlig unmusikalisch. Die mir von Gott geschenkte Begabung machte mich nicht automatisch zu einem guten Musiker. Trotz aller Begnadung hat das Erlernen Zeit und Geduld gekostet. Gott schenkt neue Talente, neue Gaben und neue Interessen. Das geschieht so natürlich wie die Gaben und Talente, die ein Mensch mit seiner Geburt vererbt bekommt. Es gilt auch im Reich Gottes, diese Charismen zu wecken, zu pflegen und weiter zu entwickeln.

Die Bibel berichtet von geistlichen Gaben, neun an der Zahl. Darüber streiten sich manche Theologen, ob es wirklich neun sind. Mehr, oder weniger? Für mich ist das so uninteressant wie nur irgend etwas. Tatsache ist, daß davon oft in der Bibel gesprochen wird. Und was die Bibel sagt, gilt für mich. Ich habe die Konsequenzen des Glaubens gezogen. Infolgedessen glaube ich, was in der Bibel steht und akzeptiere sie als Gottes Wort. Gott hat ja sein Wort in meinem Leben ausreichend bestätigt.

Ehrlich gesagt, was prophetisches Reden, das Reden in andern Sprachen und seine Auslegungen betrifft, hatte ich im Anfang meines Christseins einige Fragen. Wie geschieht das, ist das alles echt? Es gibt auch unter den Pfingstlern Leute, die einen nicht ermutigen, solche Gaben zu praktizieren. Sie haben immer Angst vor Schwärmereien. Es geht aber in Pfingstgemeinden normaler zu, als mancher denkt, und nie so unkontrolliert, wie manche Kritiker behaupten. Dem Aufrichtigen aber kommt Gott zur Hilfe und läßt es ihm gelingen.

Ich erinnere mich an eine der sogenannten Frühjahrskonferenzen, die in einem gemieteten Saal in Altona durchgeführt wurde. Wo das war, habe ich vergessen, ich weiß nur, daß die Gottesdienste mit mehr als 1000 Besuchern überfüllt waren und die Leute selbst in den Gängen stehen mußten. Gottesdienste bereits am Nachmittag und dann auch am Abend waren üblich. Die Zwischenzeit wurde mit Gebet ausgefüllt. Damals herrschte ja nicht nur ein allgemeiner leiblicher Hunger, sondern ein besonderer Hunger nach Gott. In diesen Gebetsstunden ging es sehr lebendig zu. Wegen Platzmangel wurde auch auf der Plattform (der Bühne) gebetet. So konnte alles gut überschaut werden. Die Leute hüpften voller Freude. Andere fielen der Länge nach zu Boden. Und einige meinten so laut beten zu müssen, daß man es am anderen Ende der Straße noch hören konnte. Lachen und Weinen waren kaum zu unterscheiden. Ich war dabei, als einige direkt von der Bühne fielen. Diese Vorgänge boten ein spektakuläres Bild, zugegeben.

Unser Pastor Rabe, der für diesen Gebetsgottesdienst die Verantwortung trug, brachte mit wenigen Worten wieder Ordnung in die überbrodelnde Beterschar. Es waren banale Worte, von denen ich glaubte, nicht richtig gehört zu haben. Er zitierte etwas aus Schillers „Glocke" und sagte mit ruhiger Stimme:

„Ja, ja, wohltätig ist des Feuers Macht, wenn sie der Mensch bezähmt, bewacht ... doch wehe, wenn sie losgelassen."

Alle schwiegen verblüfft.

„So, jetzt wollen wir zwischendurch mal einen Chorus singen", sagte er laut und freundlich und stimmte dann mit kräftiger Stimme selbst an:

„*Halleluja, sei gepriesen, Halleluja, amen. Halleluja, sei gepriesen, Herr, segne uns jetzt.*" Das war für mich als Neuling schon sehr außergewöhnlich, aber bei allem spürte ich etwas, was mich ansprach und mich begeisterte. Man konnte also in einer Gebetsstunde auch Schiller zitieren. Das fand ich gut.

Ich bin mir im klaren darüber, daß in emotional gefüllter Atmosphäre Aussagen und Eindrücke, die Gott an die Gemeinde sendet, sehr subjektiv wiedergegeben werden können. Dennoch bin ich überzeugt, daß der Geist Gottes jeden aufrichtigen Jünger Jesu erkennen läßt, wenn Dinge geschehen oder gesagt werden, die nicht von Gott sind. *„Meine Schafe hören meine Stimme"*, hat Jesus gesagt. Dazu kommt, daß sich Prophezeiungen am biblischen Kontext messen lassen müssen. Nach der Bibel ist nur der ein von Gott berufener Prophet, dessen Aussagen auch eintreffen. Dabei sollte aber beachtet werden, daß nur die positiven Vorhersagen eintreffen **müssen**. Die ein Gericht ankündigenden Prophetien brauchen nicht unbedingt zu geschehen, denn die Buße verhindert oftmals Gottes gerichtliches Handeln. Bei allem Zweifel, der aufkommen kann, glaube ich dennoch, daß es auch heute ganz konkrete Prophezeiungen von Männern und Frauen Gottes gibt, die sehr ernst genommen werden sollten.

Es war in dieser lebendigen Konferenzveranstaltung, daß ich von der Echtheit geistlicher Gaben überzeugt wurde. Also, ich stehe in dieser überfüllten Veranstaltung ziemlich in der Mitte des Saales im Mittelgang. Es ist Gebetszeit. Das bedeutet: alle beten laut miteinander. Plötzlich ebbt dieses Gebet ab und es wird still. Da geschieht es, daß eine männliche Stimme laut und vernehmlich in einer anderen Sprache eine prophetische Aussage macht. Gespannt verfolge ich das Ganze. Dann beginnen zwei Personen gleichzeitig mit der Auslegung dieser prophetischen Rede. Ich dachte: ‚Das kann ja interessant werden. Mal sehen, was dabei herauskommt.‘ Und dann erlebte ich, und natürlich alle Anwesenden mit mir, wie beide wortwörtlich dasselbe sagten. Ich konnte es gut hören, weil ich in der Mitte stand. Beide begannen mit den Worten: *Der Name des Herrn ist eine ausgeschüttete Salbe ...* Dann schwieg der eine Ausleger, während der andere fortsetzte. Mich traf das in meinem tiefsten Inneren. Ich kann mich nicht mehr an das erinnern, was weiter gesagt wurde, aber tief in meinem Herzen war ich überzeugt worden, daß wirklich der Geist Gottes am Werk war. Meine ungelösten Fragen waren beantwortet.

Sind auf dem Gebiet der Geistesgaben Fehler unterlaufen? Ganz sicher. Darum: Prüfen und das Beste behalten. So halte ich es mit den geistlichen Gaben und respektiere die Gottesdienste, in denen sie gepflegt werden.

Erste Erfahrungen als Prediger

Nachdem viele von uns geistgetauft waren, sandte uns Pastor Rabe zwei und zwei auf die Stationen der Gemeinde, um dort das Evangelium zu verkündigen. Jeweils jemand, der bereits Predigterfahrung hatte, zusammen mit einem Anfänger. Mit meinem Freund Gerhard Olsen fuhr ich nach Hamburg-Finkenwerder zu meinem ersten *Dienst am Wort.*

Dort war eine kleine Hausversammlung, wie sie früher genannt wurde. Jemand, der in seinem Haus oder seiner Wohnung genügend Platz hatte, stellte für den Gottesdienst ein Zimmer zur Verfügung. Heute nennt man so etwas Hauskreis oder Zellgemeinde. Diese Hausgemeinschaften sind deshalb so segensreich, weil niemand anonym bleibt, wie es in einer großen Versammlung nur allzu oft vorkommt.

Ich hatte mich vorbereitet wie ein Student im Examen; habe die Bibel gelesen und gebetet. Ganze Schulheftseiten hatte ich vollgeschrieben, weggeworfen und wieder neue Seiten beschrieben, bis ich glaubte, etwas Vernünftiges auf dem Papier zu haben. Es sollte mir dort nicht so ergehen wie damals in Missunde an der Schlei. Ich habe es sehr ernst genommen. Gerhard Olsen meinte: „Du fängst an. Es spielt keine Rolle, ob du kurz oder lange predigst. Ich mache den Schluß."

Ich war aufgeregt, als ich zu der provisorischen Kanzel ging! Ich schlug meine Bibel auf und sagte feierlich, so wie ich es mir von den professionellen Predigern abgehört hatte: „Ich lese Gottes Wort aus, aus …", und dann war es bei mir aus. Ich hatte die Bibelstelle vergessen. Ich fing noch einmal an:

„Ich lese Gottes Wort aus, aus …" und wußte wieder nicht weiter. Die Geschwister beugten artig ihre Häupter und begannen still – für mich wohl – zu beten. Nicht nur für Segen, sondern sie beteten wahrscheinlich dafür, daß ich die Bibelstelle endlich finden möge. Beim dritten Anlauf wurde es peinlich. Ich fand sie wieder nicht, und voller Verzweiflung sagte ich – ich weiß bis heute nicht warum: „Lukas 10,42."

Weshalb ich eine so hohe Verszahl genannt habe, war mir selbst nicht ganz klar. Denn nicht jedes Kapitel hat so viele Verse. Ich fing an zu suchen. Buchstäblich der letzte Vers des Kapitels war es. Das war der Text, den ich lesen wollte. Irgendwie war er doch in meinem Unterbewußtsein hängen geblieben. Ich fügte dann hinzu:

„Des Zusammenhanges wegen lese ich von Vers 38 an."

Auch das hatte ich schon mal irgendwo gehört, daß man das so handhabt. (Ich bin ja kein kleiner Dummkopf.) Was wohl der liebe Gott gedacht hat? Immerhin war es der Text, auf den ich mich vorbereitet hatte. Ich redete dort auf der kleinen Hauskanzel, was mir zu diesem Text einfiel. Meine geduldigen Zuhörer dankten Gott am Schluß für das Wort, und das gab mir ein gutes Gefühl.

Mein Freund Gerhard Olsen fragte mich auf dem Weg nach Hause, warum ich den Bibeltext nicht gleich gelesen hätte. Er hätte ziemlich geschwitzt, als ich da oben stand.

„Mensch", sagte ich, „ich hatte vergessen, wo er steht."

Dann sagte er mir, daß ich beim nächsten Mal ein Buchzeichen dort einlegen sollte, wo der Text steht. Auf die einfachsten Dinge kommt man selbst nie.

Später hatte ich für das Stationsgebiet Lüneburger Heide die Verantwortung. Die Predigt, die ich über Maria und Martha in Finkenwerder hielt, muß wohl besser gewesen sein als die, die ich in Missunde vom Stapel gelassen hatte.

Der *Stationsdienst* nahm immer ein ganzes Wochenende in Anspruch. Am Samstag holte ich von der Gemeinde mein Fahrzeug ab, es war ein Gemeindefahrrad, kein Auto. Auch der Pastor hatte keinen Pkw. Aber das lag auch daran, daß er selbst nicht fahren konnte und keinen Führerschein besaß.

Samstags ging es also zum Hamburger Hauptbahnhof; Fahrrad aufgeben, nach Neuenkirchen fahren und am selben Tag abends noch eine Bibelstunde halten. Das war der erste Teil. Am Sonntagmorgen: Sonntagsschule und Morgengottesdienst halten. Dann mit dem Fahrrad nach Schneverdingen. Dort am Nachmittag einen Evangelisationsgottesdienst und anschließend Jugendstunde halten. Mit der Eisenbahn ging es nachts zurück nach Hamburg. Dort mußte das Fahrrad noch in der Gemeinde abgeliefert werden, und dann ging es ab, nach Hause.

Ein *Tagwerk* für Christus! Das hört sich schlimmer an, als es war. Jesus ist eine solche Strecke zu Fuß gegangen, um mit der Frau am Jakobsbrunnen über ihre Probleme zu sprechen. Ich kenne nur einen Menschen, der von Hamburg nach Neuenkirchen zu Fuß gegangen ist, und das war Hermann Richert. Der, der beim Beten so gut zählen konnte. Er ging, um sein Mädchen Friedchen zu besuchen, das er später dann auch heiratete.

Einer von den vielen Jugendlichen in der Hamburger *ELIM*-Gemeinde wurde unter vielen anderen mein bester Freund, der mich durch mein ganzes Leben begleitete. Wir waren so gegensätzlich, verschiedener konnten zwei Menschen nicht sein. Er liebte klassische Musik, die Oper und Orgelmusik, während ich zur leichten Muse neigte: Gospels, Spirituals und Jazz. Nicht, daß ich klassische Musik völlig ablehnte, aber ich konnte nicht stundenlang nur solche Musik hören. Wir besuchten gemeinsam Orgelkonzerte. Zu Ostern hörten wir uns die Matthäuspassion an. Händel im November und im Dezember. Um Weihnachten herum gingen wir zum Quempas-Singen. Wir diskutierten über Brecht und andere Künstler. Ich bin kein Kulturbanause, aber Kunst muß man lieben, und da hapert es eben bei mir mit der Liebe. Wir waren also so verschieden, wie ein fliegender Fisch und ein Vogel verschieden sind.

Dieser Freund war, ist und bleibt Conrad Lemke, kurz *Conny* genannt. Ein richtiger Hamburger Junge. Sein Vater war Kommunist und Eberführer im Hamburger Hafen. Conny hatte politisch einen leichten linken, ich einen leichten rechten Schlag. Und so gab es bei uns immer *Pro und Kontra*. Langweilig war es nie. In späteren Jahren, als ich schon verheiratet war und Kinder hatte, meinte mein Sohn und meine Töchter dachten – wenn sie uns erlebten –, daß wir uns streiten. Aber wir diskutierten und filtrierten die Sachen nur richtig durch. Wenn ich vom Wasser redete, sprach er von der Luft, um im obengenannten Vergleich zu bleiben. Nur „fliegen" konnten wir beide, ich meine damit, daß wir bei aller Verschiedenheit eines gemeinsam hatten: Jesus lieben, und das von ganzem Herzen.

Als sein Vater ihn einmal zusammenschlug und ein Beil nach ihm warf, empfand Conny, daß Gott zu ihm sagte: „Du sollst mein Bote sein." Wir waren beide überzeugt davon, daß wir einmal unsere ganze Zeit und Kraft dem Dienst Gottes zur Verfügung stellen würden. Wir wußten nur nicht, wann und wie das einmal geschehen würde.

Die Liebe unserer Feinde

An dieser Stelle möchte ich ein Kapitel einfügen, das mir beim Rückblick auf mein Leben für die damalige Zeit sehr wichtig ist.

Die jüngere Generation kann sich verständlicherweise nicht an die Nachkriegszeit erinnern, sie war ja noch nicht geboren. In Deutschland herrschten damals verheerende Zustände. Menschen verhungerten und andere erfroren. Die große Hungersnot war es, die mich auf die schiefe Bahn gebracht hatte. Mit meinem Freund, dem kleinen Gerd Tobien, schlief ich in einer ehemaligen Luftwaffenbaracke in Flensburg-Klüs. Diese Baracken waren nicht dicht. Wir konnten durch die Ritzen den Mond sehen. Decken zum Zudecken hatten wir nicht. Wir schliefen unter alten Militärmänteln. Ich erinnere mich noch gut daran, wie wir eines Morgens aufwachten, eng aneinandergepreßt hatten wir – der Kälte wegen – geschlafen, und Schnee lag auf unsern Mänteln. Wie gesagt: Menschen verhungerten und erfroren. Bis heute ist vielen nicht bekannt, daß England während des Krieges keine Rationierung, also keine Lebensmittelkarten kannte oder eingeführt hatte. Da wir im Norden Deutschlands zur sogenannten *Britischen Zone* gehörten (Deutschland war in vier Zonen aufgeteilt), sandten die Briten – und das kann zu ihrer Ehre und nicht laut genug gesagt werden – Nahrungsmittel nach Deutschland, vor allen Dingen Getreide, um der Hungersnot zu begegnen. Das Resultat davon war, daß sie die Lebensmittel im eigenen Land rationieren mußten. Das geschah *nach* dem Krieg. Als es in Deutschland die Lebensmittelkarten nicht mehr gab, lebte die englische Bevölkerung noch länger unter der staatlich angeordneten Rationalisierung.

Auch Skandinavien sprang ein, um den Deutschen zu helfen. Hier war es besonders die schwedische Pfingstbewegung, die Schulspeisungen in den verschiedenen Städten Norddeutschlands durchführen ließ. Eine warme Suppe am Tag für Schulkinder. Diese gläubigen Menschen versorgten außerdem die kirchlichen Gemeinden nicht nur mit Nahrungsmitteln, sondern auch mit Garderobe. Es war immer ein großer Augenblick, wenn wieder ein Lkw mit Kleidung, Wolldecken usw. von Schweden in Hamburg eingetroffen war und wir uns von diesen Spenden einkleiden konnten.

Die gesamte Lage änderte sich schlagartig, als am 21. Juni 1948 in Deutschland die Währungsreform durchgeführt wurde. Plötzlich waren unsere Läden voll, was vorher nicht der Fall war. Man konnte gegen die neue Währung, die DM genannt wurde, alles kaufen. Allerdings erhielt jeder nur ein Kopfgeld von 40,00 DM. Sparkonten und Bargelder wurden bis zu einem mir nicht bekannten Betrag 10:1 umgetauscht. So besserte sich die Notlage bald und es ging langsam aufwärts in Deutschland.

In der Gemeinde bekamen wir sehr oft Besuch aus Schweden. Chöre und Pastoren ermutigten und halfen uns, Deutschland zu evangelisieren. Das war wirklich Hilfe von Gott. 1950 wurde ich eingeladen, an einer Reise nach Schweden teilzunehmen. Brakers hatten damals bereits ein Auto, und mit Harro Braker, Horst Müller und Martin Kopatscheck machten wir diese Reise.

Wir sangen miteinander als Quartett. Harro spielte Akkordeon, Martin singende Säge, Horst und ich Gitarre. Wir wurden so herzlich aufgenommen, daß man es kaum beschreiben kann. Wir wurden liebevoll gezwungen im Bett zu bleiben und bekamen vor dem offiziellen Frühstück erst einmal Kaffee und Kuchen ans Bett gebracht. Harro und ich schliefen bei einem Bäcker, und Martin und Horst bei Minna Simonsen. Diese Zeit wird mir unvergeßlich bleiben. Drei Dinge werden stets in meiner Erinnerung verweilen: Erstens: Hier rief Gott mich ein zweites Mal und bestätigte mir, daß ER mich in seinem Dienst sehen wollte. Die Schweden wollten uns ein Missionszelt kaufen, damit wir in Deutschland evangelisieren konnten, und sie wollten uns vier auch finanziell unterstützen.

Zweitens: Hier bin ich einmal um mein Leben gelaufen. Nach einem Federballspiel bei Freunden überquerten Martin und ich eine Wiese, um zu unserm Quartier zu kommen. Wir nahmen eine Abkürzung. Leider weideten dort zwei Jungstiere, die damit nicht einverstanden waren. Einer davon durchbrach den elektrischen Zaun und stürzte sich auf uns. Wir rasten in Olympia-verdächtiger Zeit über die Wiese in Richtung eines Baches, den Stier im Nacken. Zum Bach ging es bergab. Eine kleine Brücke führte darüber. Wir erwischten sie, der Bulle nicht. Er raste in den Bach und kehrte sichtlich enttäuscht um.

Kreidebleich und außer Atem waren wir und erreichten so unser Quartier. Wir wurden gefragt, was los gewesen sei. Ich versuchte, so gut ich konnte und unter dem Gelächter unserer Gastgeber zu erklären, was passiert war. Ich sagte: „Mannskuh", und meinte natürlich den Stier, und: „inte mjölk", das heißt keine Milch, und machte Bewegungen wie beim Melken. Dabei hielt ich meine Hände mit nach vorn gestreckten Zeigefinger vor dem Kopf und imitierte damit die Hörner. Dann machte ich einen Sprung nach vorne, wie es der Bulle tat, und dann die Bewegungen des Weglaufens. Ich wollte damit andeuten, daß es keine Milchkuh gewesen war, was uns da gejagt hatte. Ehrlich gesagt: uns war nicht zum Lachen zumute. Der Hausherr meinte, wir sollten es noch einmal machen, er wollte die Szene mit dem Jungstier filmen. Wir verzichteten darauf, als Schauspieler zu fungieren.

Drittens: In einer Stadt hinter Stockholm – wir ahnten von nichts – fuhr man mit uns zu einem Bekleidungsgeschäft. Wir sollten neu eingekleidet werden. Wir könnten nehmen, was wir wollten, sagte man uns. Nur eine Bitte hätten sie: Keine schwarzen Anzüge. (Sie hatten in Deutschland zu viele schwarz gekleidete Menschen gesehen.) Etwas verlegen und doch voller Freude griffen wir nach den schönen Sachen: Anzug, Unterwäsche, Oberhemd, Schlips, Strümpfe, Schuhe. Alles neu. Auf die Preise brauchten wir nicht zu achten. Das war die Liebe Gottes, die sich durch unsere schwedischen Glaubensgeschwister offenbarte. Wie sehr waren wir doch beschämt worden durch solch eine Hingabe!

Am Abend – völlig neu eingekleidet – sangen wir zur Freude der Gemeinde und gaben Zeugnis von der Liebe Gottes. Die Kirche stand in der Stadt Boras, die als Wappen einen Storch führte. Pastor war damals Lennart Steen. Der Ort, in dem wir einkaufen durften, hieß Edsbyn, oder ähnlich. Miteinander besuchten wir noch Allan Törnberg, den zweiten Pastor der *Philadelphia-Gemeinde* von Stockholm, die 3500 Mitglieder zählte. Eine freikirchliche Dimension, von der wir in Deutschland nicht einmal zu träumen gewagt hätten.

Durch die Liebe und Opferbereitschaft der Schweden erhielten wir damals eine schwedische Notkirche, die in Hamburg-Barmbek in der Bachstraße aufgebaut wurde. Das ehemalige Kirchengebäude, das auf jenem Grundstück gestanden hatte, war während des Krieges durch einen Bombenvolltreffer zerstört worden.

Wie ich anfangs schon berichtete, versammelte sich unsere charismatische Gemeinde in den Nachkriegsjahren in den Räumen der *Adventistengemeinde* in Hamburg-Altona. Einer von den schwedischen Pastoren war Hilding Johannson. Es entzieht sich meiner Kenntnis, aus welcher Stadt in Schweden er kam und wie viele Jahre er bereits in Deutschland gewirkt hatte. Er war immer ein gern gehörter Redner, der uns verbissenen Deutschen mit trockenem Humor biblisch aufzeigte, wie gewisse dogmatische Aussagen zu verstehen seien. Ihm habe ich bereits 1955 geholfen, das deutschsprachige Programm für *IBRA-Radio* zu gestalten. Ich machte den Ansager bzw. führte durchs Programm. Meine Stimme eignete sich dafür. Über *Radio Tanger*, Afrika, wurden zu später Stunde über Kurzwelle evangelistische Andachten gesendet. Wir in Deutschland konnten das Programm meistens nur in Form von Silbenrätseln empfangen, so sehr zerstückelt kam die Sendung in unseren Radioempfängern an. Viele Briefe haben uns aus der fernen Sowjetunion erreicht, von den dort lebenden Deutschen. So war es doch nicht ganz umsonst gewesen, daß wir diese deutschsprachigen christlichen Sendungen ausgestrahlt haben. Gleichwohl war diese Radioarbeit insgesamt unbefriedigend verlaufen und wurde nach einigen Jahren ganz eingestellt.

Eine chaotische Reise

1951, Ende September, erhielten Conny und ich einen Brief aus Stuttgart. Ich glaube, es war an einem Donnerstag. Es wurde uns mitgeteilt, daß wir schon am Freitag (also am nächsten Tag) unsere Arbeit aufkündigen sollten. Unsere Anwesenheit in der im Aufbau befindlichen Bibelschule in Stuttgart war wegen einiger noch ausstehenden Arbeiten notwendig. Ab Oktober würde dann unser Studium beginnen. Weiter stand in dem Brief, wir sollten am Montagmorgen um 10.00 Uhr in Bremen an der Bushaltestelle der Firma Rammelmann bereitstehen. Dort würde uns ein Herr Kindermann mit seinem Auto nach Stuttgart mitnehmen. Herr Kindermann war damals als Sekretär einer Ost-Europa-Mission für die Auswanderung osteuropäischer Flüchtlinge in die Bundesrepublik und die USA zuständig. Zugleich war er auch Geschäftsführer des *Theologischen Instituts* in Stuttgart.

Am Donnerstagabend in der Bibelstunde trafen Conny und ich uns und fragten, wie wir uns nun verhalten sollten. Freitag morgen kündigen und am Montag in der Früh ab nach Bremen? Das ist ja schneller, als die Polizei erlaubt. Wir beschlossen folgendes: Wenn unsere Kündigung morgen durchgeht und wir Papiere und unser Geld bekommen, nehmen wir das aus Gottes Hand. Für das Studium am *Theologischen Institut* hatten wir zwar ein Stipendium versprochen bekommen, aber etwas Geld brauchten wir schließlich auch zum Leben. Wir beteten gemeinsam und vertrauten die Sache Gott an. Wenn es Sein Wille war, dann würde auch alles klappen. Welch eine spannende Nacht, und was für ein spannender Tag lag vor uns!

Am Freitag, während des Tages, riefen wir uns gegenseitig an, um immer den neuesten Stand der Dinge des anderen zu erfahren. Geht die Kündigung durch oder nicht? Conny wird wohl seinen Eltern nichts haben sagen können, wenigstens nicht bis Sonntag, bis sicher war, daß er am Montag mit mir nach Bremen fahren würde.

Trotz einiger Schwierigkeiten gingen Connys und meine Kündigung durch. Die jeweilige Firmenleitung hatte Verständnis für das Studium und unser zukünftiges Leben. Ich weiß nicht mehr so genau, wie das Wochenende verlaufen ist. Wir haben sicherlich unsere Aufgaben in der Gemeinde erfüllt und uns von allen verabschiedet. Montag sollte es über Bremen nach Stuttgart gehen. Das hört sich alles so einfach an, aber das war es nicht, denn wie heißt es so schön unlogisch: *„Erstens kommt es, zweitens anders* *und drittens als man denkt.*" Uns stand ein Abenteuer bevor, von dem wir zu diesem Zeitpunkt natürlich nichts ahnten.

Montagmorgen Hamburger Hauptbahnhof. Treffpunkt Bushaltestelle der Reisegesellschaft Rammelmann. Dieses Unternehmen fuhr zur damaligen Zeit für sage und schreibe 5,00 DM von Hamburg nach Bremen. Wir trafen uns rechtzeitig vor der Abfahrt, hatten sehr wenig Gepäck und im Portemonnaie ganz wenig Geld. Wenn jeder 50,00 DM hatte, dann war es schon viel. Natürlich waren wir aufgeregt.

Wir kamen pünktlich in Bremen an und hielten sofort Ausschau nach Herrn Kindermann. Uns fehlte wohl die richtige Brille? Jedenfalls sahen und fanden wir keinen Herrn Kindermann. Der Bus war schon wieder zurück nach Hamburg unterwegs und wir standen immer noch an der Bushaltestelle. Was nun? Conny war nicht nur Versicherungskaufmann, sondern er hatte sich auch mit Journalismus befaßt. So empfahl ich ihm, das Büro von Herrn Kindermann, das in der Kornstraße untergebracht war, anzurufen. Schließlich wollten wir erfahren, was geschehen war. Also hütete ich die Koffer und Conny ging telefonieren. Nach einiger Zeit kam er zurück. Connys Gesicht war wie ein Buch. Darin konnte ich lesen und sah sogleich, daß irgend etwas nicht stimmte.

„Der ist schon gestern nach Stuttgart gefahren, hat seine Sekretärin mir gesagt. Wir sollen wieder nach Hause fahren. Man würde schon von sich hören lassen."

„Na bitte. Wer sagt denn, Christsein ist langweilig?", konnte ich mir nicht verkneifen zu spötteln. „Aber wieder nach Hause zurück kommt gar nicht in Frage. Wir haben die Brücken abgebrochen, und jetzt geht es nur noch vorwärts. Wenn wir nach Hamburg zurückkommen würden, dann sagen unsere Freunde und Eltern doch: ihr spinnt wohl."

Denn keiner von unsern Angehörigen war damals so richtig von unserm Entschluß begeistert gewesen, selbst unser Pastor nicht.

„Wir fahren ins Büro und sprechen mit der Sekretärin persönlich", schlug ich vor. Conny war einverstanden. Die Koffer verstauten wir in einem Schließfach am Bahnhof. Wir fanden das Büro und auch die Sekretärin, die gerade telefonierte. Sie winkte uns zu, still zu sein: „Ein Ferngespräch aus München", raunte sie.

Na schön. Also warteten wir. Nach einer halben Stunde riß mir der Geduldsfaden. Da stimmte doch etwas nicht. So ein langes Telefongespräch konnte ja kein Mensch bezahlen.

„Sagen Sie mal", fragte ich, „rufen Sie an oder wurden Sie angewählt?"

„Die Post hat gesagt, ich soll auf einen Anruf aus München warten. Man würde von dorther anrufen."

„Dann müssen Sie den Hörer auflegen, sonst können Sie ja gar nicht angerufen werden. Sie blockieren ja die Leitung", belehrte ich sie etwas gereizt.

„Ich bin hier nur als Aushilfe und habe von Büroarbeit keine Ahnung. Meine Schwester ist die Sekretärin hier, und die ist mit Herrn Kindermann nach Stuttgart gefahren", entschuldigte sich die junge Frau.

„Liebe Zeit, das fehlt uns gerade noch. Hat das *Theologische Institut* eine Telefonnummer?", fragte ich.

„Soviel ich weiß, noch nicht. Die Post legt erst in den nächsten Tagen einen Anschluß", bekam ich zur Antwort.

Unser Bemühen, eine Telefonnummer von irgend jemanden in Stuttgart zu bekommen, der das Institut kontaktieren konnte, war vergeblich.

In diesem Augenblick kam eine amerikanische Missionarin, Miß Scott, ins Büro. Wir kannten uns, Conny und ich waren hoch erfreut, sie zu sehen. Sie war Lehrerin und hatte uns in Hamburg – wohin sie ab und zu kam – die neuen Methoden für den Sonntagsschulunterricht gelehrt. Sie teilte uns mit, daß sie gerade aus Stuttgart käme und wir dort dringend gebraucht würden.

„Man wartet dort auf euch", erklärte sie.

„Wir sind aber hier. Herr Kindermann hat uns sitzen lassen", war meine Antwort. „Wie sollen wir uns jetzt verhalten?"

„Ach", meinte sie, „wir schicken ein Telegramm und lassen die in Stuttgart wissen, daß ihr hier seid."

Daß wir nicht darauf gekommen waren? Den Inhalt dieses Telegramms werde ich nie vergessen: „Klemm, Lemke hier. Kein Geld, was nun?"

Weder die Sekretärin noch die Missionarin waren bereit, das Geld für eine Fahrkarte nach Stuttgart auszulegen. Und wir selbst hatten nicht so viel, um eine Fahrkarte zu bezahlen. Miß Scott war sehr freundlich und lud uns immerhin zum Mittagessen ins Bahnhofsrestaurant ein und bezahlte unser Essen mit, das war sozusagen unsere erste *Glaubensmahlzeit*. Von dort fuhr Miß Scott weiter nach Hamburg, und wir warteten auf Antwort aus Stuttgart.

Es war ein wunderschöner, warmer Herbsttag in Bremen. Wir marschierten in die Wallanlagen, bestaunten die wunderschöne Mühle und warteten. Conny ging von Zeit zu Zeit telefonieren, um herauszufinden, ob Stuttgart schon reagiert hatte. Ich machte ein Nickerchen. Das schöne Wetter, die Leierkastenmusik, bei diesem entspannten Ambiente brauchte es nicht viel und ich war weg.

Erst Connys dezenter Fußtritt in die Seite weckte mich ziemlich unsanft auf.

„Kerl, du schläfst hier und wir wissen nicht, wie es weitergehen soll", sagte er mit mühevoll unterdrücktem Vorwurf.

Mir war die Sache auch nicht egal. Aber wir konnten ja doch nichts ändern. Er schlug vor, mal in die Stadt zu gehen. Das taten wir dann auch. Durch die Sögestraße bis zum Seiteneingang von Karstadt.

„So", sagte ich, „jetzt laß uns mal da reingehen."

„Da war ich schon", war Connys unwillige Antwort.

„Aber ich noch nicht, also komm mit."

Wir gingen ins Kaufhaus, und siehe da, wen trafen wir? Einen weiteren Bekannten, Albanies war sein Name. Auch er war amerikanischer Missionar. Außerdem war er ein Mitarbeiter von Herrn Kindermann, dem Geschäftsführer des *Theologischen Instituts Stuttgart*. Mr. Albanies, begeisterter Christ, kam oft zu unseren Konferenzen nach Hamburg, wo wir ihn näher kennengelernt hatten. Mich faszinierten immer Ausländer. Er war erstaunt, uns zu sehen, und wir erzählten ihm die ganze Geschichte.

„Macht nichts", meinte er, „wir fahren jetzt noch einmal in die Kornstraße, und wenn keine Antwort von Stuttgart gekommen ist, fahre ich euch mit dem Jeep dorthin."

Ja, so sind die Amis.

Bisher war doch alles gar nicht so schlecht gelaufen, wenn man es wohlwollend betrachtete, zwar chaotisch, jedoch recht abenteuerlich. Im *Reich Gottes* geht es eben nicht immer zu, wie wir es gern hätten, aber es geht. Also fuhren wir in die Kornstraße. Dort war inzwischen eine telegraphische Geldanweisung für unser Ticket nach Stuttgart eingetroffen mit der Bitte, den nächsten Zug zu nehmen. Die Ankunftszeit wurde uns sogar auch mitgeteilt, und daß wir in Stuttgart am Bahnhof von Herrn Kindermann abgeholt werden würden.

Mr. Albanies lud uns noch zum Abendessen in seine Wohnung ein. Dabei lernten wir seine liebe Frau kennen und hatten zusammen eine gute Gebetsgemeinschaft, wo wir Gott für alles dankten, auch für das Chaos. Anschließend fuhr uns Mr. Albanies zum Bahnhof. Wir kauften unsere Fahrkarten, holten unsere Koffer aus dem Schließfach und bestiegen den Zug. Freundlichst verabschiedet von Mr. Albanies. Das hätten wir uns am Morgen in Hamburg ganz sicher nicht alles träumen lassen. Als Christ hat man überall Freunde, Menschen, auf die man sich verlassen kann. Wir fuhren die ganze Nacht, saßen auf gesunden deutschen Eichenbänken der Bundesbahn und kamen am frühen Morgen in Stuttgart an. Wer aber war wieder nicht da? Natürlich Herr Kindermann. Diesmal brauchten wir allerdings nur mit der Straßenbahn zu fahren. Soviel Geld hatten wir noch. Gerockstraße 4. Da standen wir auf der anderen Straßenseite und schauten uns das Gebäude an. „Conny", sagte ich scherzhaft, „noch können wir weg. Wenn wir jedoch jene Tür da hinter uns geschlossen haben, dann gib es kein Zurück mehr." Die Tür schloß sich hinter uns. Und wir wollten auch *niemals zurück, niemals zurück,* wie es in einem kleinen Liedchen von damals heißt.

Zwei Hobbyhandwerker auf dem Weg zum Erfolg

Conny und ich kannten B. T. Bard nur als den Gründer des *Theologischen Instituts* und als einen exzellenten Exegeten. Wir hatten ihn während eines Kurzseminars in Bremen-Rönnebeck kennengelernt. Von dorther kannte er auch uns. Er vertraute auf unsere innere Berufung. Deshalb erging auch die Einladung an uns, nach Stuttgart zu kommen, um Theologie zu studieren. Wir waren die allerersten zwei Studenten, die das neu gegründete Institut betraten. Es war jedoch nicht bezugsfertig. Wir mußten helfen, das Gebäude und die Klassenräume zu renovieren.

Der liebe Bruder Bard hatte natürlich keine Ahnung, was für *Experten* er sich da eingehandelt hatte. Wir sollten die Decken der Räume streichen und die Wände tapezieren. Das war meine Stärke, denn ich bin nämlich farbenblind und hatte bis dahin noch nicht einmal einen Hühnerstall gekalkt. Conny hatte die berühmten *zwei linken Hände.* Er hat mich mit seiner manuellen Tolpatschigkeit auf die berühmte Palme getrieben. Farbe und Leim wurden damals noch separat geliefert und dann zusammengemixt. Es gab keine Fertigfarben zu kaufen. Wir hatten von nichts eine Ahnung. Auch nicht von den Mengen, die man braucht, um Leim und Kreide im richtigen Verhältnis zu einer brauchbaren Farbe zusammenzubringen. Conny hatte gewissenhaft die Aufgabe zu erfüllen, die Farbe gründlich umzurühren. Erstaunlicherweise blieb aber alles an der Wand, was ich mit der selbstangerührten Farbe da bepinselt hatte; die Farbe wischte noch nicht einmal ab, nachdem sie getrocknet war.

Doch dann wurde es ernst: Wir mußten tapezieren. Wie? Conny mußte von der Tapete den Seitenstreifen abschneiden. Die Tapetenmesser, wie es sie heute gibt, oder Fertigtapeten ohne Ränder kannten wir damals noch nicht. Ich kleisterte vorsichtshalber erst die Wand und dann die Tapete ein, um sicherzugehen, daß sie daran hängen blieb. Nach den ersten vier Bahnen stellten wir fest, daß irgend etwas nicht stimmen konnte. An der Wand war so ein sonderbares Streifenmuster deutlich zu sehen. Was hatten wir bloß falsch gemacht?

Mein Freund schnitt immer sehr sorgfältig mit der Schere den angezeichneten Seitenstreifen ab. Leider traf er jeweils genau die Mitte der breiten Linie. Das Ergebnis war, daß die Hälfte des Streifens nun auf der Wand sichtbar war. Wir rissen alles wieder herunter und haben von neuem begonnen. Alles braucht eben seine Zeit. Und wir haben nicht nur acht Stunden am Tag gearbeitet, darum wurde dennoch alles rechtzeitig fertig.

Connys handwerkliche Künste waren danach nicht mehr gefragt. Er durfte ins Büro, wo er schriftliche Arbeiten zu erledigen hatte. Er war ja von Beruf Versicherungskaufmann. Ich durfte allein weitermachen und brauchte nicht mehr so oft auf die berühmte Palme. (Conny wurde ein exzellenter Bibellehrer, Autor und Lektor und war immer ein viel gefragter Redner.)

Eines Tages klingelte es unten an der Haustür. Conny, der im Büro war, öffnete. Ich hörte nur eine tiefe, brummelnde und sehr laute Stimme. Einige Zeit später wurde ich einem neuen Studenten vorgestellt, mit dem ich in Zukunft zusammenarbeiten durfte; es war Reinhold Ulonska. Wir alle sind Kinder der Kriegsgeneration gewesen. Sehr jung waren wir bereits Soldaten geworden und hatten das Grauen des Krieges irgendwie überlebt. Keiner von uns war zur Zeit des Krieges Christ gewesen. Hier trafen wir uns nun, die *Vorreiter eines zweiten Bildungsweges* als Theologiestudenten. Wir alle hatten inzwischen tiefgreifende Erfahrungen mit Gott erlebt. Reinhold Ulonska war auf der „NAPOLA" (national-politische Erziehungsanstalt) gewesen. Dort wurden die Besten der besten Schüler und Studenten für zukünftige politische Aufgaben im Dritten Reich ausgebildet. In der Tschechei wurde Reinhold dann verwundet, obwohl er 1945 erst vierzehn Jahre alt war. Später, in der Lüneburger Heide, fand er durch Gottesdienste der „Entschiedenen Christen" (EC) zum lebendigen Glauben an Jesus

Christus. Er begann bereits als 17jähriger mit der Verkündigung des Evangeliums.

Reinhold war also mit dem Radle da! Jawohl, mit einem Fahrrad ist er von Soltau nach Stuttgart geradelt. Nachts übernachtete er in aufgestellten Getreidegarben auf dem Feld. Aber er kam mit einem brennenden Herzen für Jesus. In seinem Gepäck, einem „Affen", das ist ein soldatischer Rucksack, war seine gesamte Habe. Vielleicht fünf Oberhemden, dazu fünf Kragen, wie das damals üblich war, und etwas Unterwäsche. Der Restplatz im „Affen" und seiner Aktentasche war vollgepfropft mit Büchern und zwölf verschiedenen Bibelübersetzungen. Er ist ein Original geblieben und war ein eifriger Studiosus. Nach der Bibelschule diente er einige Jahre als Pastor in Ostfriesland. Dann machte Gott ihn zu einem begnadeten Evangelisten, der im In- und Ausland viele Menschen zu Christus geführt hat. Er entwickelte sich zu einem starken theologischen Apologeten und Lehrer, der eine Reihe dogmatischer Bücher geschrieben hat. 1972 wurde er Präses des BFP (Bund Freikirchlicher Pfingstgemeinden KdöR in Deutschland). Sein Dienst hat nachhaltige Spuren nicht nur in Deutschland, sondern in ganz Europa und auf allen Kontinenten hinterlassen. Alles das wußten wir aber damals noch nicht.

Als vierter Student kam Werner Scheer. Er war, so wie Conny und ich, aus der Hamburger *ELIM-Gemeinde*. Werner ist von Beruf Bau- und Möbeltischler. Sehr praktisch begabt. Er war unsere Rettung von all den ungewohnten handwerklichen Arbeiten. Interessanterweise war auch Werners Vater ein überzeugter Kommunist gewesen. Sogar ein guter Freund von Max Reimann, dem bekannten Altkommunisten. Dieser Politiker ging in Werners Elternhaus ein und aus.

Als guter Tischler zimmerte Werner die Tische, an denen wir später studiert haben. Nach seiner theologischen Ausbildung wurde er ein unermüdlicher Pionier für die Sache Jesu in Deutschland. Überall, wo er hinkam, wurden Kirchen gebaut, umgebaut oder vergrößert. Diese aus der Arbeitswelt kommenden jungen Prediger hatten den landeskirchlichen Pastoren gegenüber einen Vorteil: sie konnten handwerklich in ihren Gemeinden mitarbeiten. Nebenbei gesagt: Das *Theologische Institut* hatte in jener Nachkriegszeit nicht unbedingt auf dem Abitur bestanden, wenn einer dort studieren wollte. Sondern wichtiger war eine echte Berufung von Gott sowie eine Empfehlung der lokalen Gemeindeleitung. Der Kandidat mußte seine Berufung durch Treue und Einsatz vorher schon nachgewiesen haben. Damals bestand die

Auffassung, daß Gott nicht nur Naturbegabte und Hochschüler beruft, sondern Berufene und Intelligente geistlich begabt. Das erwies sich als nicht so verkehrt, meine ich. Wir vier hatten also geholfen, das Schulgebäude herzurichten. Mit der Zeit trafen immer mehr junge Männer ein, die ein Bibelstudium absolvieren wollten. Bei Semesterbeginn im Oktober waren wir bereits vierzehn Leute. Und diese Zahl erhöhte sich im Laufe der Zeit auf zwanzig, von denen nach zweijähriger Schulung siebzehn ihren Abschluß machten.

Unsere Lehrer waren alle Amerikaner: B. T. Bard, (Exegese). Walter Waldvogel (Synoptische Bibelkunde). Paul Williscroft (Dispensation, Heilslehre und Englisch). Einziger deutscher Gastlehrer war Erwin Lorenz aus Frankfurt a.M., er unterrichtete in praktischer Theologie (Gemeindearbeit). Ab dem dritten Semester kam zusätzlich Dr. Richter aus Hamburg für Predigtlehre (Homiletik).

Wie gesagt: Der erste Schulleiter unseres Instituts war B. T. Bard. Von einem nahen Verwandten des polnischen Schriftstellers Henryk Sienkiewicz (Quo vadis) erhielt er seinen Rufnamen Balthasar. Es ist der Name eines der drei Weisen aus dem Morgenland. Bards Großvater war Dompfarrer von Schwerin gewesen und sein Vater war Professor der Theologie und Musik. Er entschied sich schließlich für die Musik, wanderte aus und wurde Direktor des Philharmonischen Orchesters in Philadelphia, USA. Balthasar mußte in Schwerin beim Großvater bleiben, um das Abitur abzuschließen. Danach folgte er seinem *Daddy* in die USA.

Er wurde Chinamissionar und übersetzte das N. T. (oder nur Teile?) ins Chinesische. Die Machtübernahme der Kommunisten in China unter der Führung von Mao Tse-tung hat unzählige Christen das Leben gekostet, darunter waren auch viele seiner chinesischen Bibelschüler. Er selbst, seine Frau und ihre acht Kinder, konnten über das heutige Taiwan flüchten und so ihr Leben retten. Sein ganzes Leben war ein Opfer und eine missionarische Hingabe an Jesus gewesen.

Wir wurden immer wieder einmal von seiner lieben Frau zum Kaffee eingeladen. Wenn sie dann miteinander von ihrer Berufung und ihrem Dienst erzählten, saßen wir vier Bibelschüler nur beschämt da und staunten, was man im Vertrauen auf Gott alles bewältigen kann. Wir lernten von ihnen, was es heißt, ein Berufener Gottes zu sein, IHM zu vertrauen. Bruder Bard und unsere anderen Lehrer waren keine theologischen Theoretiker, sondern Menschen, die sich im Dienst für Jesus aufgeopfert hatten und die im Glauben das auslebten, was sie von den Kathedern her gelehrt haben.

Bard war Exeget, und seine Vorlesungen waren ein Genuß. Er war auch ein exzellenter Klavierspieler, und er gehörte zu den natürlichen Heiligen, die immer mit einem Chorus auf den Lippen in den Lehrsaal kamen. Bruder Bard begann seine Vorlesungen immer mit einem Gebet. Neben Chinesisch sprach er Deutsch, Französisch und natürlich Englisch. Er war auch brillant in Altgriechisch und Hebräisch.

Wir lernten bei ihm die Zusammenhänge des Wortes Gottes in einer solchen Tiefe kennen, wie ich es später nie wieder gehört habe. Ich weiß nicht mehr, wie oft wir gar nicht zum Schluß einer Vorlesung gekommen sind. Ergriffen von dem Wort und von der Gegenwart Gottes sind wir oft vom Hören in die Anbetung übergegangen. Jede Vorlesung wurde für uns ein Gottesdienst in Liebe und Ehrfurcht. Und unser Respekt vor der Bibel wurde immer größer. Als Studenten waren wir untereinander sehr herzlich verbunden, daß man zu Recht sagen konnte: Wir waren ein Herz und eine Seele.

Am Ende des ersten Semesters hatten wir unseren letzten gemeinsamen Gottesdienst mit Balthasar T. Bard. Die Missionsleitung hatte ihn damals zurückgerufen. Es fällt mir schwer, die Stimmung zu beschreiben. Viele von uns waren ehemalige Soldaten. Wir waren kriegserfahrene und erwachsene Männer, die mehr als einmal einen Menschen haben sterben sehen, und waren mehr als einmal selbst mit dem Tode konfrontiert gewesen. Aber diesen Abschied erlebten wir sehr emotional. Diese Trennung fiel uns allen schwer. Wir *Kriegshelden* weinten wie die Kinder. Das ist wohl kaum zu glauben, aber es ist wahr.

Für B. T. Bard und die anderen Lehrer waren wir eben nicht nur die Studenten, die ihre theologischen Kenntnisse erweitern sollten und wollten. Wir waren für sie Berufene Gottes, die sie als ihre Brüder in Christus voll respektierten. Sie liebten uns, sie beteten und rangen vor Gott für uns. Denn sie sahen im Geist bereits unsere verschiedenen, geistlichen Positionen, die wir in Deutschland und in anderen Teilen der Welt einnehmen würden. Für uns waren unsere Lehrkräfte geistliche Persönlichkeiten, bewährt und geprüft im Feuer des Leidens. Wir empfanden für sie Hochachtung, respektierten, schätzten und liebten sie.

Niemals werde ich den ersten Heiligen Abend vergessen, den wir miteinander erlebt haben. Wir wohnten alle in dem großen Gebäude in der Gerokstraße 4 unter einem Dach: Lehrer und Schüler. Gegen 16.00 Uhr hatten wir uns in einem Klassenraum zum Gebet eingefunden. Gemeinsam dankten wir Gott für Seine große

Gabe, Jesus Christus. Niemand ahnte, wie dieser Abend verlaufen würde. Alles, was wir wollten, war, Gott nahe sein. So merkten wir auch nicht, wie ein Lehrer nach dem andern verschwand. Gegen 18.00 Uhr öffnete sich dann leise die Schiebetür, die den Klassenraum vom Speisesaal trennte. Etwas Licht fiel in das Studierzimmer der Bibelschule. Es war inzwischen draußen dunkel geworden. Plötzlich hörten wir Musik. Mir war's, als sängen die Engel. Wir glaubten, nicht richtig zu hören und zu sehen.

Was war geschehen?
Einige Gäste aus der Stadt und Umgebung – u. a. US-Soldaten – waren eingeladen worden. Wir Studenten hatten von alledem keine Ahnung. Man hatte uns nicht nur eine große Dinner-Tafel, mit bunten Tellern und einem Festessen vorbereitet, sondern die Lehrkräfte und Gäste bildeten nun einen Chor und sangen: *Stille Nacht, Heilige Nacht ...*

Manch einer von uns glaubte eine Vision zu sehen oder zu träumen. Wir wagten uns kaum von den Knien zu erheben. Nicht satt sehen konnten wir uns an dem Bild, das sich uns bot. Ist es da noch nötig, diesen Heiligabend weiter zu beschreiben? Es war ein lebendiges Beispiel für die Einheit der Gläubigen. Der Abend klang aus mit gemeinsamem Gebet und Lobpreis, der kein Ende nehmen wollte.

Wir erlebten etwas von dem Frieden und der Freude, von dem die Engel in Bethlehem gesungen haben. Die Menschen dort in der Bibelschule haben mein Leben geprägt. Sie haben mir den Glauben vorgelebt. Sie haben mir gezeigt, was es bedeutet, Christ zu sein. Es gibt leider noch so viele Menschen, die von einer solchen Gemeinschaft keine Ahnung haben, obwohl sie doch regelmäßig in ihrer Kirche den Satz gemeinsam sprechen: „Ich glaube an die Gemeinschaft der Heiligen ..."

Mein erstes Praktikum

Ich mußte mein erstes Praktikum absolvieren. Man hatte mir empfohlen, in eine süddeutsche Stadt – mehr Städtchen als Stadt – zu gehen und dort zu versuchen, eine Gemeinde ins Leben zu rufen. Es gab dort drei oder vier Ehepaare, die sich bereiterklärt hatten, sich für eine solche Arbeit mit zu engagieren. Ein eigenes Zimmer hatte ich nicht, durfte aber bei einer lieben Schwester, sie hieß Maria, wohnen. Sie war bereits über 60 Jahre alt und hatte eine

Näh- und Stickerei. In der Nähstube stand eine Couch, und auf dieser Couch habe ich über ein Vierteljahr lang nachts geschlafen. Ich habe und konnte niemals verschlafen, denn um 7.00 Uhr kamen die Näherinnen, und bis dahin mußte ich den Raum verlassen haben.

Wenn ich das von meinem heutigen Standpunkt aus betrachte, muß ich leider sagen, daß die Hausarbeit nicht gerade Marias Stärke war. Darum hatte sie sich gefreut, als ich ihr zugewiesen wurde. Sie führte mich in alle entscheidenden Hausarbeiten ein, und es gab fast nichts, bis aufs Kochen, was ich nicht erledigt hätte. Jeden Morgen habe ich mit einer Stahlbürste die Eichentreppe des Hauses geschrubbt. Warum, weiß ich bis heute nicht.

Auf einer Anhöhe hatte sie einen Obst- und Gemüsegarten. Dort habe ich gelernt, Tomaten zu ziehen, Unkraut zu jäten, Pflanzen zu begießen und alles, was zur Gartenarbeit sonst noch gehört. Übrigens: Die Ernte war hervorragend. Ich habe sogar Obst und Gemüse eingekocht. Vielleicht hat es ja nach meiner Abwesenheit in dem Keller von Maria eine lustige Knallerei gegeben, weil die Deckel nicht hielten. Maria hat mich in praktischen Dingen trainiert.

Auf dieser Anhöhe im Garten habe ich auch mit anderen Studienkollegen so manche Nacht im Gebet verbracht, und einmal habe ich dort ein wunderbares Kinderfest durchgeführt.

Maria bat mich jeden Tag, ihr eine kleine Bibelstunde zu halten, und wir haben auch gemeinsam gebetet. Dafür bin ich ihr bis heute sehr dankbar. Ich habe im Lauf meines Dienstes vor einem, vor zehn, vor hundert, vor eintausend und zehntausend Menschen gepredigt. Jedesmal mit der gleichen Hingabe. Von unseren Lehrern und vor allen Dingen beim Lesen in der Bibel habe ich von Jesus gelernt, was der Wert einer einzigen Seele ist. Für Zachäus ist Christus 30 km zu Fuß gegangen. Wirklich, ich meine es ernst und habe darum mein Predigeramt immer ernst genommen. Als Berufener vor Gott habe ich allezeit – ohne Rücksicht auf die Zahl der Menschen, die meinen Gottesdienst besuchten – immer mein Bestes gegeben. Auch das hat mich Maria gelehrt.

Wie aber sollte ich eine Gemeindearbeit aufbauen? Liebe macht erfinderisch. Am Ort gab es ein Asozialenlager für Menschen, die wegen ihres falsch verstandenen Glaubens aus ihrer Wohnung geflogen waren. Sie hatten geglaubt, sie brauchten die Miete nicht zu bezahlen. In jenem Lager gab es viele Kinder. Und Jesus hat auch Kinder geliebt. So legte ich mich vor ihren Unterkünften mit meiner Gitarre ins Gras und habe mich gesonnt und dabei still gebetet. Es dauerte nicht lange, dann kamen die ersten Kinder. Natürlich fand meine Gitarre ihr größtes Interesse. „Onkel, dürfen wir mal zupfen?", fragten sie neugierig. „Wenn ihr wollt, gerne", antwortete ich. „Onkel, kannst du denn Gitarre spielen?" „Ja, ein wenig." Ich bin kein großer Gitarrenkünstler, aber zur Begleitung eines Kinderliedes reichte es allemal. Also sang ich ihnen etwas vor. „Jetzt geh ich baden", sagte ich nach einer Weile meines Gastspiels dort. Ich empfand, daß ich lange genug mit ihnen zusammen gewesen war. Sie fragten, ob sie mitkommen dürften. „Ihr müßt erst eure Eltern fragen, sonst geht nichts", ließ ich sie wissen. Das taten sie auch rasch und ich ging mit fünf oder sechs Kindern zur Badeanstalt schwimmen. Zu den andern sagte ich: „Tschau, ich komm' morgen wieder." Und mein Versprechen habe ich gehalten, eine ganze Woche lang. Die Zahl der Kinder war inzwischen angewachsen, sowohl auf der Wiese als auch beim Baden. Dabei habe ich ihnen ganz ungezwungen von Jesus erzählt und mit ihnen gesungen. Natürlich haben mich die Eltern mit Argusaugen beobachtet. Das war nicht nur ihr gutes Recht, sondern auch ihre Pflicht den Kindern gegenüber.

Mein nächstes Ziel war es, diese Kinder regelmäßig über die Bibel zu informieren. Ich fragte sie, ob sie das wollten. Sie wollten, das war kein Problem, aber auch dafür verlangte ich die Zustimmung ihrer Eltern. Ich holte die Genehmigung der Lagerleitung für die Benutzung eines Raumes ein. Alles klappte, und mein regelmäßiger Unterricht wurde von Gott bestätigt. Einige Kinder entschieden sich für Jesus. Den Teenagern gab ich Gitarrenunterricht und lud sie zur Bibelstunde ein. Sie kamen. Der Kreis wuchs. Gegen Ende meines Praktikums organisierte ich ein Kinderfest, das auf Marias Anhöhe stattfinden sollte. Ich brauchte Preise für die Spiele, die beim Kinderfest vergeben werden sollten. Geld hatte ich keines. Ich ging von Geschäft zu Geschäft und erzählte den Ladenbesitzern, was ich vorhatte. Meine Bitten um Kleinigkeiten wie Luftballons, Bonbons, Kekse und ähnliche Sachen schlugen sie nicht ab.

In den Sommersemesterferien fanden in unserem *Theologischen Institut* Kurzseminare für Frauen statt. Diese meist noch jungen Mädchen sollten mir helfen. Mit dem VW-Bus und einem Privat-Pkw bekam ich die nötigen Mitarbeiterinnen für das Fest. Die Kinder wurden in Altersgruppen eingeteilt.

74

Mit Gesang, und fröhlich Luftballons schwingend, zogen wir vom Lager quer durch die Stadt auf Marias Anhöhe. Es waren 120 Kinder. Alles ging unwahrscheinlich gut. Die Spiele klappten. Die Kinder waren fröhlich und vom Herumtoben bald erschöpft. Wir setzten uns im Halbkreis hin, und das Kinderfest wurde mit einer kurzen biblischen Bildergeschichte abgeschlossen. Einige Eltern von den Kindern waren auch gekommen. Ich hatte sie extra eingeladen und saß mit ihnen bei einer Tasse Kaffee beisammen. Sie sollten den Mann, der sich mit ihren Kindern beschäftigte, einmal näher kennenlernen. Daß sie kamen, zeigte mir, wie sehr sie sich als Eltern für ihre Kinder verantwortlich fühlten. Mit einem kurzen Gebet, einer Ermunterung, wie sehr Gott doch die Kinder und auch sie, die Eltern, liebt und einer freundlichen Einladung beendete ich unser Kaffeetreffen. Ich bat sie auch, uns mal während der Woche oder am Sonntag zu besuchen. Einige kamen auch, und so war dort eine kleine Hausgemeinde entstanden. Während ich zu Semesterbeginn zum Studium nach Stuttgart zurückkehrte, führte ein anderer Praktikant die Arbeit weiter.

Geheiratet wurde zwischendurch

Natürlich gehören zwei zum Heiraten. Für Frauen hatte ich kein großes Interesse. Aber in Hamburg-Altona kam ein Mädchen zum Gottesdienst, das mir nicht nur auffiel, sondern auch gefiel. Sie war ruhig und still, beeindruckend. Gegensätze ziehen sich bekanntlich an. Bei mir hatte es geklingelt, aber ich habe es niemandem gesagt. Sie war meine heimliche Liebe. Seitdem hatte ich täglich dafür gebetet, daß Gott mir dieses Mädchen zur Frau geben möge. Mindestens ein halbes Jahr habe ich Gott mit diesem Anliegen in den Ohren gelegen. Ich war felsenfest davon überzeugt, daß das die Frau ist, die Gott mir geben müßte. Es gab noch einmal eine Krise. Mein damaliger Freund Gerhard Olsen gestand mir, daß er in Gerda Schiller – meine heimliche Liebe – verliebt war und daß er sie fragen wollte, ob sie ihn heiraten würde. Wie mir wohl zumute war! Ich sagte mir: Sie wird entscheiden. Sie ist ein geistlich gesinntes Mädchen, das nicht aus Angst heiratet, weil sie eventuell keinen abbekommt. Und dann kam der Tag, an dem Gerhard Olsen mir gestand: „Sie hat mir einen Korb gegeben."
   Von da an betete ich noch intensiver. Schließlich wollte ich keinen Korb von ihr, sondern ihr Ja. Es waren mehr als vier Wochen vergangen, bis ich sie endlich ansprach und ihr sagte: „Ich

liebe dich. Bitte bete darum und gib mir dann eine Antwort. Nach zwei Wochen kam Gerda zu mir und schenkte mir ihr Jawort. Wir hatten nur wenig Zeit füreinander, denn wir waren beide sehr in der Gemeindearbeit engagiert. Sie wohnte in Hamburg-Wilhelmsburg und ich in Hamburg-Niendorf. 90 Minuten Straßenbahnfahrt! Nach den Chorübungsstunden brachte ich sie nach Hause. Da hatten wir ein wenig Zeit füreinander. Während dieser Tage habe ich manchmal nur drei bis vier Stunden geschlafen, aber was macht das schon, wenn man verliebt ist.

Unsere Verlobung feierten wir mit der gesamten Jugend der *ELIM*-Gemeinde während einer Jugendfreizeit im Jahre 1950. Bevor wir uns die Ringe ansteckten, gingen wir noch einmal spazieren – allein. Ich sagte ihr, daß ich einen Ruf von Gott empfinde und sie oftmals allein sein werde. Sie soll es sich noch einmal überlegen. Das tat sie auch, genau zehn Minuten. Dann umarmten wir uns und gaben uns unseren ersten Kuß. Dann sagte sie: „Ich kann dich gut verstehen und ich werde mit dir gehen, wohin Gott uns miteinander führen mag."

Sie war bereit, meine Frau zu werden und wußte für sich, daß das der Wille Gottes war.

Am 24./25. Mai 1952, noch vor dem oben geschilderten Praktikum, habe ich geheiratet. Am Freitag war die standesamtliche, am Samstag dann die kirchliche Trauung. Das alles war gar nicht so einfach. Ich hatte zwar eine wunderschöne Frau, aber keinen schwarzen Anzug und kein weißes Oberhemd. Dafür jedoch gute Freunde. Einer von ihnen war Werner Scheer. Er wollte vierzehn Tage nach mir heiraten, und er besaß einen schwarzen Anzug, den er mir großzügig auslieh. Werner ist viel länger als ich. Die Anzughose war viel zu lang für meine kurzen Beine, in den Ärmeln seiner Jacke verschwanden auch meine Hände. Aber wir waren damals anspruchslos und nicht zimperlich. Die Hose wurde im Bund umgeschlagen und mit einem Gürtel gehalten – unter der Jacke sah das keiner. – Die Ärmel wurden nach innen gekrempelt und leicht angeheftet.

Meine Schwiegermutter hatte mir ein neues weißes Hemd gekauft, das leider auch zu groß war. Meine Kragenweite war damals 39, das Hemd hatte 44. Aber auch hier wurde kurz entschlossen mit einem Abnäher getrickst. Da bildete sich zwar eine riesige Falte im Nacken, aber die wurde einfach flachgebügelt und unter dem Jackett versteckt.

So war ich immerhin festlich angezogen.

Gefeiert wurde in Hamburg bei meiner Schwester Frieda im

Schrebergarten. Sie und ihr Mann Otto, mein Schwager, hatten ein geräumiges Wohnzimmer im Haus und daran anschließend eine schöne große Terrasse. Platz für die 30 Gäste war allemal. Meine Schwestern konnten mir nichts schenken, aber sie haben gekocht und gebacken was das Zeug hielt. Meine Frau und ich waren sehr dankbar für alles. Blumen bekamen wir in Hülle und Fülle – was Wunder, in den Schrebergärten meiner Verwandtschaft wuchsen sie umsonst. Das einzige materielle Geschenk war eine Kristallschale auf versilbertem Tablett.

Dann eine riesige Überraschung. Sie erinnern sich an Hermann, den „Hühnerzähler"? Er hatte eine Glaubenskrise durchgemacht und war in die damalige Ostzone abgehauen. Da er eine wunderschöne Tenorstimme hatte, versuchte er sich *drüben* als Schlagersänger. Aber er kam mit den Leuten und der Politik dort nicht zurecht. Also flüchtete er wieder in den Westen. Lange Zeit war er aus meinem Blickfeld verschwunden. In Hamburg hatte ihn mein Neffe Günter, der Sohn meiner Schwester Frieda, zusammen mit einem anderen Jugendlichen aus der *ELIM-Gemeinde* gesucht und ihn in einem Soziallager in der Bundesstraße gefunden. Ich nehme an, daß mein Neffe ihm von meiner bevorstehenden Hochzeit erzählt hatte. Noch war Hermann nicht wieder klar mit seinem Gott, aber auf meine Feier war er heimlich gekommen. Hinter der Hausecke versteckt sang er den 103. Psalm: „*Lobe den Herrn, meine Seele, und was in mir ist seinen heiligen Namen.*"

Wir alle saßen tief bewegt da und ließen den biblischen Text noch in uns wirken, da rannte Hermann einfach davon. Vielleicht hatte er sich geschämt. Aber so läßt man einen Freund ja nicht gehen. Ich rannte hinter ihm her, holte ihn ein und brachte ihn zu meinen Gästen, ihnen stellte ich Hermann als meinen Freund vor. Viele der Anwesenden kannten ihn jedoch schon. Hermann Riechert hat mit Gott wieder Frieden geschlossen und ist IHM bis heute treu geblieben. Er hat bei mir später einige Schallplatten besungen und ist noch heute einer meiner Freunde.

Nach der ausgedehnten Feier fuhren meine Frau Gerda und ich zu ihren Eltern, denn dort war ich für die Tage meines Urlaubs untergekommen. Auf dem Weg zur Straßenbahn rutschte mir die Tasche aus der Hand und unser einziges Geschenk, die Kristallschale, zerfiel in tausend Scherben. Das versilberte Tablett behielten wir als Andenken an diesen schönen, einmaligen Tag.

Meine mir von Gott anvertraute Frau kam mit mir nach Stuttgart, um die Wirtschaftsleitung im Internat des *Theologischen Instituts* zu übernehmen. Wir bekamen ein gemeinsames Zimmer und waren glücklich, beieinander sein zu dürfen. Im Juli 1953 schenkte Gott uns unsere erste Tochter Barbara, oder Bärbel, wie wir sie bis heute nennen. Sie war unser Sonnenschein.

Wir nannten ihn *Opa*

Wir hatten einen neuen Lehrer bekommen: Johannes Peter Kolenda. Er war ein ehemaliger Brasilienmissionar. Seine Eltern kamen aus Ostpreußen. Und wie viele andere Ostpreußen auch zogen sie – um Arbeit zu bekommen – ins Ruhrgebiet. Später wanderten sie dann in die USA aus. Dort wurde Johannes oder *John-Peter*, wie wir ihn nannten, geboren. Er war aber der deutschen Sprache mächtig, die er von seinen Eltern gelernt hatte. Am glücklichsten war *John-Peter*, wenn er Portugiesisch sprechen konnte. Einer seiner Brüder hatte zwölf Söhne. Die *Singende Kolenda-Familie* war in den USA bestens bekannt. Sie sangen für Jesus.

John-Peter Kolenda und seine Frau Marguareta hatten nur eine Tochter, liebten aber Kinder über alles. Das sahen meine Frau und ich, wenn er unsere Tochter auf den Arm nahm, sie drückte und mit ihr spielte. Er breitete seine Arme aus und sagte: „Komm zu Opa."

So kam er zu seinem Spitznamen: Opa. Wenn von *Opa* die Rede war, dann wußte jeder, wer gemeint war: Johannes-Peter Kolenda.

Wir Studenten sahen ihn zum ersten Mal, als er zum Semesterbeginn am Montagmorgen den Klassenraum betrat. Wir ließen ihn keine Begeisterung oder Akzeptanz spüren. Es war nicht so, daß jemand etwas Negatives über ihn gesagt hätte. Wir mochten ihn einfach nicht. Weder seinem Aussehen nach, noch von seiner Art her, wie er sich gab. Er hatte ein eckiges Kinn, was mich persönlich stark an die Cartoon-Figur Nick Knatterton erinnerte. Da war so etwas wie eine Welle von Antipathie, die ihm von uns entgegenschlug. Doch *Opa,* so werde ich *John-Peter* Kolenda immer nennen, war ein Mann Gottes, wie es nur wenige auf dieser Erde gibt. Ich werde ihn hier kurz beschreiben.

In Michigan, USA, gründete er Kirchen. In Amerika gibt es keine Kirchensteuer. Pfarrer, Prediger und sonstige kirchliche Mitarbeiter sind keine Beamten dort. Da muß jeder mit dem eigenen Leben und persönlichen Einsatz zu dem stehen, was er verkündigt. Gott muß den geistlichen Dienst bestätigen, sonst haben die Pastoren dort keine Chance zum Überleben in den Kirchen und den Gemeinden.

Kirchliches Leben und Kirchengebäude sowie alle Gehälter werden von den Mitgliedern der Gemeinden finanziell sichergestellt. Es gibt in den USA keine Volks- oder Staatskirche. *Opa* war so ein Pastor und Missionar, der eine ganze Anzahl von Kirchen in den USA gründen konnte. Sie waren – wie alle amerikanischen Kirchen – freikirchlich verfaßt. Das bedeutet, sie leben aus dem Bekenntnis zu Jesus Christus und aus dem Vertrauen zu Gott. Zwischen den beiden Weltkriegen entstanden viele Freikirchen, die sich an der biblisch bezeugten Urgemeinde orientierten. In den USA sammelten sie sich hauptsächlich in den *Versammlungen Gottes* (Assemblies of God). *Opa* gehörte zu ihnen. Sein Weg führte nach Brasilien.

Opa war immer ein Mann mit göttlicher Vollmacht. Ein Mann Gottes, wie ihn wohl jedes Land bräuchte. Er half in Brasilien, einen Verlag aufzubauen. Er begann junge Menschen für den Dienst am Evangelium auszubilden und war ein unermüdlicher Initiator im Bau von Kirchen. *Opa* ging hin, wohin sonst kaum jemand hinging. Sein missionarisches Herz ging den Menschen in ihrem Elend nach und sammelte sie im Lauf der Jahre in viele blühenden Gemeinden. Es gab kaum eine Kirche, die nicht wenigstens tausend Mitglieder stark war.

Als *Opa* diese Gemeinden sammelte und die Kirchen baute, ist er oft in glühender Sonne über 20 Kilometer zu Fuß gegangen, um einen guten Preis für das Bauholz auszuhandeln. Und um *einem* Menschen zu helfen, ist er noch viel weiter gegangen.

Alles das wußte ich an jenem Morgen in der Bibelschule noch nicht über ihn. In meiner jugendlichen Unerfahrenheit schätzte ich ihn nach Äußerlichkeiten ein, er war mir zu *eckig*. Welch ein absurdes Vorurteil über einen solchen Mann Gottes!

Er empfand die Atmosphäre, die ihm von uns entgegenschlug, sofort. Ruhig, ohne ein Wort zu sagen, ging er zur Tafel, nahm ein Stück Kreide und schrieb einen Satz an die Tafel: ENTWEDER ES GEHT ODER ICH GEHE, UND ICH GEHE NICHT! Erstarrt und betroffen saßen wir da und ahnten, was auf uns zukommen würde. Der Mann wußte, in wessen Dienst und Auftrag er nach Deutschland gekommen war. Und er wußte, was er wollte. Dieser Satz wurde mir später zum Leitsatz.

Sein Lehrfach war Hirtenlehre – Pastoraltheologie. Er zeigte uns an Hand des Wortes Gottes auf, was es heißt, Hirte – Pastor zu sein. Nicht er, aber das Wort Gottes machte uns Studenten so klein, daß wir mit Hut unterm Teppich marschieren konnten, wie der Berliner zu sagen pflegt.

Den Unterricht konnte er mit Erfahrungen aus seinem Missions- und Gemeindedienst entsprechend anreichern. Das, meine Freunde, war keine *graue Theorie*, sondern das *Grün des Lebens goldner Baum*. Die Wahrheit des Wortes Gottes empfanden wir wie ein durchbohrendes Schwert. Es traf uns. Wir wollten ja auch Hirten werden, Diener Gottes sein, *die ihr Leben für die Schafe lassen*, wie Jesus es in den Evangelien sagt. Aber bis dahin mußten wir sicherlich noch viel lernen, und nicht nur mit dem Verstand.

Es hat nur einige Wochen gedauert, dann standen wir wie ein Mann hinter diesem Diener Gottes, unserem *Opa*. Obwohl er in Deutschland unsere Herzen für den Dienst im Reich Gottes entzündet hatte und uns nicht weniger liebte als seine eigene Tochter: Sein Herz schlug weiter für Brasilien. Er arbeitete in Deutschland und tat sein Bestes. Neben dem Unterricht trieb er die Vorbereitungen voran, mit dem Institut in eine mehr zentrale Lage Deutschlands zu ziehen. Stuttgart war für viele zu weit südlich. Es gab damals noch keine durchgehenden Autobahnen von Hamburg oder Bremen nach Stuttgart. Neuer Standort sollte Erzhausen bei Darmstadt werden und das *Theologische Institut* den Namen *Theologisches Seminar BERÖA* erhalten. Es hat später viele Jahre lang angemessener *Bibelschule BERÖA* geheißen.

Opa fand auch Zeit, gelegentlich ganz praktisch beim Bau des neuen Gebäudes in Erzhausen mitzuarbeiten, um mit seinen Schülern Kontakt zu halten. Er pflegte die Basis, wie man zu sagen pflegt. Wie oft haben wir Studenten ihn bereits morgens allein in der Baugrube arbeiten sehen. Nach Fertigstellung des Verlagsgebäudes stand er einmal im Winter mutterseelenallein auf dem Dach und schaufelte Schnee, allerdings nicht lange. Nachdem Studenten ihn entdeckt hatten, haben sie ihn schnell abgelöst. Bei all seiner Arbeit fand er auch noch die Zeit Bücher zu schreiben. Er opferte buchstäblich alles für das Reich Gottes. In den *ELIM-Gemeinden* Deutschlands sammelte man Geld, um ihm einen Anzug zu kaufen. Sein eigenes Geld hatte er in die Missionsarbeit gegeben, und der alte Anzug war ihm immer noch gut genug.

Auf den Spuren meines Lehrers

John-Peter Kolenda hatte mich als Theologe und Missionar in Stuttgart und in Erzhausen so nachhaltig beeindruckt, daß ich auch später immer mit ihm im Kontakt blieb. Nicht nur in meinen Pionierarbeiten in Deutschland ist er mir beigestanden. Als er in den Ruhestand versetzt werden sollte und in die USA zurückkehrte, hielt es ihn nicht lange dort. Mit 65 Jahren schon ausgebrannt sein? Ein Sabbatjahr einlegen? So etwas gab es für *Opa* nicht. Das stand nicht in seiner Bibel geschrieben. Urlaub oder freie Tage? All das war ihm fremd. Und so ging er noch einmal auf sein erstes Missionsfeld, nach Brasilien.

Ein Land, in dem es heute in der Gesamtbevölkerung etwa 20 % Pfingstler gibt. Brasilien ist ein Land, in dem immer noch Not und Elend vorherrschend sind. Die Deutschen, die vor und nach dem Zweiten Weltkrieg dort einwanderten, bilden so etwas wie eine soziale Mittelklasse. Doch viel Not gibt es auch unter den Deutschen.

Später besuchte ich in Rio Grande de Sol – bei der Suche nach den Spuren meines Lehrers – einen kranken Mann, der in einer Hütte wohnte, wo buchstäblich ein Sack vor der Tür hing. Im Schatten seiner Unterkunft war es weit über 50° heiß. Er lag auf einem faulenden Strohsack, sein rechtes Bein war stark angeschwollen. Als ich ihn fragte, was passiert war, erzählte er mir, daß ihm ein Ochse mit einem Tritt das Schien- und Wadenbein gebrochen hatte. Unter wahnsinnigen Schmerzen mußte er sein Bein selbst geraderichten und schienen. Neben seinem Strohsack kniete ich mich auf den Lehmfußboden und bat Gott um Hilfe und Erbarmen für ihn. Der Mann hatte kein Geld und konnte keinen Arzt aufsuchen. Die Sojabohnen, seine einzige Nahrung, waren vertrocknet. Es gab keine Ernte, denn es hatte monatelang nicht geregnet. Die Leute knieten auf der Straße und schrien zu Gott und baten um Regen. In solchen Nöten, meine Freunde, reicht ein routinemäßig gemurmeltes „Vaterunser" nicht mehr aus. Ein *Kreuz schlagen* nützt da sehr wenig. Ich will diese Dinge nicht abwerten, sie haben im Dienst der Kirchen unbestritten ihren Platz. Aber wenn unser Verhältnis zu Gott keine völlige Hingabe ist, sondern bare Routine, wenn wir IHM nicht absolut vertrauen, dann ist der bloße Vollzug von kirchlichen Amtshandlungen umsonst. Das Abgleiten in die Esoterik und in den Spiritismus ist damit eher determiniert. Viele Menschen in Brasilien – und auch anderswo – haben keine Schwierigkeiten, sich als Christ zu verstehen und gleichzeitig Spiritist zu sein. Denn auch bei den Spiritisten werden christliche Formeln gebraucht. Wir wollen uns nichts vormachen, das ist die Wirklichkeit.

Wir Christen aller Konfessionen haben versagt. Wegen des

Elends, das aus der Sünde resultiert, und wegen der Überreife der Ernte auf dieser Welt sind Jünger Jesu gefragt, die Gotteserfahrung besitzen und die in Vollmacht beten und handeln können. Christen, die sich nicht scheuen, den Mächten der Finsternis im Namen Jesu entgegenzutreten, die unter der Salbung des Heiligen Geistes die bösen Geister und Mächte, die den Lufthimmel beherrschen – wie Paulus sagt –, in ihre Schranken verweisen. Gott braucht überall Männer und Frauen, welche die Fesseln der Besessenen mit Beten und Fasten lösen. Die mit gebundenen Menschen – wenn es sein muß – stundenlang beten können. Wer nicht in solchem Glauben und Vollmacht auftreten kann, sollte lieber dem Missionsfeld fernbleiben. Das habe ich damals gleich erkannt.

Im Herbst 1968 besuchte ich *Opa* und seine liebe Frau in Florianopelis, Santa Catharina. Mich begleitete damals der Evangeliumssänger Wolfgang Blissenbach. Mit *Opa* reisten und verkündigten wir das Evangelium. Wolfgang sang, ich predigte, und *Opa* übersetzte. Ich kann gar nicht sagen, wie ich mich geschämt habe und wie elend ich mich fühlte, als ich ihn dort erlebt habe. Sein Herz brannte für Jesus. Wer war ich daneben. Da bekommt das Wort des Apostels Paulus: *Die Liebe Christi treibt uns,* erst seine wahre Bedeutung. Das Reich Gottes mitbauen heißt Opfer bringen und sich nicht selbst zu genügen.

Wir dienten auch in Blumenau, Santa Catharina. Es wurde sehr spät. Wir haben lange und mit vielen Menschen gebetet. *Opa* erklärte uns: „Morgen abend müssen wir in Curritiba sein. Dort findet eine Mitarbeiterkonferenz statt. Um 5.00 Uhr sollten wir abfahren. Ich wecke euch um 4.30 Uhr."

Als er uns am nächsten Morgen weckte, hatte er bereits den Tisch gedeckt. Alles war vorbereitet. Wir brauchten nur zu essen, unsere letzten Sachen einpacken und ab ging die Post. Der größte Teil der Straße war unmöglich. Ich saß hinten. Mein Kopf stieß mehr unters Dach, als daß mein Hintern auf dem Sitz bleiben konnte. Die Straße schien nur aus Schlaglöchern zu bestehen. Ungewöhnlich heiß war es und keine Klimaanlage war im Auto. Und *Opa* fuhr und fuhr und fuhr. Es wollte kein Ende nehmen. Da und dort mal eine kleine Pause. Gegen 16.00 Uhr kamen wir in Curritiba an. Er hatte ein Hotelzimmer für uns gebucht. Wolfgang und ich fielen todmüde ins Bett. John-Peter selbst fuhr zur Mitarbeiterkonferenz, wo er um 17.00 Uhr als Gastredner sprechen mußte. Um 19.30 Uhr holte er uns aus dem Bett. Wir haben schnell etwas gegessen und dann ab in den Gottesdienst. Wolfgang sang, ich predigte, und *Opa* übersetzte. In den nächsten Tagen hatten wir jeweils drei Veranstaltungen täglich. Und *Opa* strahlte immer wie die Sonne.

Menschen ließen sich in den Abendgottesdiensten zu Jesus rufen und wir durften mit ihnen beten. Diese Erfahrungen gaben neue Kraft. Davon leben Reichsgottesarbeiter. Solche Erlebnisse haben mich immer aufs neue motiviert, weiterzumachen. Die Eheleute Kolenda kehrten schließlich doch in den wohlverdienten Ruhestand in die USA zurück.

Kurz bevor *Opa* heimging zu seinem geliebten Herrn, besuchte ich mit meinem Freund Erhart Arndt, der heute in Kalifornien wohnt, *Opa* und *Oma* in ihrem Haus in Modesto, Kalifornien. Wir kamen absichtlich unangemeldet, sonst hätte *Oma* uns selbst noch etwas gekocht. Er war bereits über 80 Jahre alt, sie noch etwas älter. Natürlich wollte sie uns etwas anbieten, aber wir konnten beide schließlich mit *Engelszungen* überreden, mit uns in ein Restaurant zu gehen. Sie bestellten sich Waffeln, das Preiswerteste, was auf der Speisekarte ausgeschrieben war. Damit begnügten sie sich. Die Missionsarbeit in Brasilien brauchte immer Geld. *Opas* Neffen kauften ihm mehrere Male ein Haus. Dann gaben sie es irgendwann auf, weil *Opa* es immer wieder verkaufte, um eine Gruppe von Missionaren zu unterstützen. Das Haus, in dem sie jetzt lebten, hatten die Neffen gekauft und auf ihren eigenen Namen eintragen lassen. Das war eine liebevolle Vorsichtsmaßnahme der Neffen. *Oma* und *Opa* wohnten mietfrei darin.

Beide bekamen zusammen $ 400 monatliche Rente. Davon gingen jeweils $ 160 nach Brasilien in die Mission, der *Zehnte* (ein zehnter Teil des Bruttoeinkommens) in die Gemeinde. Von dem Rest lebten sie. Als sie von meinem Dienst in Deutschland hörten, begannen sie sofort, mich mit monatlich $ 50 zu unterstützen. Ihre Opferbereitschaft war einfach beschämend.

Opa fuhr als 85jähriger mit dem Auto von Kalifornien nach Florida. Unterwegs machte er bei Freunden Station. Er fuhr diesen Weg, weil es von Florida aus billiger war nach Brasilien zu fliegen. Das eingesparte Geld floß wieder in die Mission. Als er in Florida eintraf, hatte er eine Lungenentzündung. Die Brüder rieten ihm, ins Krankenhaus zu gehen und nicht nach Brasilien zu fliegen. Er wehrte das mit den Worten ab: „Ich habe es den Brüdern versprochen. Mein Tod wäre die einzige Entschuldigung, etwas anderes nicht." Er kam denselben Weg gesund zurück.

Er war sich sicher, daß er niemals in ein Altenheim käme.

Gott würde ihn aus dem Dienst heimrufen, wie seinen Vater. Und wie ich erfahren habe, war es auch so gewesen. Er verabschiedete sich von seiner Frau und Tochter, ging ins Schlafzimmer, legte sich aufs Bett und las ein Büchlein mit dem Titel *Good by, auf Wiedersehen.* So ging *Opa* heim.

Ein Gottesmann, der mein Leben wesentlich geprägt hat. Beim Propheten Daniel heißt es: *„Und die Lehrer werden leuchten."* Und ich habe einmal über diesen Mann Gottes gesagt: „Er ist zu eckig!" Wie sehr schäme ich mich heute dafür. „Verzeih, *Opa,* I love you!"

Das Pflaster, auf dem Prediger geboren werden

Herausforderungen liebe ich nicht nur, ich suche sie regelrecht. Das war nicht unbedingt Teil meines Lebens, als ich noch gottlos war. Ich suchte früher gewöhnlich den Weg des geringsten Widerstandes, wie es eben zur Natur der meisten Menschen gehört. Wenn es einmal gar nicht anders ging, dann o.k., dann nahm ich die Herausforderung an und habe versucht, das Beste daraus zu machen. Jetzt, in meinem neuen Leben als Christ, ist das ganz anders, ich suche buchstäblich die Herausforderungen. Die Sache Gottes steht für mich an erster Stelle. Wie sagt es das Wort Gottes? *„Trachtet am ersten nach dem Reich Gottes und seiner Gerechtigkeit"* (Matth. 6,33).

Es war mir immer langweilig, wenn keine Spannung mehr da war und ich nicht gefordert wurde. Das war nicht der alte, nein, das war der neue Gerhard Klemm, die *neue Kreatur.* Es begann bei mir mit Herausforderungen kleinerer Art. Einige Beispiele:

Wir gingen damals sehr gern auf die Straßen, um den Leuten etwas von Jesus und Seinem Angebot an die Menschen zu sagen. Das war nicht gerade immer leicht, aber es war immer spannend. Wie würden die Menschen reagieren? Welche Gespräche würden sich ergeben?

Da stand ich mit einer Gruppe von Jugendlichen auf dem Würzburger Bahnhof. Wir sangen von Jesus. Einige Leute blieben stehen, um zuzuhören. Darunter auch ein Wandergeselle, so ein zünftiger Zimmermann in Cordkluft und mit breitkrempigem Hut. Ein Riese von Kerl, mit einem Kreuz wie ein Kleiderschrank. Der gute Mann hatte allerdings leichte Schlagseite, und mit Zwischenrufen wie: *„Du blöder Heini",* oder *„du hast ja keine Ahnung",* usw. versuchte er, mich aus meinem Redefluß zu bringen.

Die Lacher hatte er natürlich auf seiner Seite. Da standen sicherlich auch fromme Leute. Aber als es galt, sich mit mir auf die Seite Jesu zu stellen, hatten sie die Hosen voll. An und für sich gefiel mir der Mann. Er war so richtig nach meinem Geschmack, ein ganzer Kerl. Eine ganze Weile ließ ich es mir gefallen, aber dann sagte ich:

„He, Macker, hör mal, jetzt bist du dran. Jetzt kannst du den Leuten mal erzählen, wie man ein glückliches Leben, eine glückliche Ehe lebt. Wie man mit seinen Problemen umgeht und wie man sie los wird. Du hast ja gesagt, ich habe keine Ahnung. Also los, komm her, jetzt bist du dran."

Die Leute um uns herum standen wie erstarrt da. Mein Macker auch. Er bekam kein einziges richtiges Wort über die Lippen. Er stotterte und brummelte und sah mich hilflos an: „Was soll ich jetzt machen?"

Zu den Leuten sagte ich: „Seht ihr, das ist ein Mann nach meinem Geschmack. Er hat einen über den Durst getrunken, und deshalb klappt es wohl nicht so richtig. Aber ich war auch einmal so wie er. Ich meinte auch, auf alles eine richtige und gültige Antwort zu haben, und merkte dabei gar nicht, daß ich mich selbst betrogen habe. Und das ist genau das, was der Teufel von euch will. Er will euch übers Ohr hauen. Er will nicht, daß ihr seht, wer und was ihr wirklich seid, und wo die Lösungen für eure Probleme liegen."

Der Zimmermann stand während der ganzen Zeit neben mir und hörte zu. Ich schüttelte ihm dann die Hand. Bedankte mich bei den Leuten fürs Zuhören und lud sie ein, einmal vorbeizukommen und unsern Gottesdienst zu erleben. Solche Veranstaltungen haben mich immer mit großer Freude erfüllt.

Christsein ist nicht langweilig, und um Christ zu sein, muß man Rückgrat haben. Quallen sind nicht gefragt. Sich besaufen und dann das Maul groß aufzureißen, dazu gehört doch nichts. Höchstens etwas Geld.

Bei einer anderen Gelegenheit standen wir wieder auf der Straße und verkündigten fröhlich das Evangelium. Da stellte sich ein Bundeswehrsoldat genau vor mich hin. Er muß sich sehr stark gefühlt haben. Sicherlich lag das auch an seiner Uniform. Jedenfalls meinte er wohl, mich auf seine Art und Weise lächerlich machen zu müssen. Also, er steht da und tippt sich mit einem Finger während der ganzen Zeit an seine Stirn. Er gab mir und allen zu verstehen: „Der hat doch einen Vogel", wie wir in Deutsch zu sagen pflegen. Gott half mir. Ich konnte ganz cool bleiben und schaute immer auf die andern Leute. Ehrlich gesagt, wir hatten bis dahin nicht viele Zuhörer. Dieser gute Mann sorgte aber dafür, daß es mehr wurden, weil die paar Leute immer wieder über ihn lachten. Als dann genügend Menschen vor unserem Straßenteam standen, empfand ich ihn dann doch als störend. Die Leute schauten mehr auf ihn und hörten mir nicht richtig zu. Also sagte ich zu meinen Zuhörern:

„Wißt ihr, warum der gute Mann da vorne mich nicht aus der Ruhe bringt, mich gar nicht ärgerlich oder nervös macht? Wollt ihr wissen warum? Ist euch aufgefallen, daß er während der ganzen Zeit immer nur auf seinen Kopf zeigte? Aber für so einen Kopf kann **ich** doch nun wirklich nichts."

Die Leute lachten, und das Gesicht des Soldaten nahm eine rötliche Farbe an. Er verschwand blitzschnell von der Bildfläche. Für diese Idee war ich Gott wirklich dankbar.

Manchmal kam uns Gott auf ungewöhnliche Art und Weise zu Hilfe. Ich erinnere mich an einen Tag auf der Reeperbahn. Ich sprach davon, daß Gott alle Menschen liebt und die Menschen vor Gott alle gleich sind. Oft waren die Mädels – die der Prostitution nachgingen – meine aufmerksamsten Zuhörerinnen; sie schienen mir förmlich die Worte aus dem Mund zu ziehen, sie waren immer voll dabei.

Wenn dann angetrunkene Männer mich mit unflätigen Bemerkungen stören wollten, konnte ich ganz gelassen bleiben. Mindestens eines der leichten Mädchen griff solch einen Störenfried an und trat ihn mit ihren pfennigspitzen Pumpsabsätzen auf die Zehen und sagte dazu drastisch: „Halts Maul, du Pfeife, wenn du nichts hören willst, dann verschwinde ...!" Und diese „*Pfeifen*" verschwanden wirklich.

Jene Mädels kennen ihre Pappenheimer nur zu gut, denn nirgends machen sich solche großmäuligen Männer lächerlicher als bei einer Hure. Und so sorgten diese Mädchen für Ruhe und Ordnung. Als wenn sie von Gott als *Engel* geschickt worden wären. Diese Art Begegnungen haben immer sehr viel Spaß gemacht. Natürlich gab es jede Menge von Erlebnissen dieser Art in meinem Leben, und sie werden mir immer in Erinnerung bleiben.

Meine Glaubensschritte und Wagnisse

Als Student im ersten Semester, ich war gerade mal vier Jahre Christ, erkannte ich bereits den Mangel an geistlichem, volkstümlichem Liedmaterial, besonders für den Dienst der missionarischen Verkündigung. Mehr Chansons- und Gospelart, mehr Rhythmus wünschte ich mir. Die lieben Christen, die jene guten alten Kirchenlieder aus dem 16. Jahrhundert lieben, mögen mir verzeihen. Aber zu solchen Texten und Melodien habe ich keine Beziehung. Ich bin ja nie in einer der Volkskirchen engagiert gewesen. Habe nie einen Gottesdienst in einer Landeskirche miterlebt, bis zu dem Zeitpunkt, wo ich Christ geworden bin. Deshalb habe ich auch ihre alten Choräle nicht gekannt. Heute singe ich mit, wenn ich der Melodie folgen und den Text verstehen kann. Dennoch neige ich mehr zu den moderneren Kirchenliedern wie z. B.: *„Danke für diesen guten Morgen"*, oder *„Gottes Liebe ist wie die Sonne, sie ist immer und überall da."*

Solche oder ähnlich rhythmische Lieder, die es damals selten in Deutsch gab, habe ich entweder selbst geschrieben oder aus dem Schwedischen wie auch aus dem Englischen übersetzt. Im Selbstverlag hatte ich schon 1952 ein erstes Liederbuch mit dem Titel *„Jauchzet dem Herrn"* herausgebracht. Das Cover war schwarz, mit einem großen rosa Violinenschlüssel darauf. Geld? Natürlich kostete es Geld, und das hatte ich nicht. Das Ganze war ein Wagnis. Das kribbelte so recht in der Bauchgegend. Ich wollte mich nicht bereichern oder Geschäfte machen. Ich tat es, weil ich den Gemeinden helfen wollte. Nachdem meine Arbeit daran getan war, gab ich es in Auftrag. Das war nicht billig. Damals wurden die Noten noch per Hand gestochen. Aber ich habe ausdauernd dafür gebetet, daß Gott mir doch diese Mittel zukommen lassen möge. Ich habe Gott vertraut – und die Mittel kamen.

Später habe ich einen zweiten Band *„Jauchzet dem Herrn"* herausgebracht, dem später noch andere Liederbücher folgten. Alle Rechnungen konnte ich bezahlen. Ich verfügte sogar über ein Liederbücher-Lager und etwas Barkapital. Das übergab ich später alles einem christlichen Verlag, ohne selbst auch nur einen einzigen Pfennig dafür zu erhalten. Es hat mich immer riesig gefreut, wenn ich hörte, wie diese Lieder in Kirchen und Gemeinden gesungen wurden. Ob ich die kostenlose Abtretung bedauert habe? Ehrlich gesagt, nein! Mein Leben, und alles was ich habe, gehört Gott. Ich bin nur Verwalter. Gott hatte schon wieder eine neue Aufgabe für mich bereit.

Herausforderungen annehmen, Wagnisse eingehen, eine Vision haben, das sind die Talente oder die Pfunde, mit denen wir Christen wuchern sollen, wie die Bibel sagt. Wie viele Christen mit außergewöhnlichen Gaben und Talenten oder intellektuellen

Fähigkeiten habe ich getroffen, die nichts für Gott daraus gemacht haben. Ich frage mich, wie sie so etwas überhaupt vor Gott verantworten können? Wollen sie die Konsequenzen des dritten Haushalters auf sich nehmen, der bekanntlich sein anvertrautes Talent vergrub?

Gott überfordert uns doch nicht. Er ist ein weiser Vater, der seine Kinder nicht überlastet. Da braucht kein acht Jahre alter Bub einen Zentner Kohle in den Keller zu schleppen, aber vielleicht doch eine Tüte mit Kartoffeln. Wenn Gott etwas nicht mag, dann ist es die Faulheit. Spurgeon, ein Mann Gottes, der auch der *Fürst unter den Predigern* genannt wird, soll einmal gesagt haben: *„Ein Fauler erfüllt nur dann eine sinnvolle Aufgabe, wenn er stirbt. Dann düngt er nämlich den Acker."* Mit ihm stimme ich überein.

Gott baut seine Boten auf, wie ein Trainer seine ihm anvertrauten Sportler. Immer schön langsam. Erst kleine Schritte, ehe die größeren folgen. Feiglinge sind auch nicht gerade Gottes Lieblinge, meine ich. Deshalb sagt die Bibel: *„... draußen sind die Feiglinge."* Auch die feigen, faulen Frommen bleiben außerhalb der ewigen Gemeinschaft mit Gott. Selbst die sogenannten Prediger und Pastoren, die ihren Bauch (Leib) wie einen Gott halten, haben keine Verheißung von Gott. Die Bibel spricht von ihnen in einem Atemzug mit Mördern, Dieben, Lügnern und Ehebrechern.

Nach den ganz bescheidenen Anfängen, von denen ich schon erzählt habe, stellte Gott mich dann vor größere Herausforderungen, bei denen es galt, im Glauben zu handeln. Ich lernte für Gottes Reich und Sein Werk zu arbeiten. Schritt für Schritt. Auf eines habe ich bei allen Glaubensschritten zu achten gelernt, daß der Auftrag auch wirklich von Gott ist. Wir dürfen das hundertprozentig wissen: Wenn Gott etwas bestellt hat, dann bezahlt ER es auch! Wenn es unsere eigenen Ideen sind, gehen wir baden und bereiten der Sache Gottes große Schande. Das bedeutet also: Beten und warten, bis Gott grünes Licht gibt. Wenn der Herr es dann schenkt, sollte man sofort an die Arbeit gehen. Über allem muß aber stehen, was Johann Sebastian Bach über seine Werke schrieb: *Soli Deo Gloria* (Gott allein die Ehre). Es darf keine persönlichen Interessen oder die einer Kirche geben. Mir war es immer ein ernstes Anliegen, nach diesem Grundsatz zu arbeiten.

Es folgte als eine neue Aufgabe die Produktion von Schallplatten und die Gründung eines Musikverlages: *EVANGELIUMS-KLÄNGE.* Danach baute ich mit anderen eine Kirche in Bremen. Als sie fertig war, folgte die Gründung einer Zeltmission und der Kauf von Missionszelten.

1967 dann der Bau einer Kirche in Erzhausen und der Aufbau des *Leuchter-Verlages*, der verbunden war mit einer Druckerei, Buchbinderei und Weiterverarbeitung. Sie konnten mit Gottes Hilfe zu Meisterbetrieben aufsteigen, in denen Lehrlinge ausgebildet werden durften. Den Verlag habe ich bei der Internationalen Buchmesse in Frankfurt eingeführt, mit einem Stand und dem damaligen Bestseller *Das Kreuz und die Messerhelden*.

Später wurde ich Direktor von *Teen Challenge* in Deutschland – einer Organisation, die drogenabhängige Jugendliche therapiert und zur Resozialisierung führt.

Ich konnte den amerikanischen Film „The cross and the switchblade" für *Teen Challenge* Deutschland erwerben. Frau Dallmann übersetzte das Skript. Ich schrieb den Text für die Lippensynchronisation. In München wurde der Film unter meiner Verantwortung synchronisiert und ist bis heute einer der meistgesehenen christlichen Filme.

Als Pastor in Bremen initiierte ich die Gründung eines Sozialwerkes mit der *Freien Christengemeinde*. Wir bauten die *„Heimstätte Grambke"*. Sie ist eine Kombination von offener Psychiatrie für Jugendliche zwischen 18 und 35 Jahren mit 35 Betten. Zehn Betten sind für die Gerontopsychiatrie (Alterns-Psychologie) und 15 Betten für pflegebedürftige Ältere bereitgestellt mit dem Ziel, ein humanes Sterben zu gewährleisten. Damals war dies ein 6,5-Millionen-Projekt. Mich störte fürchterlich, wie unsere älteren Gemeindeglieder und andere ältere Menschen, die mich an ihr Pflegebett riefen, zum Sterben hilflos abgeschoben wurden. Darum begannen wir mit dem Dienst für sie, den man heute als *Hospizbewegung* kennt.

Motor und Geschäftsführer dieser Heimstätte und des Sozialwerkes wurde ein Mann, auf den die biblische Beschreibung Diakon zutrifft: Heinz Bonkowski. Hier erfüllte sich wieder, was ich bereits erwähnte: Gott begabt Berufene.

Heute betreut die Heimstätte Grambke bei Bremen nicht nur Alte und psychisch Kranke, sondern auch Kinder und Jugendliche. Sie hat auch eine Privatschule sowie eine Tagesstätte für Senioren und vieles mehr.

Weitere zwölf Jahre meines Lebens habe ich dann in der Fernseharbeit zugebracht. In Deutschland half ich die Organisation *MEDIA VISION* ins Leben zu rufen und habe auch geholfen, die ersten christlichen Fernsehsendungen für Deutschland, Österreich und die Schweiz zu produzieren. In Kanada habe ich insgesamt zwölf Jahre als Produzent und Moderator der christlichen Talk-

Show *EIN ERFÜLLTES LEBEN* gearbeitet, und jeden Samstag im Regionalfernsehen haben mir mehr als 30 000 Menschen zugehört. In Deutschland half ich das erste Kindermusical ARCHE NOAH auf Video zu produzieren sowie den Dokumentarfilm *BRENNPUNKT ISRAEL*, den es übrigens auch in englischer Sprache gibt. Bis heute arbeite ich mit dem Verlag *STIMME DES GLAUBENS* in Konstanz zusammen, für den ich eine ganze Anzahl von Tonkassetten für seine Missionsarbeit besprochen habe. Wie sagte meine Schwester damals? „Gerhard, du nicht. Du bist ungeeignet, fromm zu sein." Das bin ich auch, aber Gottes Gnade kann einen asozialen jungen Menschen verwandeln, umgestalten. Heute bin ich über 70 Jahre alt. War es langweilig oder uninteressant, die erzählten Glaubensschritte zu wagen? Nein! Alle Erlebnisse und Gotteserfahrungen haben mich demütig werden lassen. Ich bin tief beschämt, wenn ich daran denke, daß Gott einen so kaputten Typ wie mich angenommen und in der einen und anderen Weise gebraucht hat. Gott dienen ist eine reine Freude!

Mein Abstecher nach Ludwigsburg

Drei Jahre Bibelschule lagen hinter mir. Eines davon absolvierte ich als Lehrer-Assistent, denn die Ausbildung zum Prediger dauerte damals nur zwei Jahre.

Jetzt wartete der Dienst als Pastor auf mich. Über meine Stärken oder Schwächen in der Arbeit mit dem Evangelium wußte ich nicht genug. Ich mußte viel ausprobieren, viele Wagnisse eingehen. Ich wußte auch nicht genau, welche Art von Dienst ich im *Reich Gottes* übernehmen sollte: Pastor sein, Lehrer werden, als Evangelist dienen oder in Kinder- oder Jugendarbeit einsteigen? Ehrlich gesagt, darüber machte ich mir auch keine ernsten Gedanken. Mich beschämte nur immer wieder, daß Gott mich überhaupt gebrauchen wollte, und daß es Gemeinden gab, die mich zu ihrem Pastor beriefen. Vor einigen Jahren war ich noch Spötter, Dieb und Lügner, und jetzt ein Verkündiger des Evangeliums. Das hätte mir damals in Flensburg oder früher einmal jemand prophezeien sollen. Ich hätte ihn laut ausgelacht. Doch jetzt war es soweit. Gott überraschte mich mit vielen Wundern!

Es waren damals zwei Gemeinden, die meinen Dienst wünschten. Das war schon mal ein Problem. Denn wem sollte ich ein *JA* geben, welchen Ruf annehmen? Was macht man in solch einem

Fall? Man betet. Um Gottes Weisung bitten. Stunden, Tage und Wochen – natürlich mit Unterbrechungen – habe ich um Antwort gebetet. Bei jeder Predigt, die ich hörte, habe ich besonders darauf geachtet und erwartet, daß ich vielleicht von dorther einen Hinweis erhalten würde. Nichts, aber auch gar nichts passierte. Wie sollte ich mich verhalten? Menschen wollte ich nicht befragen. Ich wollte es von Gott her wissen. Ich wollte wissen, daß das, was ich machen würde, auch im Einklang mit dem Willen Gottes war.

In den beiden Gemeinden – es war Ludwigsburg in Baden-Württemberg und Bremen in Norddeutschland – hatte ich bereits einige Male gepredigt. Ich durfte in beiden Gemeinden wunderbare Gottesdienste erleben. Die Menschen in beiden Gemeinden hatte ich liebgewonnen, aber wohin sollte ich nun gehen? Im Geiste standen mir im Gebet immer diese beiden Gemeinden vor Augen. An andere hatte ich gar nicht gedacht. Die Bremer Gemeinde mit ihren 104 Mitgliedern war im Vergleich zur Ludwigsburger Gemeinde riesig groß. Verführerisch! Dann kam der Augenblick, wo ich mich entscheiden und den Gemeinden eine Antwort geben mußte. Das war ein Kampf, denn ich hatte immer noch keine Gewißheit, wohin ich gehen sollte.

Dann tat ich etwas, wovon ich bis heute nicht weiß, ob es richtig war. Dieses Problem hatte ich nämlich nie wieder. Im Gebet sagte ich zu Gott: „Vater im Himmel, ich weiß nicht, welchem Ruf ich folgen und in welche Gemeinde ich gehen soll. Die Gemeinde in Ludwigsburg ist klein und hat nur sechs eingetragene Mitglieder. Bremen ist um ein Vielfaches größer. Bitte vergib mir, wenn ich einen Fehler machen sollte, aber ich will lieber klein anfangen und werde deshalb nach Ludwigsburg gehen."

Innerlich war ich nicht unbedingt hundertprozentig zufrieden, aber der Druck und die Spannung waren weg. Nach Bremen schrieb ich einen lieben Brief ohne große Erklärungen und bat den Gemeindevorstand, mir zu verzeihen, daß ich mich nicht für sie entschieden hatte. Gott würde ihnen zur rechten Zeit den richtigen Pastor geben. Im Gebet begann ich mich auf Ludwigsburg zu konzentrieren und den Umzug von Stuttgart nach dorthin vorzubereiten.

Im Oktober 1954 begann mein Dienst in der Gemeinde der *Volksmission entschiedener Christen*. Meiner Frau, meiner Tochter und mir wurde im Hause einer sehr lieben Familie ein Zimmer zur Verfügung gestellt. Beide Familien aßen miteinander. Heizkosten und Miete brauchten wir nicht bezahlen. Mein Gehalt betrug 60,00 DM im Monat.

Weil meine liebe Frau unser zweites Kind, den Andreas, erwartete, bat ich den Kassierer der Gemeinde, uns bei der Allgemeinen Ortskrankenkasse zum Mindestbeitrag zu versichern. Die AOK glaubte nicht, daß jemand für einen solch niedrigen Betrag arbeiten würde und bestellte den Kassenwart zu sich. Daraufhin erhielt ich eine Gehaltserhöhung. Mir wurden 100,00 DM zugesagt, aber nur unter der Bedingung, daß die Gemeinde wachsen und das Geld wieder hereinkommen würde. Es kam herein. Am 19. Dezember war es dann soweit, Andreas erblickte das Licht der Welt. Wir lebten in Ludwigsburg jetzt mit vier Personen in einem Zimmer und ich bekam monatlich ein Gehalt von 100,00 DM. Essen brauchten wir zwar nicht zu kaufen. Aber all das andere für den alltäglichen Bedarf: Kleidung für die Kinder. Besondere Babynahrung. Spielzeug. Garderobe für uns. Zahnpasta und Schuhkreme für alle. Einen Rest haben wir beiseite gelegt, um ein Auto zu erwerben.

Es war eine wirklich schöne Zeit in Ludwigsburg. Wir waren ein Herz und eine Seele, sehr innig miteinander verbunden. Der Chorleiter war exzellent, wenn er auch nur einen kleinen Chor zu leiten hatte. Wir hatten auch eine Sonntagsschule, und für sie ausgezeichnete Mitarbeiter. Darauf legte ich immer großen Wert. Wir mußten die Kindergottesdienste auf einen Wochentag verlegen, denn wir brauchten in der Gartenstraße 10 Raum für mehr als 100 Kinder, und da wurde es dann zu eng. Unsere Gottesdienste waren überfüllt. Einmal mußten ihn einige mit aufgespannten Regenschirmen draußen im Regen miterleben. Meine Vision war, eine Kirche zu bauen. Doch dazu brauchte ich die Genehmigung der Kirchenleitung, denn die *Volksmissionsgemeinden* wurden alle zentral von Stuttgart aus geleitet.

Zu mir hatte man verständlicherweise noch nicht das ganz große Vertrauen, das bei einem solchen Projekt Voraussetzung sein muß. Das dämpfte meinen Enthusiasmus. Ich brannte innerlich, wollte etwas unternehmen und bekam dafür von der Kirchenleitung kein grünes Licht. So empfand ich: ‚Gerhard, das hier ist nicht mehr dein Platz. Hier kannst du nicht das umsetzen, was visionär in deinem Herzen abläuft.' Ich durchlitt einen inneren Kampf und befand mich in einem großen Zwiespalt. Genau zu dieser Zeit erhielt ich einen Brief und eine Einladung, in Bremen einige Tage zu predigen. Die Gemeinde hatte noch immer keinen Pastor. So bat ich meine Ludwigsburger Presbyter um Urlaub und fuhr nach Bremen. Dort wurde ich an jedem Tag gefragt, ob ich nicht doch nach Bremen kommen wollte. Diese Gemeinde wurde nach dem freikirchlichen Prinzip geführt: Die örtliche Gemeinde beruft den Pastor und entscheidet selbst über weitere Entwicklungen in der Mission; und auch darüber, ob gebaut werden soll oder nicht. Das alles hörte sich wunderschön an, ließ aber alles nicht leichter werden für mich. Innerlich war ich zerrissen. Eine Woche Gebet und Fasten brachte die Entscheidung: Ich bekam von Gott grünes Licht für Bremen. Alles das sprach ich mit den verantwortlichen Leitern der *Volksmission* durch. Die Brüder beteten mit mir, segneten mich und wünschten mir Gottes Gnade für meinen weiteren Weg in Bremen. Schwer, sehr schwer wurde der Abschied von den uns liebgewordenen Menschen dort in Ludwigsburg. Wir haben miteinander geweint. Sehr lange. Wir sind bis heute Freunde geblieben. Und von Zeit zu Zeit habe ich die Gemeinde in Ludwigsburg später auch noch besucht und dort gepredigt.

Hansestadt Bremen, meine große Liebe

Am 1. April 1955 begann mein Dienst in der Freien Christengemeinde Bremen. Mein Vorgänger in Bremen, Pastor Alfons Mittelstädt, war als politischer Häftling in den Kriegswirren viele Jahre in sowjetischer Gefangenschaft in Moskau festgehalten worden. Er war dort fürchterlichen Folterungen ausgesetzt gewesen. Weil er sprachbegabt war und fast alle slawischen Sprachen beherrschte, beschuldigte man ihn, ein Spion gewesen zu sein. Das aber war er niemals. Alfons Mittelstädt, ein erfahrener und leidgeprüfter Gottesmann, und nun ich, die unerfahrene Frohnatur als Hirte der Gemeinde. Wie würde das auf Dauer gehen?

Auch in Bremen wieder nur ein Zimmer für vier Personen, aber immerhin schon 180,00 DM Gehalt im Monat. Eine Wohnung in einer ausgebombten Stadt wie Bremen zu bekommen, war damals unmöglich. Von der *Bürgermeister-Schmidt-Brücke* aus konnte man kilometerweit nichts als Trümmer und Ruinen sehen. Von einer ausgebombten Kirche ragte nur der Turm wie ein ausgestreckter Zeigefinger mahnend in die Höhe. Die Gottesdienste fanden in einem Klassenraum einer Schule in der Stadtmitte statt. Diese Gemeinde war und ist meine erste große Liebe. Mein erster Dienst war eine Bibelstunde. Ich hatte vorher einen langen Anmarschweg, denn wir wohnten in Osterholz, Tenever. Aber es fuhr ja die Straßenbahn. Und auf dem Weg konnte ich im stillen für meine Bibelarbeit noch einmal beten.

Ein paar Monate später zogen wir als Familie in eine Zweieinhalb-Zimmer-Wohnung. Das Schlafzimmer, übrigens ziemlich groß, war aus einem Viertelstein über eine Garage gebaut. Das bedeutet, der Stein wird beim Mauern auf seine Schmalseite gestellt. Im Winter hatten wir die tollsten Eisblumen an den Wänden. In der Wohnung stand ein Kanonenofen. Obwohl wir nur den einen Ofen hatten, konnten wir nicht durchheizen, weil wir nicht genügend „Kohle" hatten, um Kohlen zu kaufen. Im Schlafzimmer herrschte deshalb Alaskaklima. Unsere Kinderzahl war in Bremen auf vier angewachsen. Zu unseren zwei Kindern Bärbel und Andreas kamen Gabriele am 13. Mai 1956 und Angelika am 21. August 1958 dazu. Unsere Kinder bekamen alle Keuchhusten, und zwar alle zur gleichen Zeit. Zwei Kinder nahmen wir in unsere Betten. Das waren die Kleineren, um bei Hustenanfällen gleich zur Stelle zu sein, und weil sie sich nachts immer aufdeckten. Gott sei Dank schenkte uns die Gemeinde ein Federbett. Wir hatten vorher keines.

Wir bekamen Gehaltserhöhung und zogen in die Rückertstraße. In eine Wohnung mit Zentralheizung und vier Zimmern. Dort fühlten wir uns wie Könige. Ein Büro und ein Wohn- und zwei Kinderzimmer. Das brauchten wir auch. Denn jetzt waren die Kinder größer, gingen zur Schule und brauchten jedes Jahr neue Kinderkleidung. Das konnten wir uns nicht immer leisten.

Dort in der Rückertstraße legte mir Gott aufs Herz, mit einer Schallplattenproduktion zu beginnen. Dazu brauchte ich Geld. Ich hatte aber keines. Von meinem Gehalt konnte ich leider nichts sparen. Wenn ich nicht eine so gute Frau gehabt hätte, weiß ich nicht, wie es uns überhaupt ergangen wäre. Nicht jede Frau hätte das mitgemacht.

Ein Glaubensbruder lieh mir 5000,00 DM. Er nahm dafür extra eine Hypothek auf. Das war für mich ein Glaubensschritt. Niemand konnte auch nur ahnen, wie das mit den christlichen Schallplatten gehen würde. Dazu kam, daß viele Gotteskinder damals ernstzunehmende Vorbehalte dagegen hatten. Das Geld hätte ich in jedem Fall zurückgezahlt, und wenn ich Holzfäller in Kanada geworden wäre.

Aber dieser Auftrag war von Gott. Die Sache gelang und das Geschäft hat uns in den späteren Jahren finanziell sehr geholfen.

Ich habe nie von mir aus um eine Gehaltserhöhung gebeten. Geld? Das Thema war tabu für mich. Wenn ich als Gastredner bei Evangelisationen gefragt wurde: „Wieviel Geld bekommst du für deinen Dienst?", dann habe ich den Brüdern immer gesagt: „Dafür seid ihr zuständig. Gebt mir, was ihr vor Gott verantworten könnt. Gebt ihr mir zuviel, müßt ihr es vor Gott verantworten. Gebt ihr mir zu wenig, müßt ihr das auch vor Gott verantworten." Sie haben immer einen guten Mittelweg gefunden. Ein einziges Mal habe ich doch etwas gesagt. Das war in einer Gemeinde in der Schweiz. Ich evangelisierte dort. Die Schweizer hatten für Evangelisten einen guten Tagessatz zugrunde gelegt. Aber nach meiner Zählung fehlte ein Tag. Das sagte ich dem Pastor. Ich hätte lieber den Mund halten sollen. Die Schweizer sind immer großzügig zu mir gewesen. Diesen Gemeindeleiter hatte ich jedoch mit meiner Reklamation verletzt. Ich sandte ihm das Geld zurück, aber er nahm es nicht zurück. Dieser Zwischenfall bereitet mir bis heute Leid und es plagt mich, daß ich das getan habe. Wenn er dieses Buch lesen sollte, möchte ich ihn heute noch einmal um Nachsicht bitten: Verzeih mir bitte, Ernst.

Die Norddeutschen sind ein ganz anderer Schlag als die Schwaben und ihnen doch in gewisser Beziehung etwas ähnlich: Rauh, aber herzlich. In den Gottesdiensten äußert sich das nicht auffallend. Sie waren alle mit ganzem Herzen dabei. Es gab eine ganze Reihe von Jugendlichen in der Bremer Gemeinde, die noch keine Entscheidung für Jesus getroffen hatten. Daher war es mir eine große Freude, fast jeden Sonntag einen oder einige von ihnen zu Jesus zu führen. Die Freude bei den betreffenden Jugendlichen, wie auch bei ihren Eltern – und natürlich bei den Engeln im Himmel, über die Sünder, die da Buße getan haben – war groß und bleibend.

Bald aber stellte sich mir folgendes Problem: Wir hatten nur einen Harmoniumspieler, der unsere Gemeindelieder begleiten konnte. Da er beruflich bei der Feuerwehr beschäftigt war, hatte er nur alle 14 Tage am Sonntag frei, und ich als Pastor hatte nur alle 14 Tage einen Harmoniumspieler in der Kirche. Eine Orgel oder ein Klavier besaßen wir nicht. Wir waren froh, wenn wir über eine Mandoline oder Gitarre verfügten. So kurz nach dem Krieg wurde das Geld für andere, lebenswichtigere Dinge gebraucht. Also: ich mußte einspringen. Von meinen musikalischen Begabungen habe ich ja schon erzählt.

Natürlich hätte ich mich herausreden können, wie ich es so oft von anderen Pastoren gehört habe: *„Das ist nicht meine Berufung."* Das ist aber meist nur eine faule Ausrede. Wer wirklich Gott liebt und das Reich Gottes wachsen sehen möchte, der unternimmt einfach alles, wozu er fähig ist. Insbesondere dann, wenn er begabt ist und etwas von einer Sache versteht.

Zu meinem Bedauern wanderte ein halbes Jahr, nachdem ich in Bremen meinen Dienst begonnen hatte, unser Chorleiter nach Kanada aus. Nun hatten wir keinen Chorleiter mehr. Wenn niemand anderes fähig ist, dann macht es eben der Pastor. In wie vielen Gottesdiensten habe ich später die Orgel spielen, den Chor dirigieren und anschließend predigen müssen. Und ich habe nicht nur einmal am Sonntag gepredigt. Vor unserem Morgengottesdienst hatte ich schon die Gebetsstunde geleitet, am Nachmittag den Straßenmissionsgottesdienst gehalten, um 17.00 Uhr im Erweckungsgottesdienst gepredigt und am Abend, um 19.00 Uhr, den Jugendgottesdienst gestaltet.

Als ich einmal einem Bibelschulpraktikanten erzählte, wie mein Sonntag aussah, sagte er zu mir:

„Daran bist du doch selbst schuld. Du kannst eben nicht delegieren. So etwas sollten die Ältesten erledigen. Wir Pastoren sind ausschließlich berufen, uns dem Dienst am Wort zu widmen."

Hatte der so moderne Jüngling vielleicht eine Ahnung gehabt!

Aber so sind die ganz schlauen Frommen, die manchmal mehr an ihre Stellung denken als ans Arbeiten. Worauf sich der smarte Jungtheologe da berief, galt für die *Apostel*. Wenn jemand den Dienst eines Apostels leistet, mit Zeichen und Wundern von Gott bestätigt wird, dann muß er sich in der Tat absondern *zum Dienst des Wortes und des Gebetes*. Ja, das erwarte ich auch von jedem Evangelisten, daß er sich so vorbereitet. Aber ein Gemeindepastor, ein Hirte, der muß mit anpacken können, in allen Gemeindeangelegenheiten.

Selbst der Apostel Paulus war sich nicht zu schade, in Korinth als Zeltmacher zu arbeiten, solange er die Gemeinde aufgebaut hat. Jesus ist 30 km zu Fuß gegangen, um mit dem Zachäus zu reden. Da hat er nicht den Judas oder Thomas hingeschickt. Er sagt: „... *der gute Hirte läßt die 99 Schafe allein, um das eine zu suchen, das sich verirrt hat.*" Heute läßt mancher Pastor die 99 allein, um nicht das „Eine", sondern das „Seine" zu suchen.

Diesen Praktikanten führte ich später in einer unserer sogenannten *Stationsgemeinde* ein. Ich erhob mich, um ihn den Gotteskindern wärmstens zu empfehlen und bat sie, für ihn zu beten. Dann war er dran. Seine Reaktion? Er blieb sitzen und sagte: „Ich möchte wie Jesus sein. Und Jesus hat immer im Sitzen gepredigt."

Ich dachte mich tritt ein Pferd. Glaubt mir, ich hatte bis dahin schon vieles gehört und kennengelernt, aber das war mir neu. Wörtlich genommen hieße das, daß ich nicht wie Jesus sein wollte, weil ich beim Predigen stand. Ich bin auch nicht wie mein

Herr, zugegeben. Aber nur wenn einer wirklich so wie Jesus ist, darf er gerne beim Predigen sitzen bleiben. Mit diesem unreifen Praktikanten habe ich dann noch eine ganze Reihe von andern Dingen erlebt, über die man – wenn sie nicht so traurig gewesen wären – nur lachen konnte. Später habe ich ihm erlaubt zu gehen.

Es wird gebaut

Die Gottesdienste in der Bremer Gemeinde, der ich jetzt als Hirte vorstand, waren einfach einmalig. Die Gemeinde wuchs und wuchs. Nicht nur zahlenmäßig, das allein ist nicht entscheidend, denn zahlenmäßig wächst auch ein Friedhof. Die jungen Leute in der Kirche brannten für Gott. Der Chor vergrößerte sich. Es war einfach schön. Da das Klassenzimmer nicht mehr ausreichte, mußten wir sonntags in die Aula der Schule umsiedeln. Auch die Bibelstunden waren so gut besucht, daß das Klassenzimmer viel zu klein geworden war. Was war zu tun? Wir mußten eine Schule mit besseren Räumlichkeiten finden, wo Schiebetüren geöffnet und damit mehr Raum geschaffen werden konnte. Das fanden wir in der Karl-Schurtz-Schule in Bremen-Schwachhausen. Aber auch dort wurden die Räumlichkeiten bald zu eng. Nach langem Gebet reifte in uns der Entschluß, eine eigene Kirche zu bauen. Fragt sich nur wo, wie und wovon?

Wir fanden in Bremen-Neustadt in der Großen Johannisstraße 147 ein Grundstück, das groß genug war, um darauf eine Kirche mit 360 Sitzplätzen zu bauen. Die Verwirklichung dieses Planes war nicht einfach gewesen. Unsere Gemeinde bestand zum größten Teil aus Heimatvertriebenen. Menschen, die aus dem Osten kamen und alles verloren hatten. Ein Bruder aus dem Vorstand der Gemeinde hatte mich beschämt. Es war Adolf Krause. Er wohnte mit seiner Familie in einem Schrebergartenhäuschen. Sie hatten drei kleine Kinder. Seine liebe Frau lag mit offener Tbc in einer Lungenheilstätte. Sie hatten nur alte Militärspinde, die als Kleiderschränke dienten, und eine größere Kiste, die sie als Tisch benutzten. Er hatte 800 DM gespart, um dafür Möbel zu kaufen. Dieses Geld gab er für den Bau der Kirche. Ich weigerte mich, das Geld anzunehmen. Mit Tränen in den Augen sagte er zu mir: „Bruder Klemm, willst du mir Gottes Segen rauben?"

Niemand außer mir wußte davon. Den Segen Gottes wollte ich ihm nicht rauben. Gott hat ihn dafür gesegnet. Mir hat dieses

Erlebnis meinen Glauben gestärkt, daß wir die Kirche bauen sollten, und daß Gott für die erforderlichen Mittel sorgen würde.

Bitte verzeiht, aber ich empfand: Gott würde den Bau fördern, um Adolf Krause willen, der ein solches Glaubensopfer dargebracht hatte. Fast jeder aus der Gemeinde gab mehr, als er geben konnte.

Sie gaben aber nicht nur ihr Geld, sondern auch ihre freie Zeit und ihre Kraft. Die Arbeit wurde sehr schwer. Den gesamten Aushub für den Keller dieser großen Kirche haben wir per Hand und Schubkarre geschafft. Alles am Bau wurde, ausgenommen die Pfeiler und das Dachdecken, von den Männern der Gemeinde durchgeführt. Ich war immer mittendrin. Morgens um 6.30 Uhr schloß ich die Baubude auf, und am Abend war ich meist der letzte, der nach Hause ging. Nur wenn ich Gottesdienste zu halten hatte, ging ich früher. Es ist kaum zu glauben, aber trotz der vielen Arbeit haben wir eine Woche lang jeden Abend noch Zeit gefunden für eine Gebetsgemeinschaft.

Gott war uns gnädig. Wir erlebten in jener Zeit eine unspektakuläre Erweckung, dazu die Ausgießung des Heiligen Geistes. Mehr als 80 % der Gemeindeglieder wurden mit dem Heiligen Geist erfüllt. In jenen Tagen berief Gott junge Leute in seinen Dienst.

Die Bauarbeiten wurden dann doch zu schwer für die Männer. Viele der Brüder mußten tagsüber dem Broterwerb nachgehen. Wir beauftragten eine Firma, die uns die Kellerräume verputzte. Der Termin für die Einweihung war von uns bereits festgesetzt worden. An den Abenden traf sich der Chor zum Üben, um bei der Einweihungsfeier den Herrn mit neuen Liedern zu preisen. Chorleiter war ich immer noch so nebenbei. Wie bei so vielen Kirchenbauten haben auch wir manche Nacht durchgearbeitet. Mein Schwager Otto von Deyen aus Hamburg hatte die Kirche nicht nur farbenfroh, sondern künstlerisch und geschmackvoll gestaltet. Am Einweihungssonntag konnten die Gemeindemitglieder und die Freunde, die uns besuchten, nicht fassen, was für ein Schmuckstück da entstanden war. Gott erfüllte dieses Haus mit Seiner Gegenwart. Viele, viele Menschen fanden hier Frieden mit Gott.

Gemeindearbeit

Die Einweihung der neuen Kirche war vorüber und die Gemeindeglieder waren am Ende ihrer Kraft. Darum sagte ich am Schluß des Gottesdienstes: „Ihr habt Ruhe und Erholung verdient. Ab heute fallen alle Übungs-, Bibel- und Gebetsstunden aus. Dafür werden wir von morgen an 40 Tage lang beten und am Ende dieser Gebetszeit eine Ruhepause von zwei Wochen einlegen. Danach werden wir eine Evangelisation haben. Laßt uns dreimal am Tag beten: um 10.00, 14.00 und 19.30 Uhr. Ich werde mit dem Praktikanten für die Gemeinde beten. Wenn jemand dazukommen will, ist er herzlich willkommen. Der, welcher kommt, ist nicht heiliger als jener, der nicht kommt. Bitte, macht euch kein Gewissen."

Das hatte ich natürlich alles vorher mit dem Vorstand abgesprochen.

So begannen wir zu beten und auch Fasttage einzulegen. Manchmal war ich ganz alleine zum Beten gekommen. Besonders um 14.00 Uhr. Aber der Vater, der Sohn und der Heilige Geist waren da. Es war heilend und wohltuend, sich in der Gegenwart Gottes auszuruhen. Während der letzten 14 Tage begannen sich die abendlichen Gebetsstunden zu füllen. Bald war der kleine Saal, der bis zu 80 Menschen faßte, zu klein. In der letzten Woche hatten wir nur noch im Hauptsaal gebetet. Gott war da, ER war uns nahe. Welch eine Gebetsatmosphäre! Welch ein Jubel! Welch ein Lobpreis!

Diese Gebetszeit hat besonders uns als Vorstand zusammengeschweißt. Jeden Montagabend trafen wir uns weiter, um zu beten. Mit einigen Mitarbeitern und dem Praktikanten trafen wir uns bereits am Morgen. Jeder berichtete von seinem Dienst der letzten Woche. Wer oder wie viele Menschen sich für Jesus entschieden hatten. Dann nahmen wir uns Zeit im Gebet, um Gott dafür zu danken. Anschließend nannte einer einen Text aus dem Wort Gottes und wir erarbeiteten gemeinsam eine Predigt aus dem Bibeltext. Zum einen war es eine gute Übung, zum andern bekamen wir *Predigtkonserven*. Es ist auch im Geistlichen gut, *Konserven* im Keller liegen zu haben. Wir tauschten die erarbeiteten Gedanken untereinander aus, um uns gegenseitig zu helfen. Dann gingen wir meistens zu *Tante Emmie Bockelmann* zum Mittagessen. Gott hat sie dafür reichlich gesegnet.

Ja, und danach ging es ab auf die Straße. Wir haben Freimissionen veranstaltet, um mit den Menschen auf Tuchfühlung zu bleiben. Einmal – es war Freimarkt in Bremen – standen wir an einem der vielen Zugänge. Meine Brüder sangen und ich spielte Akkordeon. Zwei Leute vom Team verteilten Handzettel. Auf einmal waren alle meine lieben Brüder verschwunden. Da stand ich alleine und spielte. Als die Passanten anfingen, mir Geld in die Tasche zu stecken, hörte auch ich auf. Ich wollte nicht mit einem Leierkastenmann verwechselt werden und fing an, Handzettel zu verteilen. Für gewöhnlich gingen wir dann in den *Wienerwald*. Jeder ein halbes Hähnchen und Pommes. In unserer Truppe herrschte eine gute Stimmung. Um 19.30 Uhr trafen wir uns dann mit dem Vorstand der Gemeinde. Einer sagte ein kurzes Wort aus der Bibel und dann beteten wir. Nur ganz kurz. Geschäftliche Sachen wurden durchgesprochen. Und dann haben wir auf Knien Gott all unsere Anliegen vorgetragen. Jeder Montagabend war eine Begegnung mit Gott. Wir haben keine Zeit empfunden, wir waren mit Gott vereint durch Gebet, Fürbitte und Lobpreis. Wir haben so Stunden auf unseren Knien zugebracht. Wir erlebten, wovon Psalm 133 berichtet: *„Wie fein und lieblich ist es, wenn Brüder einträchtig beieinander sind ... wie der köstliche Balsam, wie der Tau des Hermons ..."* Leute, das gibt es auch heute noch. Die Einigkeit des Vorstandes und die Gebetszeit am Montag war das Rückgrat der Gemeinde.

Weil es oft nach Mitternacht wurde, habe ich die Brüder nach Hause gefahren.

Der Wert einer Evangelisation

Vierzig Tage Gebet mit starker innerer Anteilnahme, insbesondere der vergangenen Woche, hatten den Ackerboden für die Tage der Verkündigung des Evangeliums vorbereitet. Wir wußten uns im Willen Gottes. Denn Gott will diese Welt retten, ganz ohne Frage. Dazu hat er Seinen Sohn in die Welt gesandt. Evangelisation heißt Verkündigung der Frohen Botschaft, daß es eine Erlösung von Sünde, Schuld und Gebundenheit gibt. Eine Kirche oder Gemeinde, die diesen Dienst vernachlässigt, wird schuldig am Auftrag Gottes und an unserer Gesellschaft.

Als Chor hatten wir uns entsprechend auf Missionslieder eingestellt. Solche Tage erfordern Hingabe und Opfer. Und ohne Fleiß kein Preis! Wir hatten einen dynamischen Evangelisten, der außerdem mit uns viel gesungen hat. Sein Name war Richard Ruff. Außerdem hatten wir immer einen besonderen Evangelisations-Chorus. Getextet und komponiert von Günter Weber. *„Ich bin nicht allein in der weiten Welt, Jesus ist mein. Bin ich heimatlos, bin ich Fremdling hier: ER ist bei mir!"*

Günter weiß vielleicht bis heute nicht, welchen Segen er mit diesem einfachen Refrain vermittelt hatte. Günter war zuerst als Missionar in Chile, danach in der Schweiz tätig, und heute missioniert er in Österreich.

An einem Abend wurde ich von einer lieben alten Frau der Gemeinde, Mutter Schack, angesprochen. Die ganze Schack-Familie war eine vorbildliche Sippe. Sie wohnten in Findorf. Ihre vier Söhne waren richtige Gentleman. Arnold, Alfred, Ernst und Siegfried. In Thun, in der Schweiz, wo Siegfried Schack heute Pastor ist, wird er auch Sigi genannt. Mutter Schack erzählte mir von ihrer *Haus-zu-Haus-Mission*, um für diese Evangelisation einzuladen. Dabei habe sie eine liebe Frau kennengelernt, die mutterseelenallein war, und, unter Depressionen leidend, in einer kleinen Einzimmerwohnung in ihrer Straße wohnt. Diese Frau würde gerne unsere Gottesdienste besuchen, könne es aber nicht, weil sie schwer behindert sei. Das war sie nicht immer gewesen. Was war geschehen?

Frau Renzelmann, so hieß sie, war jung verheiratet, als der Zweite Weltkrieg ausbrach. Ihr Mann wurde eingezogen. Sie hatten gemeinsam eine nette Wohnung eingerichtet und freuten sich miteinander auf ihre Zukunft. Der Krieg würde hoffentlich nicht lange dauern. Doch es kam anders. Der Krieg nahm kein Ende. Bremen wurde von den Alliierten bebombt. Dabei verloren sie ihren gesamten Haushalt. Aber sie kam mit dem Leben davon. Bei einem weiteren Bombenangriff traf es sie jedoch persönlich. Bomben schlugen in der Umgebung und in dem Haus ein, in dem sie sich mühsam eine neue Bleibe eingerichtet hatte. Nach dem Bombeneinschlag lag sie unter den Trümmern begraben. Sie wußte nicht wie lange. Irgendwann hatte man die Frau gefunden. Ihre Hüfte, das Becken und die Beine waren gebrochen, und von einem glühenden Balken waren Teile ihres Gesichtes und der Kopfhaut verbrannt. Sie hatte entsetzliche Schmerzen erdulden und für längere Zeit im Krankenhaus bleiben müssen. Ihren Mann hatte man benachrichtigt. Er bekam Urlaub von der Front. Als er seine junge Frau im Krankenhaus liegen sah, erkannte er sie kaum wieder. Er war erschrocken und entsetzt. Das sollte die Frau sein, mit der er ein ganzes Leben zubringen sollte? Ein entstellter Krüppel? Wer weiß denn schon, was in einem solchem Augenblick in einem Menschen vorgeht. Wer wäre ich, um den Stab über ihn zu brechen?

Er sagte ihr – nicht ohne sie um Entschuldigung zu bitten –, daß er sich unter diesen Umständen von ihr scheiden lassen werde.

Für die noch junge, arme Frau brach eine Welt zusammen. Was sie da von ihrem geliebten Mann hören mußte, war für sie grausamer als das, was sie unter den Trümmern des brennenden Hauses erlebt hatte. Schlimmer hätte es einfach nicht kommen können. Sie war sich bewußt: Ich bin keine Schönheit mehr, außerdem ein Krüppel; ein Mensch, der für immer von andern Menschen abhängig sein wird. Die Tränen, die sie in ihr Kissen geweint hat, sind nicht zu zählen. Sie war einsam, verzweifelt und depressiv. Sie hatte keinen weiteren Menschen mehr und wollte nicht mehr leben. Selbstmordgedanken plagten sie Tag und Nacht.

Sie bekam Schlaftabletten, die sie jedoch sammelte und in ihrer Verzweiflung während einer Nacht schluckte. Immerhin ist das den Krankenschwestern aufgefallen und man konnte sie im letzten Augenblick noch retten. Die Ärzte stellten sie daraufhin unter Beobachtung und psychiatrische Betreuung. Manchmal kam Hoffnung in ihr auf, aber dann doch immer wieder diese dunkle Wolke der Schwermut. Trotz aller Aufsicht schnitt sie sich eines Nachts mit einer Schere die Pulsadern auf. Das Blut tropfe durch die Matratze, und sie dämmerte dem Tode entgegen. Die Nachtschwester bemerkte es. Frau Renzelmann wurde sofort in den OP-Saal gebracht und wieder ins Leben zurückgeholt. Sie hatte verzweifelt gefragt: „Warum laßt ihr mich nicht sterben? Laßt mich doch sterben. Ich will nicht mehr leben." Daraufhin wurde sie psychisch betreut.

Nach einiger Zeit kamen die Ärzte dann zu dem Ergebnis, sie wäre wieder in der Verfassung, allein in einer Wohnung zu leben. Krankenhausbetten waren knapp. Es ging auch eine Zeitlang gut. Doch immer wieder kamen diese Schwermutsanfälle. Eine Gemeindeschwester der Stadt kümmerte sich und versorgte sie. Dennoch war sie einsam. Eines Tages kroch sie aus ihrem Bett zu dem zweiflammigen Gaskocher, löste den Schlauch, steckte ihn in den Mund und öffnete den Gashahn. Der Gasgeruch alarmierte die Hausbewohner und sie riefen die Feuerwehr. Vorsichtig brach man die Tür auf und fand die besinnungslose Frau. Sofort wurde sie ins Krankenhaus transportiert und wiederbelebt, mit Erfolg. Sie sagte zu mir:

„Diese Erfahrung, daß man doch wieder leben muß, ist nicht zu beschreiben. Das ist Hölle. Ich schrie die Schwestern und den Arzt an: Warum? Warum in aller Welt laßt ihr mich nicht sterben, ich will nicht leben!"

Mutter Schack bat mich darum, diese verzweifelte Frau mit dem Wagen zum Gottesdienst abzuholen.

Ich werde nie vergessen, wie ich Frau Renzelmann, eine Handvoll Elend, auf den Arm genommen und ins Auto getragen habe. Ich trug sie auch in die Kirche und setzte sie in die erste Reihe. Wir waren sehr früh gekommen. Da saß sie nun und wußte nicht, daß Gott sie liebt. Sie konnte es auch nicht wissen, geschweige denn glauben, nach allem, was mit ihr geschehen war. Für vieles habe ich keine Antwort; auch nicht auf die Frage, warum Gott solch ein unsägliches Leid im Leben dieser Frau zugelassen hat.

An diesem Tag kamen so viele Kirchenbesucher, daß zusätzlich Stühle aufgestellt werden mußten. Die Kirche war überfüllt. Über 400 Personen waren es.

Als der Chor anfing zu singen, begann Frau Renzelmann zu weinen. Wir sangen danach als Gemeinde den Chorus „Ich bin nicht allein in der weiten Welt". Unaufhaltsam flossen ihre Tränen. Wenn es jemand in der Welt gab, der einsam war, dann war es bestimmt diese Frau. Ich kann gar nicht beschreiben, wie elend ich mich in ihrer Gegenwart gefühlt habe. Ich mußte sie immer wieder ansehen. Am liebsten hätte ich nicht mehr mitgesungen. Ich wollte ihr nicht weh tun.

Dann kam die Verkündigung. Was Bruder Ruff predigte, habe ich nicht richtig mitbekommen. Zutiefst war ich von dem Bild dieser weinenden Frau betroffen, und ich schrie in meinem Herzen: ‚Lieber Heiland, hilf ihr doch. Hab' Erbarmen mit ihr.'

Am Schluß unseres Gottesdienstes fragten wir wie immer, wer sich für Jesus entscheiden und ihn als seinen Heiland annehmen möchte. Frau Renzelmann hob ihre Hand, mit einem Ausdruck des Flehens, der mir das Herz brechen wollte. Jesus hat gesagt: „Kommt her zu mir alle, die ihr mühselig und beladen seid. Ich will euch erquicken." Hier war jemand, der mühselig und beladen war, der Erquickung und Hilfe brauchte. Und Gott sei gepriesen, ER nahm sie an und half ihr!

Wir haben an diesem Abend mit Menschen gebetet, die Vergebung ihrer Sünde und Schuld oder innere Heilung brauchten. Gott schenkte sie ihnen. Das Heil der Seele und der Friede mit Gott sollte im Leben aller Menschen immer Priorität haben. Alles andere ist sekundär. Alles! Jesus hat uns auch aufgefordert, für die Kranken, für die leiblich Kranken zu beten. Das taten wir dann auch. Wir beteten für Frau Renzelmann. Sie konnte nicht gehen. Ich hatte sie ja ins Auto und in die Kirche tragen müssen. Wir beteten mit Vollmacht im Namen Jesu; in dem Namen, in dem allein Heil ist. Der Prophet Jesaja sagt: „Fürwahr, er trug unsere

Krankheit und lud auf sich unsere Schmerzen ... Die Strafe liegt auf ihm, und durch seine Wunden sind wir geheilt" (Jesaja 53,5). Ich habe mit solcher Inbrunst gebetet, wie man als Mensch nur beten kann. Frau Renzelmann weinte. Pastor Ruff und ich ermutigten sie, zu versuchen aufzustehen. Wir halfen ihr dabei, griffen ihr unter die Arme. Die ganze Gemeinde betete. Sie stand zitternd da, und wir ließen sie vorsichtig los. Sie blieb allein stehen. Dann nahm Pastor Ruff sie am Arm und ermutigte sie, einige Schritte zu versuchen, und dann ging er mit ihr, unter dem Gebet der Gemeinde, auf dem roten Läufer den Mittelgang der Kirche entlang. Sie waren vielleicht acht Meter miteinander gegangen, als sie sich umdrehten. Ich stand vorne am Altar. Dort, acht Meter vor mir, stand sie und begann nun allein, den Weg zu ihrem Platz in der ersten Reihe mit schlurfenden Schritten zurückzugehen. Vorsichtig, unsicher und nicht wie ein ganz gesunder Mensch. Aber sie ging. Tränen flossen ihr unaufhaltsam über die Wangen, aber ihr Angesicht leuchtete wie die Sonne. Sie sah für mich wie ein Engel aus. Ich habe selten ein schöneres Bild gesehen.

Dieser Abend ist sicherlich allen unvergeßlich geblieben.

Ich brachte Frau Renzelmann nach dem Gottesdienst, zusammen mit Mutter Schack, wieder nach Hause. Noch zwei oder dreimal holte ich sie persönlich ab, dann übernahm diese Arbeit Leo Mittelstädt, einer unserer Ältesten.

Einen weiteren Höhepunkt erlebten wir, als Frau Renzelmann sich taufen ließ. Vorher erzählte sie ihre Lebensgeschichte und von ihrem persönlichen Gotterleben. So erschüttert habe ich meine Gemeinde nie wieder erlebt. Wir haben alle geweint. Konnte sie nun auch weiterhin gehen? Ja, jedoch nicht wie ein ganz gesunder Mensch. Aber sie konnte gehen und seitdem von Herzen fröhlich singen: *„Ich bin nicht allein in der weiten Welt, Jesus ist mein."* Später sagte sie mir: „Weißt du, Bruder Klemm, manchmal will die Depression mich packen und mich erdrücken. Doch dann fang ich an zu singen: *Ich bin nicht allein in der weiten Welt, Jesus ist mein.* Er ist bei mir, und dann geht es mir wieder viel besser."

Manches in unserm Leben ist schwer zu verstehen. Doch wir dürfen glauben und wissen: Gott meint es gut. Gott half immer! ER hilft auch heute! In vielen Evangelisationen hat Gott durch Sein Wort Menschen errettet und geheilt. Ich habe aber diese eine Geschichte so ausführlich geschildert, weil sie so ungewöhnlich ist.

Es lohnt sich immer, wenn eine Gemeinde evangelisiert, auch wenn nur *einem* Menschen dadurch geholfen werde.

Ein kleiner Exkurs

Die größte und erfolgreichste Sozialarbeit heißt: Evangelisation. Wenn das doch nur in den Kopf und in das Herz aller Pastoren und Politiker gehen würde. Der Staat kann für solche Angebote nur dankbar sein und sollte sie entsprechend unterstützen, aus der Verantwortung für seine Bürger. Er könnte sein Geld gar nicht besser anlegen. Hier ein Fall aus Hunderten von Fällen, wie ich sie persönlich erlebt habe, soll das verdeutlichen: Da ist ein Vater Alkoholiker. Er versorgt seine Familie nicht. Vernachlässigt sie. Vater und Mutter leben im ständigen Streit. Die Mutter beginnt aus Verzweiflung zu Beruhigungsmitteln zu greifen. Das alles bekommen die Kinder als einziges Erbe von ihren Eltern mit. Was soll aus diesen Kindern nun werden? Sehr oft erleben wir, daß sie drogenabhängig werden. Das muß nicht immer so sein, aber es passiert allemal wieder. Dann helfen meist keine Entziehungskuren, sondern die Süchtigen kosten den Staat ungeheure Summen.

Wie oft habe ich das unter Drogenabhängigen erleben müssen: Bis zu sechs Entziehungskuren hatten manche hinter sich gebracht. Ohne Erfolg. Die Abhängigen und ihr unterstützungsbedürftiger sozialer Status kosten den Staat ein Vermögen, jeder einzelne von ihnen. Sie werden zum Sozialfall und für viele Mitbürger sind sie dann *lästiger Abfall*. Ich rede nicht wie ein Blinder von der Farbe. Leute, in diesen asozialen Schuhen bin ich selbst marschiert. Wenn auch aus anderen Gründen. Ich wäre beinahe auch so ein *chronischer Fall* geworden. Und wie viele Menschen hätte ich dabei noch unglücklich gemacht?

Kinder, die im Suff gezeugt werden und dann meist geistig oder auch körperlich behindert zur Welt kommen, wer soll ihnen helfen? Das ist gewöhnlich eine Tragödie ohne Ende.

Gott sei gedankt, es gibt Evangelisationen. Die sozial problematischen Eheleute, von denen ich oben sprach, hören das Evangelium und entscheiden sich für Jesus Christus und erleben: *„Wen der Sohn frei macht, der ist recht frei."* Jesus vergibt ihnen, heilt ihre kaputte Beziehung und ER befreit sie von ihrer Gebundenheit. Das, was den Psychologen, Therapeuten und Psychoanalytikern, die in gewiß guter Absicht ihre Arbeit verrichten, meist nicht gelingt, das vollbringt der Glaube an Jesus Christus. Das kann ich gar nicht genug betonen und wiederholen.

Diese von mir erwähnten Eltern beginnen – nachdem Jesus sie von ihren Gebundenheiten befreit hat – mit der Hilfe Gottes, ihr Leben zu ordnen und neu aufzubauen. Sie werden von der Christengemeinde angenommen, sie bekommen ein geistliches Zuhause und ein neues soziales Umfeld, das sie stützt und schützt. So werden sie zu Menschen, die auch dem Gemeinwesen durch ihre Arbeit, ihr verantwortungsvoll geführtes Leben – und nicht zuletzt durch ihre Steuerehrlichkeit dienen.

Menschen, wie ich in meiner Jugend auch einer war, befinden sich oft in einem Teufelskreis, aus dem es kaum ein Entrinnen gibt. Wenn ich zurückdenke, wie das bei mir damals war: Aus dem Gefängnis entlassen, ging ich auf Wohnungssuche, denn das Arbeitsamt sagte mir: „Ohne festen Wohnsitz können wir Sie nicht vermitteln." Das Wirtschaftsamt, damals zuständig für Lebensmittelkarten, erklärte: „Sie müssen einen festen Wohnsitz haben und polizeilich gemeldet sein. Da kann ja sonst jeder kommen." Und die Behörden haben recht. Bei der Suche nach einem Zimmer werde ich von einer lieben älteren Dame nach meinem letzten Wohnsitz gefragt. Was soll ich nun sagen? Gefängnis? Was würde sie antworten? Bestimmt nicht: ‚Wissen Sie, auf Sie habe ich gerade gewartet. Sie sind wirklich ein vertrauenerweckender Mensch. Natürlich bekommen Sie das Zimmer.' Kaum einer wird so positiv reagieren, wenn ein ehemaliger Knacki bei ihm einziehen will. Die Wohnungsinhaberin hätte schon aus Angst – und das ist doch zu verstehen – nach einer Ausrede gesucht.

Und was ist mit dem Arbeitsplatz? Man wird gefragt: ‚Können Sie Referenzen nachweisen? Wo haben Sie zuletzt gearbeitet?' Die ehrliche Antwort müßte doch sein: ‚Bei Vater Staat im Gefängnis. Tüten geklebt.' Welcher Arbeitgeber würde dann wohl sagen: ‚Solche Leute suchen wir! Herzlich Willkommen!'

„Wer einmal aus dem Blechnapf fraß" (Hans Fallada), will doch andeuten: Einmal abgestürzt, oft für immer abgestürzt. Die Gesellschaft nimmt solche Menschen nicht mehr an, akzeptiert sie nicht. Es gibt nur den Einen und nur die eine Gesellschaft, die jeden Menschen akzeptiert und integriert, und das ist JESUS CHRISTUS und seine Gemeinde – die „Christusgesellschaft", wenn ich das einmal so sagen darf.

Was wäre, wenn die Welt nicht solche Evangelisten wie Dr. Billy Graham hätte? (In seiner ersten deutschen Evangelisation, im Düsseldorfer Fußballstadion, habe ich im Chor gesungen. Wie war ich doch begeistert, daß so viele Menschen eine Entscheidung für ein Leben mit Christus wagten.) Was wäre, wenn es nicht solche Männer Gottes gegeben hätte wie den Pastor Wilhelm Busch oder Dr. Gerhard Bergmann?

Oder Männer wie Reinhard Bonnke: Nach einer Evangelisation hatte sich in Südafrika herumgesprochen, daß Gangster nach dem Gottesdienst ihre Waffen bei der Polizei abgegeben hatten. Und weil in Südafrika die Kriminalität beträchtlich sank, luden einige afrikanische Staatsmänner diesen Mann Gottes ebenfalls ein, damit er in ihrem Land das Evangelium verkündigen sollte. Unter ihnen war auch der Präsident Moy aus Kenia. Dieser Staatsmann hat bei seinem Besuch in Deutschland darauf bestanden, daß Reinhard Bonnke mit zu einem Empfang eingeladen wurde, der zu seinen Ehren in Bonn gegeben worden war.

Und an weitere Männer will ich hier erinnern: Erich Theis, Jost Müller-Bohn, Anton Schulte und die *„singenden Janz-Brüder"*, oder heute, ganz aktuell, Ulrich Parzany. Diese alle, und auch viele andere unbekannte Christen, sind doch keine schrulligen Weltverbesserer, sondern sie sind die wahren und erfolgreichsten Sozialarbeiter.

Im Stil Billy Grahams ausgedrückt: „The Bible said": *„Durch den Segen der Frommen kommt eine Stadt hoch; aber durch den Mund der Gottlosen wird sie niedergerissen'* (Sprüche 11,11).

Ich wiederhole: Aus der Verantwortung für seine Bürger müßte der Staat für die christlichen Angebote dankbar sein, sie entsprechend unterstützen. Er könnte sein Geld gar nicht besser anlegen.

Ein Richter hört vom Beten

Wir waren kurz vor unserer angekündigten Evangelisation, als ich am Sonntag davor die ganze Gemeinde einlud, sich zu beteiligen. „Wer will bereit sein", so fragte ich, „in dieser letzten Woche vor der Evangelisation eine festgesetzte Zeit für die bevorstehenden Veranstaltungen zu beten? Ich möchte euch ein Versprechen abnehmen. Wer ist bereit, jeden Tag – ja, ihr habt richtig gehört, jeden Tag – *fünf* Minuten für die Evangelisation zu beten? Hand hoch!"

Alle Hände gingen hoch. Wer das liest, glaubt gar nicht, wie die Beter in der Gemeinde mich angeschaut haben; und wie enttäuscht sie von mir waren. Fünf Minuten nur? Bitte, Bruder Klemm, wenigstens eine Stunde. Eine Stunde lang beten? Wir hatten in der Gemeinde einen Kern von über hundert Personen, die keine Schwierigkeit damit hatten. Eine Stunde. Aber es gab auch einige, die nur ab und zu, ja vielleicht nur in der Kirche beteten.

Sie wollte ich erreichen. Denn ich wußte, fünf Minuten lang zu beten trauten sie sich alle zu, ohne ein Gelübde zu brechen. Außerdem: Wer fünf Minuten betet, der bleibt nicht bei dieser knappen Zeit. Er betet meist länger und freut sich hinterher, daß er es geschafft hat.

Eine Stunde beten. Daß so etwas nur wahre Christen können, überzeugte sogar einen Richter in Bremen, und das kam so: Wir hatten in der Gemeindejugend 30 bis 40 junge Männer im wehrpflichtigen Alter. Die hätten zur Bundeswehr gemußt. Darüber ließ ich die jungen Männer immer selbst entscheiden. Sie wußten, daß ich gegen den Dienst mit der Waffe war. Krieg und Waffen sind für mich vom Bösen. Gottes Waffe ist die *LIEBE!* Einige von unseren Jungs gingen zur Bundeswehr, andere verweigerten den Dienst mit der Waffe und machten Ersatzdienst. Diese jungen Leute baten mich dann oft, ihr Rechtsberater vor Gericht zu sein.

Einer der jungen Leute, die den Wehrdienst verweigerten, war Uwe Bornschein. Er bat mich, bei der kommenden Verhandlung als sein Pastor dabeizusein. Das habe ich immer gerne getan. Er hatte noch eine weitere Person angegeben, seinen Freund Joachim Kranzfelder. Joachim war ein absolutes Original. Wie habe ich diesen Mann geschätzt! Er hatte Medizin, Mathematik, Philosophie und Theologie studiert. Durch eine Kriegsverwundung hatte er einen Arm verloren, darum konnte er als Chirurg nicht praktizieren, was sein Traumberuf gewesen wäre, und so gründete er in Bremen die Privatschule *MENTOR.*

Am Anfang hatte er in fast allen Fächern selbst gelehrt. Er war ein sehr fleißiger und dennoch bescheidener Mann, der sich aus seinem Wissen und dem Doktortitel absolut nichts machte. Mit ihm zu diskutieren, war nicht immer leicht. Denn man mußte schon ein Wörterbuch dabei haben, um ihn richtig zu verstehen. Er vertraute mir einmal an, daß es ihm leid täte, sich nicht einfacher ausdrücken zu können. Je *„plattfüßiger"* ich gesprochen habe, desto mehr freute er sich. Es war eine Freude, ihn im Gottesdienst zu sehen. Er strahlte wie die Sonne, und wenn ich ihn von der Kanzel aus sah, war er eine echte Inspiration für mich als Redner. Manche Gläubige wissen gar nicht, daß sie allein mit ihrem Aussehen schon ein Segen sein können. Übrigens, in seiner Privatschule *MENTOR* unterrichtete ich die Klassen 6, 7 und 8 im Fach Religion, gelegentlich auch die Klassen 9 bis 12.

Dann aber war es soweit. Uwe hatte seinen Termin. Wir drei trafen uns vor der zuständigen Behörde. Wir beteten noch einmal zusammen und baten Gott um Weisheit und Seinen Beistand. Auf dem Flur warteten noch andere Leute, und niemand wußte, wie lange eine Verhandlung jeweils dauern würde. Welche Fragen würden gestellt werden? Wie war die Tagesform des Vorsitzenden und der Beisitzer beschaffen? Uwe und Joachim waren etwas nervös. Ich war gelassener, mir war die ganze Sache schon vertraut. Endlich waren wir an der Reihe. Ich weiß nicht mehr genau, wie viele Beisitzer anwesend waren. (Ich hatte doch eben aus Versehen „Beisetzer" geschrieben, wie dumm von mir.) Sie hatten zu prüfen, ob ihnen nichts vorgemacht wurde, ob einige sich nicht bloß vor dem Wehrdienst drücken wollten. Damals gab es ja solche Spinner, die sich eher Mao Tse-tungs Armee verschrieben hätten, als in der Deutschen Bundeswehr zu dienen.

Wir wurden gebeten Platz zu nehmen. Einer nach dem anderen von uns wurde vor das Gremium gerufen. Wir mußten Angaben zu unserer Person machen, so das übliche: Geboren wann und wo, Schule, Studium, Beruf, ob verheiratet oder nicht. Bei der Frage nach dem Studium mußten wir die einzelnen Fächer und auch die Universitäten angeben. Bei mir ging es schnell, denn ich habe keine Universitätsausbildung. Dann war Joachim an der Reihe, und ich war richtig gespannt. Man fragte wie bei mir, nach Namen, Geburtsdatum, Beruf, Schule, Studium. Das letzte hätten sie besser nicht fragen sollen, denn jetzt wurde es für sie peinlich. Achim, wie wir ihn kurz nennen durften, zählte seelenruhig auf: „Medizin in ... Mathematik in ... Philosophie in ..." usw. Ich sehe noch heute das Gesicht des Richters vor mir, und die der Beisitzer. Seine Augen wurden so groß wie die Scheinwerfer an einem Autobus. Staunend und fassungslos hörte er sich Achims akademischen Werdegang an. Er mußte erst einmal tief Luft holen, bevor er ihn voll Verwunderung fragte: „Und Sie glauben an Gott?"

Auch das hätte der Richter besser nicht fragen sollen.

Achims Gesicht hatte immer eine gesunde, frische Hautfarbe, rosarot. Doch jetzt glühte er regelrecht. Er hatte so eine Art, sich auf die Zehenspitzen aufrecht zu stellen und zu wippen. Dazu hielt er seinen Kopf etwas schräg zur Seite, was sehr imposant aussah. Dann sagte er sehr bedächtig: „Nicht wahr, Herr Richter, nicht an Gott zu glauben ist doch dumm?" Er hatte das mit solch einer Betonung gesagt, daß es dem Richter die Sprache verschlug. Ungläubig abwägend schaute er ihn an. Was sollte er darauf antworten? Sich mit Achim in eine Diskussion einlassen? Er hatte sofort gemerkt, daß er hier den kürzeren ziehen würde. So sagte er nur: „Sie können sich setzen, Herr Kranzfelder."

Nun war Uwe selbst an der Reihe. Sein Vater war Kapitän, und in Hongkong geboren. Uwe war für meine Begriffe etwas verzogen worden; dennoch war er ein sehr intelligenter und schlagfertiger Bursche. Man mußte ihn einfach liebhaben. Später studierte er Theologie. Nach Erfassung der üblichen Daten kam der Richter langsam auf den Punkt. Uwe mußte begründen, warum er den Wehrdienst verweigern wollte. Seine Antwort lautete: „Aus Gewissensgründen." Dann erzählte er dem Richter, warum er Christ und Mitglied in der Evangelischen Freikirche Bremen geworden war. Natürlich haben die Leute in einer solchen Untersuchungskommission einen geschliffenen Geist, stellen Fangfragen mit ausgeklügelten Ausnahmesituationen, um den Wehrpflichtigen auf *Herz und Nieren* zu prüfen. Doch Uwe ließ sich nicht aus der Ruhe bringen.

Was sei denn in dieser Kirche – die er als Vorsitzender nicht kenne – so anders, fragte der Richter. Uwe schilderte unsere Gottesdienste, unsere Bibel- und Gebetsstunden. Er gab ein gutes Zeugnis von Jesus und von unserer Gemeindearbeit. „Was verstehen Sie unter Gebetsstunde?", wollte der Richter wissen. Und Uwe antwortete wahrheitsgemäß: „Da beten wir von 19.30 bis 21.00 Uhr."

Dem Richter blieb der Mund offen stehen.

„Wollen Sie damit sagen, daß Ihre Kirche und Sie die ganze Zeit über beten?", fragte der Richter fassungslos.

„Ja, Herr Richter, wir singen und beten auf unseren Knien, mindestens eine Stunde lang." Das schlug dann dem Faß den Boden aus. „Eine Stunde beten? Eine Stunde Steine oder Sand karren, das könnte ich mir noch vorstellen, aber eine Stunde beten ist für mich nicht nachvollziehbar." Und nach einer kurzen Bedenkzeit sagte er: „Ja, wenn Sie das leben, wenn das die Wahrheit ist, dann glaube ich Ihnen, daß Sie als Christ und aus Gewissensgründen den Wehrdienst verweigern."

„Haben die Herren noch Fragen?" Seine Frage war an seine Beisitzenden gerichtet. Die aber hatten keine Fragen mehr. So verkündigte der Richter: „Herr Bornschein, Ihr Antrag ist angenommen, Sie dürfen Ersatzdienst leisten."

Was es heißt, Gemeindehirte zu sein

Jesus hat uns ja gezeigt, was ein guter Hirte ist. Die Aufgabe besteht darin, die Herde, die einzelnen Schafe zu betreuen. Der Hirte soll sie auf grüne Weiden führen und an frischen Wasserquellen laben. Sie vor Feinden schützen, selbst unter Einsatz des eigenen Lebens. Jesus sagte: *„Der gute Hirte läßt sein Leben für die Schafe.“* Das galt nicht nur damals. Ich wollte unter allen Umständen ein guter Hirte werden. Mich um kranke und schwache *Lämmer* kümmern. Aber was ist mit *grünen Weiden, frischen Wasserquellen* gemeint? Meine Antwort lautet: Für alle Situationen das richtige Wort finden. So wie unser Pastor Paul Rabe das praktiziert hatte: Seelsorge durch die Verkündigung betreiben. Das Wort Gottes so auslegen, daß es Klarheit in Lebenssituationen schafft und Vertrauen zu Gott weckt.

Es war an einem Sonntagmittag. Ich nahm mir noch einmal die Zeit, meine Predigt durchzugehen. Vielleicht ist folgendes schwer zu verstehen: Ich habe immer meine Predigt auf den Knien als ein Gebet vor Gott gepredigt. Ich betete predigend, und plötzlich wird meine Aufmerksamkeit auf ein ganz anderes Wort, nämlich auf den Psalm 51,9 gelenkt. Sicher war das von Gott. Ich habe große Vorbehalte zu sagen: Gott sprach zu mir! Das geht mir bei einigen zu leicht über die Lippen. Wenn Gott redet, dann sind wir auf *Heiligem Boden.* Mose mußte seine Schuhe auszuziehen. Johannes, in der Offenbarung, fiel um wie ein Toter. Da ist in unseren Behauptungen mehr Sorgfalt angebracht, nach meiner Meinung.

Ich bete also und frage mich: ‚Was soll ich über diesen Text predigen: *Entsündige mich mit Ysop, daß ich rein werde; wasche mich, daß ich sauber werde.‘* Ich kann mich nicht mehr erinnern, worüber oder was ich gepredigt habe. Ich erinnere mich jedoch an das Gespräch, das ich mit einem Mädchen nach der Predigt hatte.

Sie erzählte mir, daß sie in einer geistlichen Krise sei. Der Himmel sei wie verschlossen. Keine Antwort, nichts. Sie war verzweifelt. Andere Dinge kamen hinzu. Und da waren auf einmal die Gedanken: Gott ist nicht da. Und wenn er da ist, interessiert er sich nicht für sie. Es hatte alles keinen Zweck, machte keinen Sinn. Sie würde noch einmal in der Bibel lesen und sehen, ob sie eine Antwort bekäme. Sie las den 51. Psalm. Als sie an die Stelle kam, *„entsündige mich mit Ysop“*, fragte sie sich, was wohl Ysop sei. Wieder keine Antwort. Was ist das? ‚Ich begreife und verstehe überhaupt nichts mehr.‘ Voller Verzweiflung sagte sie sich: ‚Ich gehe noch einmal in den Gottesdienst, und wenn ich dort keine Antwort erhalte, dann gehe ich in die Weser. (Das ist der Fluß, der durch Bremen fließt.) Ich nehme mir das Leben.‘ Sie war ein ruhiges, stilles Mädchen, das nicht viel von sich hermachte. Sie fiel nicht auf.

Als Hirte wurden meine Gedanken ja auch auf diesen Text gelenkt, obwohl ich von ihren Problemen keine Ahnung hatte. Nun aber konnte ich ihr erklären, was Ysop ist. Ein Grasbüschel, vielleicht wie ein Pinsel, das die Israeliten in Ägypten benutzten, um damit das Blut der geschlachteten Lämmer an die Türpfosten zu streichen, damit der Todesengel vorbeigehen mußte. Sie hatte ihre Antwort und die Erklärung durch das Wort bekommen. Sie wußte: Gott hat mein Gebet erhört. ER denkt an mich, ER kennt mich. ER liebt mich. Wir haben miteinander Gott gedankt. Ich weiß von keinen weiteren Schwierigkeiten in ihrem Leben. Wehe mir, wenn ich mich nicht hätte leiten lassen. Hirte zu sein – welch eine Verantwortung!

Hirte sein kann auch bedeuten, 99 seiner *Schafe* allein zu lassen, um das eine Verlorene zu suchen. Jesus hat sich um die einzelnen gekümmert und auch die Kinder lagen ihm am Herzen.

Kinder, welch ein Geschenk Gottes. Ich habe immer darauf geachtet, daß wir gute Lehrkräfte für die Kinder hatten. Keine Frage, daß ich mich in den Kinderstunden habe sehen lassen und ab und zu eine kleine Geschichte erzählte. Das Kinderweihnachtsfest war immer ein Höhepunkt in unserer Gemeinde. Das war tatsächlich ein *FEST*. Und natürlich habe ich, so weit ich denken kann, jeweils zum Abschluß eines solchen Festes eine Geschichte erzählt. Es ist wohl nicht übertrieben zu sagen: Ich liebte die Kinder, und die Kinder liebten mich.

Es gab so einige Dinge, auf die ich persönlichen großen Wert legte. Der Gemeinde hatte ich gesagt:

„Hört mal her, wenn jemand krank wird, dann erwarte ich, daß ihr mich oder einen der Ältesten ruft, damit wir für euch beten können. Die Zeit spielt keine Rolle. Sei es in der Nacht oder am Tag." Damit hatte ich nicht gesagt, daß ich gegen den Besuch beim Arzt bin, wie es fälschlicherweise von einigen Pfingstlern praktiziert wird. Extremisten gibt es überall, und im Reich Gottes herrscht Freiheit. Ich kann und werde keinem vorschreiben: So oder so hast du das oder jenes zu handhaben. Für mich persönlich möchte ich an dieser Stelle jedoch deutlich herausstellen, daß ich nicht gegen die Behandlungen durch Ärzte bin. Ich bin für alle Ärzte, für die Einrichtungen der Krankenhäuser und für die medizinischen Errungenschaften Gott von Herzen dankbar. Wer anderes darüber denkt und predigt, dem rate ich, seine geistliche Stellung und seine Erkenntnisse biblisch zu prüfen.

Meine Absicht war es gewesen, mit jenem Aufruf soviel wie möglich biblische Substanz in die Gemeinde zu säen, um den Glauben in die Tat umzusetzen. Jesus und dem Wort Gottes Vertrauen zu schenken! Nach Gottes Wort im Glauben zu handeln. Nicht alle Gemeindeglieder haben danach gehandelt. Deshalb waren diese nicht ungeistlicher als andere, die es getan haben. Zwei Beispiele sollen verdeutlichen, was ich meine: Eines Nachts, gegen 1.00 Uhr, erhielt ich einen Anruf. Helga Friedrich, jung verheiratet, war am Apparat. Schon an ihrer Stimme merkte ich, daß sie sich in einer Notlage befand. Ihr Mann Gerhard (mal wieder ein Gerhard), zu dieser Zeit war er noch Bundesbahninspektor, lag mit hohem Fieber im Bett.

„Bruder Klemm, komm doch bitte sofort. Gerhard hat Fieber über 41°. Er glüht am ganzen Körper. Ich habe ihn gebeten, den Arzt zu rufen, aber er will nicht. Er will, daß du kommst und mit ihn betest. Er glaubt, daß Gott das Fieber durch Gebet wegnehmen kann."

Gerhard spielte in unserm Chor das Akkordeon und hatte sogar ein Lied komponiert.

Schnell hatte ich mich angezogen und bin zu ihnen gefahren. Sie lebten damals noch bei Vater und Mutter. Ich sah seinen zerbrechlichen Körper im Geiste vor mir. Er war immer sehr schwach und hatte oft Rückenbeschwerden.

Unterwegs betete ich schon für Gerhard:

„Vater, gib mir Weisheit und Kraft. Laß mich nichts Falsches entscheiden."

Es war gegen 1.30 Uhr morgens, als ich bei ihnen ankam. Leise bin ich ins Schlafzimmer getreten. Da lag Gerhard mit hohem Fiber und Helga sah mich verzweifelt an. Sie waren noch nicht lange verheiratet. Vielleicht Monate, und jetzt? Sollte sie Witwe werden, nur weil ihr Mann sich weigerte, zum Arzt zu gehen? Ich erkannte sofort, daß die Situation wirklich ernst war. Ich setzte mich auf sein Bett und sah ihn an. Innerlich flehte ich zu Gott. Gerhard war sehr ruhig. So war er aber immer. Nie habe ich ihn hektisch erlebt. Zunächst fragte ich noch einmal nach, wie hoch jetzt das Fieber sei. Als er mir antwortete, daß es über 41° sei, sagte ich ihm, daß damit nicht zu spaßen ist. Die Grenze sei erreicht, wo es lebensgefährlich wird und man einen Arzt braucht. Im ruhigen Ton sagte er mir:

„Ich möchte keinen Arzt, ich möchte, daß du für mich betest. Gott wird mir helfen. Und wenn ER mir nicht hilft, dann bin ich auch bereit zu sterben."

113

Das waren schwerwiegende Worte.

„Gerhard", sagte ich „damit kann man nicht spielen oder experimentieren. Ist es wirklich deine feste Überzeugung und dein Glaube, daß Gott dich anrühren wird, dann will ich für dich beten. Wenn das Fieber jedoch nicht nach kurzer Zeit sinkt, rufen wir sofort einen Arzt. Einverstanden?"

Er war einverstanden.

Ich kniete mich neben seinem Bett und begann zu beten. Helga kniete am Fußende des Krankenlagers, betete und weinte. Ich weiß nicht mehr, was ich da alles gebetet habe, nur, daß es mir sehr ernst gewesen ist. Nach 10 oder 15 Minuten Gebet ließ ich mir ein Fieberthermometer geben und wir maßen 40°. So kniete ich wieder an seiner Seite und betete mit Inbrunst um das Eingreifen Gottes. Die Zeit verging. Inzwischen war es 3.00 Uhr morgens geworden. Erneut haben wir das Fieber gemessen. Nur noch 39°. Ich blieb und betete weiter. Hoffnung und stille Freude begann mein Herz zu erfüllen. Ich bin nicht der ganz große Glaubensheld, und natürlich hatte ich auch meine Bedenken. Aber ich wollte auch gehorsam sein und Gott vertrauen.

Nach einer weiteren halben Stunde wurde wieder das Fieber gemessen, und diesmal war es bereits auf 38° gesunken. Wir haben Gott miteinander gedankt. Wir empfanden Gottes Gegenwart ganz stark. Dann befahl ich noch Helga der Gnade Gottes an und verabschiedete mich von dem jungen Paar. Es war bereits nach 4.00 Uhr morgens, als ich mit einem dankbaren, gedemütigtem Herzen nach Hause fuhr.

Ich bin mehr als einmal nachts zu kranken Menschen gefahren. War jedes Gebet für die Kranken ein Erfolg? Nein! Warum nicht? Das kann ich leider auch nicht sagen. Es gibt so viele Dinge, für die ich keine Antwort habe. Aber das macht mich abhängiger von Gott und Seiner Gnade, und das ist gut so.

An einem Sonntagmorgen, ich stand bereits hinter der Kanzel und sang mit der Gemeinde, wurde mir ein Zettel zugereicht. Das geschieht sehr oft, denn wir beten für alle Nöte, um die man uns bittet zu beten. Es war also nichts Außergewöhnliches. Ich las diesen Zettel, und da stand folgendes (so ganz wörtlich weiß ich es nicht mehr): „Bruder Klemm, bitte betet für meine Frau. Sie hat einem Mädchen das Leben geschenkt und ist nach ärztlichem Befund in Lebensgefahr. Sie liegt bewußtlos auf der Intensivstation." Rudi Kohl.

Mir war im nächsten Augenblick ganz elend zumute. Eine Frau schenkt einem Kind das Leben und liegt dann im Sterben?

Das mußte ich innerlich verarbeiten, und Gott sei Dank hatte ich eine Gemeinde, die beten konnte. Ich teilte es der Gemeinde mit. Große Betroffenheit zunächst, doch dann wußte die Gemeinde und auch ich, wie wir uns zu verhalten hatten. Sicherlich gab es noch einige andere Fürbitten, aber das Gebet für Alma Kohl stand im Vordergrund. Wir standen wie ein Mann vor Gott, beteten einmütig und legten Alma in Gottes Hände. Wohl dem Menschen und dem Pastor, der eine solche Gemeinde hat.

Nach Beendigung des Gottesdienstes sprach ich mit Rudi, dem Vater des neugeborenen Kindes. Er erzählte mir von den Komplikationen, die eingetreten waren. Alma war schon um die vierzig Jahre alt. Er sagte, daß die Ärzte ihm wenig Hoffnung ließen, daß sie überleben würde. Sie werden ihn aber rechtzeitig informieren und baten ihn, nicht während der ganzen Zeit – wohl wegen der intensiven medizinischen Betreuung – bei ihr zu bleiben. Mir sagte er dann, daß er mich anrufen werde, wenn es mit Alma zu Ende geht, und ob ich dann so freundlich sei, ins Krankenhaus links der Weser zu kommen. Er beschrieb mir dann noch, wie ich am besten zur Intensivstation gelangen konnte.

Am Nachmittag hatte ich noch einen Gottesdienst. Am liebsten wäre ich gleich zu Alma gefahren, aber Rudi riet mir ab. Er werde anrufen. Immer wieder habe ich ein Gebet für Alma und das kleine neugeborene Mädchen zu Gott gesandt, aber ruhig bin ich nicht geworden. Da war eine innere Anspannung. Ich war Hirte, und da war eines meiner Schafe, das krank war und im Sterben lag. Ein Anruf kam nicht. Mit einem Gebet für Alma bin ich zu Bett gegangen. Ich habe nur leicht geschlafen. Die Anspannung war einfach zu groß. Und dann gegen 2.00 Uhr morgens läutete das Telefon. Das bedeutet meistens: irgendwas ist passiert, und diesmal wußte ich, warum das Telefon läutete. Alma. Als ich den Hörer abnahm, hörte ich Rudis Stimme: „Bruder Klemm, ich bin es, Rudi. Würdest du so freundlich sein und ins Krankenhaus kommen?"

„Ich fahre sofort los", war meine Antwort. Schnell habe ich mich angezogen, bin ins Auto gesprungen und fuhr Richtung Krankenhaus. Ich habe ununterbrochen gebetet:

„Lieber Gott, Herr Jesus, ich kann das nicht versteh'n. Ich komm' da nicht mit. Du schenkst Leben. Da ist ein kleines Baby, und dann nimmst Du diesem Baby die Mutter. Ich begreife das nicht. Gott, erbarme Dich doch."

Ich konnte es wirklich nicht verstehen. Das sind Momente, wo wir unsere ganze Ohnmacht empfinden. Was ist der Mensch? Es war nicht so weit weg und so kam ich schnell zur Intensivstation. Man zog mir einen sterilen Kittel über, und dann führte mich eine Krankenschwester zu Alma ins Zimmer. Sie war an allen möglichen Geräten angeschlossen. Die Ärzte und das Pflegepersonal gaben sich alle Mühe, das Leben dieser jungen Mutter zu retten. Wie gesagt, ich danke Gott für Ärzte, Pflegepersonal und Krankenhäuser.

Rudi begrüßte mich. Wir standen uns gegenüber. Ich kann sehr schlecht Männer weinen sehen. Da waren die Monitoren, die mir zeigten, wie es um sie stand. Ich schrie in meinem Herzen zu Gott und befahl sie der Gnade Gottes an. Meine Lippen haben nur geflüstert. Dann legte ich meine Hand auf ihre Stirn, um sie zu segnen, und plötzlich begann sie zu reden, nein, sie betete. Ihr Gesicht nahm ein anderes Aussehen an, so etwas wie ein Lächeln huschte über ihr Gesicht, und dann begann sie laut zu beten, mit „laut" meine ich verständlich. Sie hat Gott gelobt und gepriesen. Und sie begann für Rudi und mich hörbar in einer Sprache zu beten, die wir beiden nicht verstanden. Wir dachten, jetzt geht sie heim zu ihrem Heiland, den sie so geliebt hat. Doch dann schlug sie auf einmal die Augen auf, sah mich an und sagte:

„Du bist da, Bruder Klemm?"

„Ja, Alma", sagte ich, und ruhig fuhr ich fort, „Alma, du bist in Gottes Hand. Du brauchst dich nicht aufzuregen. Wir sind hier. Rudi und ich beten für dich."

Tiefe Ruhe und Frieden kam über sie.

„Sprich jetzt nicht, Alma, ruh' dich aus. Es war alles sehr anstrengend für dich."

Sie nickte mir zu und schloß vor Erschöpfung die Augen. Eine ganze Zeit bin ich noch bei ihr geblieben und habe in der Stille meines Herzens für die ganze Familie gebetet. Besonders für Alma und das Baby. Bereits am nächsten Tag kam sie auf eine andere Station und eine Woche später war sie zu Hause. Gott war gut zu uns gewesen. Sie und ihre Tochter leben in Bremen. Ihr Mann kam später bei einem Autounfall ums Leben. Gottes Gedanken sind manchmal unverständlich höher als unsere Gedanken. Doch eines dürfen wir wissen: Er ist ein guter Hirte. Ich bin es wohl nicht immer gewesen, aber ich habe mit meinen Geschwistern Freud und Leid getragen. Ich wollte ein guter Hirte sein.

Gott mag Humor

Wer denkt, daß Gott keinen Humor hat, irrt sich gewaltig. Gebt doch bitte nichts auf die Leute, die mit sauren Gesichtern herumrennen, als sei ihnen die Petersilie verhagelt. Hört auf, liebe Christen, so griesgrämig zu sein. Die Bibel berichtet, daß unser Mund voll Lachens sein wird. Die Freude des Himmels kann schon jetzt unser Leben bestimmen. Habt ihr mal einen Säugling lachen sehen, oder jauchzen gehört? Wer hat ihn das gelehrt? Lachen gehört zu unserem Menschsein. Die einen haben es, und andere haben es weniger. Menschen, die mich kennen, sagen von mir, daß ich eine Frohnatur bin. Dafür kann ich nichts, das ist mir angeboren. Aber dafür bin ich Gott von Herzen dankbar. In einem verkrampften frommen Verein, wo die Leute nicht einmal herzlich lachen dürfen, würde ich mich nicht wohl fühlen. Nicht umsonst fordert uns die Bibel auf, fröhlich zu sein. Und das nicht nur in guten Tagen, sondern auch in den Tagen, wo es normalerweise nichts zu Lachen gibt! Wo man untendurch muß. Wo uns die Decke auf den Kopf zu fallen scheint. Meine liebe Frau und ich haben uns vorgenommen, immer zu danken und fröhlich zu sein. Bis jetzt haben wir davon nur profitiert. Jeder ist ein Original, und Gottes Garten ist groß. Zum Glück gibt es in der Welt nicht nur Kakteen und Stachelschweine, sondern auch Rosen, possierliche Ferkel und Lachtauben. Alle diese Charaktere gibt es auch in der Gemeinde Jesu. Wir hatten solche Originale in unserer Gemeinde in Bremen.

Erinnern Sie sich, als Frau Renzelmann sich taufen ließ? Welch eine Atmosphäre in unserer Gemeinde war? Wir weinten miteinander. Doch wir weinten nicht nur, sondern wir lachten auch miteinander. Alles hat seine Zeit, sagt die Bibel.

Menschen aus allen Gesellschaftsschichten waren Mitglieder unserer Gemeinde. Vor unserm Herrn Jesus gibt es kein Ansehen der Person. So finden auch Menschen Zugang und Aufnahme in unsern Gemeinden, die von anderen Leuten abgelehnt werden. Sie gelten manchen Leuten als zu primitiv, sie seien nicht vornehm und gebildet genug, heißt es. Gott liebt alle Menschen. Wenn die Gemeinde Jesu sie nicht aufnimmt und sich nicht um sie kümmert, wer soll sie dann annehmen? Jesus sagt: „*Was ihr getan habt einem meiner geringsten Brüder, das habt ihr mir getan.*"

Da war zum Beispiel die einfältige Mine. Eine herzensgute Frau, die Gedichte schrieb. Sie hat längere Gedichte als Schillers „*Glocke*" geschrieben und auch auswendig aufgesagt. Wir haben immer nur gestaunt. Mine hatte auch einen Bruder, den sie geliebt, umsorgt und gepflegt hat. Es war rührend, mit anzusehen. Dieser liebe Bruder aber war noch etwas einfältiger als seine Schwester.

Bei einer Evangelisation hatten Mine und er sich für Jesus Christus entschieden. Für mich beginnt der Heilsweg nach der Bibel mit Buße, Bekehrung und biblischer Taufe. Darüber predigen und lehren wir in der Pfingstbewegung. (Deshalb ließ sich auch Schwester Renzelmann taufen.) Vor der Taufe – meistens in einer internen Gemeindestunde – berichten die Taufkandidaten, wie sie Christus gefunden haben und warum sie sich taufen lassen wollen. Mine und ihr Bruder hatten sich auch zur Taufe angemeldet. Ein Taufkandidat nach dem anderen kam vor die Gemeinde und erzählte von seiner persönlichen Erfahrung mit Gott.

Dann war Mine dran. So genau weiß ich nicht mehr, was sie sagte, aber sehr wahrscheinlich hat sie das in Gedichtform getan. Sie freute sich sehr auf die Taufe. Und dann war ihr lieber Bruder an der Reihe. Sie gab ihm erst einen Schubs in die Seite und forderte ihn halblaut auf, nach vorne zu gehen. Er war etwas schüchtern und ging scheu zum Rednerpult. Dort stand er und sah uns alle an. Er wußte nicht so recht, was er sagen sollte. Plötzlich fing sein Gesicht zu strahlen an, und voller Begeisterung wünschte er uns laut und deutlich: „Fröhliche Weihnachten." Danach stieg er vom Podium und stolzierte zu Mine.

Wir waren verblüfft. Mit allem hätten wir gerechnet, nur nicht damit, daß uns jemand mitten im August Fröhliche Weihnachten wünschen würde. Einen Augenblick lang herrschte absolute Stille … dann haben wir geklatscht und aus vollem Herzen gelacht. Mine hat sich gefreut, daß er es so gut gemacht hatte. Ich glaube, daß die Engel im Himmel mit uns gelacht und sich gefreut haben. Von wegen, Gott mag keinen Humor …

Unsere Taufen waren immer Tauffeste. Meistens war unsere Kirche überfüllt. Unser Taufbecken war vorne am Altar. Dort saßen auch die Kinder; drängten sich ums Taufbecken, um die Taufzeremonie so nah wie möglich mitzuerleben. Es war ein erhebender Augenblick, wenn die Täuflinge in ihren weißen Taufgewändern mit mir den Mittelgang der Kirche herunterkamen und der Chor sang: *„Wer sind diese weiß Geschmückten? Das sind die, die sich in des Lammes Blut rein wuschen."*

Im Untersaal hatte ich den Täuflingen noch einmal gezeigt, wie sie sich während der Taufe verhalten sollten und worauf sie zu achten hätten. Mit einem Täufling führte ich die Taufhandlung ganz praktisch vor. Ich erzählte ihnen, daß sich die Taufgewänder beim Einstieg ins Taufbecken etwas aufblähen und sie das Taufgewand herunterdrücken sollten. Abschließend haben wir dann noch miteinander gebetet. Vor allen Dingen um den Segen Gottes gebeten, und daß ER uns ganz ruhig, nicht nervös sein lassen möchte. Wir waren alle gut vorbereitet. Dachte ich.

Nach jeder Taufe sang der Chor einen Vers oder Chorus, bis der nächste Täufling vor mir im Taufbecken stand. Hermann, etwa 25 Jahre jung und ein Brocken von Mensch, war an der Reihe. 190 cm groß und über 200 Pfund schwer. Er wollte es besonders gut erledigen. Aus welchem Grund auch immer, trat er gleich auf der obersten Stufe im Taufbecken auf sein Taufgewand. Hermann verlor das Gleichgewicht und fiel direkt auf mich, der ich ja im Wasser stand. Damit hatte ich natürlich nicht gerechnet. Ich fiel auf die Knie (nicht zum Beten), konnte ihn aber auffangen. Ein unfreiwillig komisches Bild. Wenn es nicht ein so feierlicher Gottesdienst gewesen wäre, hätten die Jugendlichen bestimmt gleich lauthals losgelacht. Sie beherrschten sich aber und grinsten nur.

Ich hatte den Täuflingen vorher erklärt gehabt, daß sie beim Untertauchen ein wenig in die Knie gehen und sich mir anvertrauen sollten. Ich würde sie zwar unter Wasser tauchen, aber ganz sicher auch wieder heraufbringen. Das hatte ich ja schon sehr oft ausgeführt. Hermann tat das alles, was ich vorher erklärt hatte. Doch als er unter Wasser war, hob er aus unerklärlichen Gründen seine Beine hoch. Sein Oberkörper sank immer tiefer, und ihm ging die Luft aus. Er fing an, Wasser zu schlucken und ruderte verzweifelt mit mir jetzt kreuz und quer durchs Taufbecken. Endlich schaffte ich es, ihn auf die Beine zu stellen. Er prustete und hustete gewaltig und verließ fluchtartig das Taufbecken.

Keine Frage, wie sich der Chor, die Kinder und die ganze Gemeinde verhalten haben, als sie uns beide im Taufbecken kämpfen sahen: Sie haben gelacht. Gott mag Humor.

Der Rest der Taufe verlief sehr reibungslos. Die übrigen Täuflinge verhielten sich im Taufbecken richtig. Der Chor und die Gemeinde sangen mit großer Freude, bis wir uns umgekleidet und unsere Plätze in der Kirche eingenommen hatten.

Zum Abschluß des Taufgottesdienstes baten wir die Täuflinge, sich in Gruppen aufzustellen. Wir riefen sie einzeln beim Namen nach vorne. Ihr Taufspruch wurde laut vorgelesen und dann wurden sie gebeten, sich vor dem Altar niederzuknien. Pastor und Älteste haben die Täuflinge einzeln gesegnet und für sie gebetet. Da wir meistens dreißig und mehr Täuflinge hatten, haben nur immer kleine Gruppen von fünf bis sechs Personen vor dem Altar gekniet.

Und wie es sich manchmal so ergibt, war Hermann der letzte in der Reihe, den ich nach vorne rief. Hermann hatte sich wieder erholt und kam mit großer Freude. Dabei übersah er allerdings die Beine der Männer, die bereits knieten. Er strauchelte und fiel der Länge nach auf einen anderen Täufling, einen Prokuristen der Dresdner Bank. Dieser liebe Mann war im Gebet versunken und ahnte nichts Böses. Plötzlich wurde er von über 200 Pfund Lebendgewicht getroffen und fiel mit dem Angesicht nach vorne, mir vor die Füße. Hermann rappelte sich auf und nahm seinen Platz vor mir stehend ein. Ich las seinen Taufspruch. Diesen Spruch für Hermann hatte ich unter Gebet ausgewählt und schon in seine Mitgliedskarte eingetragen. Er lautete: *„Großen Frieden haben die, die dein Gesetz lieben; sie werden nicht straucheln"* (Psalm 119,165 Luther).

Ich konnte den Vers nicht zu Ende lesen. Nach allem, was geschehen war, konnte ich nicht länger an mich halten und bat meinen Freund Pastor Dunst für Hermann zu beten, was er dann auch tat. Mit lauter Stimme betete er: „Herr Jesu, segne unsern lieben Bruder Hermann."

Ich habe mich umgedreht, meine Hände vors Gesicht gehalten und in meine Hände gelacht, und dabei Gott gleichzeitig um Verzeihung gebeten. Er hat mir vergeben. Warum? Gott hat eben Sinn für Komik. Diese beiden Erlebnisse habe ich aus einer Vielzahl ähnlicher Ereignisse herausgegriffen.

Eine kleine Chronik

Wir hatten in früheren Jahren als Gemeinde bereits in den verschiedenen Schulen, in denen wir unsere Gottesdienste durchgeführt hatten, wunderbare Erweckungsversammlungen erlebt, die immer stärker wurden. Es ist schwer, die Atmosphäre der Gegenwart Gottes zu beschreiben. Einfach gesagt: Gott war da, war gegenwärtig. Menschen erlebten Gottes Barmherzigkeit. Es gab kaum einen Gottesdienst, in dem ich nicht anschließend mit Menschen gebetet hätte, die Frieden mit Gott oder innere Heilung suchten und sie von Gott bekamen. Die Gemeinde wuchs. Die Kirche war jeden Sonntag fast bis auf den letzten Platz besetzt.

Überfüllt war sie jeweils am ersten Sonntag des Monats. An diesem Sonntag feierten wir miteinander das Mahl des Herrn. Nach der Austeilung des Abendmahls ging die ganze Gemeinde in Ehrfurcht vor Gott auf ihre Knie. Da kniete ich mit meinen Ältesten am Altar und dankte für die Vergebung unserer Sünden, für Seine Gnade und Barmherzigkeit. Ich kam mir so klein vor, war so beschämt, daß Gott einen Menschen wie mich gebrauchen konnte. Und daß die lieben älteren Schwestern und Brüder mir soviel Vertrauen entgegenbrachten; einem noch so jungen Menschen – ich war gerade mal 29 Jahre alt. Nur etwas über zehn Jahre waren seit meiner Entscheidung für Christus vergangen. Und was hatte Gott doch alles in nur zehn Jahren in mir vollbracht! Das hat mich demütig gehalten. Ich sagte meinen Brüdern: „Wann immer ihr einen Zug von Hochmut oder Stolz in meinem Leben seht, sagt es mir." Aus der Bibel und aus Erfahrung wußte ich: *„Dem Demütigen schenkt Gott Gnade."* Und ich war total auf die Gnade Gottes angewiesen. Außerdem wußte ich, daß ich ja nur ein Zahnrad in dem Getriebe der Gemeinde war. Ein wichtiges, aber nur eines von vielen. Mir war total klar, daß die Einmütigkeit zwischen Vorstand und mir das Entscheidende für den Segen Gottes in unserer Gemeinde war. Ich liebte und schätzte meine Brüder. Sie beteten für mich, und ich betete für sie. Vor allen Dingen beteten wir viel miteinander. Wir waren eine geistliche Einheit. Wir waren das *Rückgrat* der Gemeinde.

Während der Studienzeit in Stuttgart hatte ich den Chor am Institut geleitet, eine ganze Reihe von Liedern geschrieben, übersetzt und populär gemacht. Eines dieser Lieder hatte den Refrain:

Deutschland braucht Jesus, seine Millionen
sinken hinab in die ewige Nacht.
Bruder und Schwester, wer ist unser Nächster?
Deutschland braucht Jesus, Christen erwacht.

Dieses Lied brannte in meinem Herzen, und ich weiß nicht, wie oft wir es gesungen haben. Gottes Feuer entzündete die Herzen vieler junger Menschen in unserer Gemeinde. Jeden Sommer hatten wir unsere Zeltmission. Wir liehen uns zunächst das Zelt der *ELIM-Gemeinde* Hamburg. Unsere erste Zeltmission zu meiner Zeit in Bremen hatten wir auf dem Grundstück in der Großen Johannisstraße 141–147. 1956 hatten wir das Grundstück erworben und begannen dann gleich mit einer Zeltmission. Evangelist war diesmal Reinhold Ulonska. Welche Segenszeiten haben wir dort erlebt! Er evangelisierte am Abend und ich hielt am Nachmittag die Kindergottesdienste. Mit Pastor Ulonska verband mich die innere Sehnsucht, Menschen für Christus zu gewinnen. Wir haben miteinander gefastet und gebetet, bis sich der erste Besucher für Christus entschieden hatte. Das war unsere Regel.

121

Dann, als unsere Kirche auf diesem Grundstück fertiggestellt war, wichen wir mit dem Missionszelt auf die Bürgerweide aus, oder auch auf den Platz am Neustädter Bahnhof. In den nächsten Jahren evangelisierte dann wieder Richard Ruff aus der Schweiz bei uns. Er brachte sein eigenes Zelt mit. Ein weitaus größeres als das aus der *ELIM-Gemeinde* Hamburg. Diese Evangelisationen gingen über drei bis vier Wochen und brachten immer Streß für die Geschwister der Gemeinde mit sich. Sie hatten es verdrängt und waren trotzdem gekommen, wann immer es ihnen möglich war. Vorbildlich waren dabei unsere jungen Leute. Während dieser Jahre konnte Gott zu einer Anzahl von jungen Männern und Mädchen reden, die auf das *Theologische Seminar BERÖA* gingen, um sich für den geistlichen Dienst ausbilden zu lassen. Mir ist es ein Bedürfnis, sie hier beim Namen zu nennen:

1955 Heinrich Wendland. Er heiratete später Gustl Kuß, die ihm aufs Missionsfeld folgte. Über Heinrich werde ich später noch etwas mehr schreiben.
1957 Alfred Pieper. Er wurde Pastor in Salzgitter-Lebenstedt und in Ostfriesland. Er ist inzwischen pensioniert.
1958 Samuel Hoffmann. Er heiratete Gertrud Mibs. Beide gingen nach Nigeria, als Missionarsehepaar. Danach in die Gemeindearbeit in Würzburg und Velbert. Heute arbeiten Hoffmanns immer noch in Würzburg.
Siegfried Orzechowski war zuerst Pastor in Wedel/Holstein und dann fast 30 Jahre Pastor der *ELIM-Gemeinde* Hamburg. Er starb 1998 in der Türkei.
Werner Marotzke. Pastor in Bremen und Lesum. Ist wie Siegfried früh verstorben.
Olaf Weseloh. Sein Werdegang ist mir unbekannt.
1959 Wolfgang Berger. War mehrere Jahre Missionar im Staate Niger. Er mußte aus Gründen der Gesundheit seinen Dienst aufgeben, ist aber heute in Bayern ehrenamtlich tätig.
Holdy Hein. Konnte aus Gesundheitsgründen nicht hauptamtlich im geistlichen Dienst bleiben.
1960 Wilhelm Hintz. Er war zuerst Kinder- und Jugendpastor in Bremen. Dann viele Jahre als Pastor in Göttingen. Jetzt im Ruhestand.
Robert Franz. Er war Missionar in Lesotho und Sambia, Afrika. Danach Pastor in Kiel und Göttingen.
Erwin Wendland. Pastor in Nienburg und Lindau am Boden-

see. Danach Mitarbeiter beim Aktionskomitee für verfolgte Christen (AVC).

1961 Ulrich Müller-Bohn. Pastor in der *Volksmission Entschiedener Christen* (VMeC).

Manfred Radecke. Er besuchte zwar das *Theologische Seminar BERÖA,* ging aber nicht in den hauptamtlichen Dienst.

Helga Hein. Sie heiratete nach ihrer theologischen Ausbildung Pastor Gustav Haist. (Ein ehemaliger Heilsarmee-Offizier.) Beide leiten in der Lüneburger Heide eine gute Gemeindearbeit.

1962 Gertrud Mibs. Heiratete Samuel Hoffman. (Ihr gemeinsamer Werdegang ist weiter vorne geschildert.)

Erwin Kolm. Er war zuerst Jugendpastor in Bremen, dann Pastor in Duisburg und Lilienthal, heute ist er in Wiesbaden.

Werner Schulz. Er diente als Pastor in Iheringsfehn, Ostfriesland, und als Evangelist. Wanderte nach Australien aus und betreut z. Zt. eine Gemeinde in der Nähe von Melbourne, Australien.

Gerhard Rinau. Pastor in Pirmasens und Hamburg-Harburg. I. R.

Dieter Mantey. Mitarbeiter der Kinder- und Jugendarbeit im BFP.

Frieda Krause. Gemeindeschwester im Sängerwald, Bayern, verheiratete Tautorat.

Waltraut Schmittke. Gemeindeschwester in der *ELIM-Gemeinde* Hamburg. Leiterin der Frauenarbeit des BFP. Verheiratet mit Pastor Richard Breite in Bremen.

1966 Felicitas Grosenik. Ihr geistlicher Dienst und Lebensweg ist mir nicht bekannt.

1967 Horst Berger. Mitarbeiter in den Gemeinden Bremen und Heidelberg.

1969 Bernd Frost. Leitende Funktion und Lehrer bei *Jugend mit einer Mission.* Heute ist er Missionar unter Äthiopiern und Eriträern.

Siegfried Schack. Pastor in Interlaken und Thun in der Schweiz.

Renate Ringies. Über deren Lebensweg weiß ich leider nichts.

Ursula Schulz. Mitarbeiterin, dann Leiterin von *Teen Challenge Deutschland.* Therapeutin in der Drogenarbeit. (Leiterin von Teen Challenge ist heute Pastorin Edith Wenger.)

1979 Monika Bockelmann. Gemeindeschwester in Hamburg. Sie hat geheiratet und ist nicht mehr hauptamtlich tätig.

Mein Herz ist tief bewegt, wenn ich jetzt all die Namen festgehalten habe, mit denen ich jahrelang in Bremen für Jesus gearbeitet habe. Es sind immer die Besten, die man als Pastor nicht gerne abgeben möchte, weil sie eine so große Hilfe und zugleich Vorbilder in der Gemeinde waren. Wie sagt die Bibel? *„Geben ist seliger denn nehmen."* Nach diesem Motto habe ich gehandelt und festgestellt: Gott hat sich nichts schenken lassen. Immer wieder fanden neue junge Menschen den Weg zum Heil und in unsere Gemeinde. Sie haben die Lücken ausgefüllt, die entstanden waren.

Warum habe ich den theologischen Nachwuchs gefördert und unterstützt? Warum habe ich die jungen Leute motiviert zu studieren und in den Dienst für Jesus zu gehen? Wir haben doch gesungen: *Deutschland braucht Jesus,* und wenn wir daran glauben, dann müssen wir danach handeln. Wie wollen wir sonst diese Welt für Jesus gewinnen? Das ist die entscheidende Frage.

In einem Gespräch mit dem verantwortlichen Leiter einer christlichen Arbeit sagte ich, daß es höchste Zeit für ihn sei, einen Nachfolger auszubilden. Er fühlte sich verletzt und gab es mir auch zu verstehen. Ich antwortete ihm: „Ich bin selbst Leiter und Pastor einer Gemeinde. Auch wenn diese Gemeinde sich verdoppeln und verdreifachen würde, hätte ich noch immer keine gute Arbeit geleistet, wenn ich nicht wüßte, daß aus dieser Gemeinde junge Menschen in die Reichsgottesarbeit gehen und vielleicht eines Tages meinen Platz einnehmen werden." Dann sagte ich ihm wörtlich: „Dann hätte ich versagt, wäre ein Nichtsnutz gewesen!"

Vielleicht ist meine Einstellung extrem, aber so sehe und verstehe ich die Bibel. Ich weiß, daß ich einmal vor Gott stehen werde und ER mich fragen wird: „Gerhard, wie bist du mit den Pfunden und Talenten umgegangen, die ich dir anvertraut habe?"

Junge Leute für den Dienst in der Gemeinde heranzubilden – sie zu motivieren – gehörte zu meinen geistlichen Aufgaben, und danach habe ich gelebt und gehandelt. Niemals habe ich auch nur einen Augenblick daran gedacht, mir ein Nest zu bauen und es dann nur noch zu behüten, oder eine Position zu festigen, um sie wie einen Besitz zu verteidigen. Daß es so etwas gibt in unseren Kreisen, das wollen einige nicht zugeben, leider ist es aber wahr.

Gottes unbekannte Helden

Ein „*Grab des unbekannten Soldaten*" gibt es wohl in jedem Land westlicher Kultur. Es erinnert an die Männer, die ihr Leben im Kampf für die Heimat gelassen haben. Viele konnten nicht mehr identifiziert werden. In meinen Augen waren sie nicht nur unbekannte Soldaten, sondern Helden. Ihre Namen sind in der Regel unbekannt geblieben.

Für mich gibt es aber auch unbekannte Helden und Heldinnen im Reich Gottes. So wie das unbekannte Mädchen, das dem Feldhauptmann Naemann diente. Sie war eine Heldin der Liebe. Niemand kennt ihren Namen; auch die Bibel nennt ihren Namen nicht. Sie ist unbekannt geblieben.

Es gab viele unbekannte Helden und Heldinnen in den Reihen der Christen zu allen Zeiten. Wir werden staunen – wenn wir einmal vor Gottes Thron stehen –, wer Gottes wahre Helden hier auf Erden waren! Vielleicht sind es nicht die Männer und Frauen, die in der religiösen Welt Schlagzeilen in Presse und Fernsehen gemacht haben.

Zwei Männer mit ihren Frauen haben einen tiefen Eindruck auf mein Leben als Christ hinterlassen. Auch ihre Namen sind so gut wie unbekannt geblieben. Wenn ich von ihnen schreibe, wird der eine und andere vielleicht sagen: „Ach ja, der! An die beiden habe ich gar nicht mehr gedacht."

Eben: Es sind die unbekannten Helden, die nur Gott noch kennt!

Heinrich Wendland fiel in unserer Bremer Gemeinde so gut wie gar nicht auf. Er war still und bescheiden. Die meisten haben gar nicht gewußt, daß es ihn überhaupt gab. Er sang nicht im Chor und spielte in keinem Gemeindeorchester mit. Aber am Bahnhof in Bremen, wo vielleicht auch die Gläubigen der Gemeinde an ihm achtlos vorbeigegangen sind, habe ich ihn immer wieder getroffen, mit einer Hand voller Traktate, die er verteilte. Ich wußte zwar davon, hatte aber für ihn nichts daraus gemacht. Eines Tages kam Heinrich zu mir und sagte, daß er einen Ruf von Gott empfindet und auf die Bibelschule *BERÖA* gehen möchte. Ehrlich gesagt, ich hatte ihn unterschätzt. Er war der erste, der zu meiner Zeit in Bremen zur Bibelschule gegangen ist. Er brauchte eine Empfehlung von mir, dem Gemeindepastor, das war so üblich damals. Ich war mir nicht hundertprozentig im klaren darüber, dennoch stellte ich ihm eine schriftliche Empfehlung für die Bibelschule aus, und er ging. Damals war J. P. Kolenda, *Opa*, der

Direktor der Schule und ich dachte, er würde Heinrich schon richtig einzuordnen wissen. Und so fuhr Heinrich nach Erzhausen, zur Bibelschule „BERÖA".

Er kam in den Semesterferien nach Hause. Heinrich hatte noch eine Schwester und zwei Brüder. Beide Brüder arbeiteten auch in der Reichsgottesarbeit. Sein ältester Bruder Eduard hat in Malawi eine solide Missionsarbeit geleistet. Er hat viele Kirchen gegründet, Schulen gebaut und Mitarbeiter ausgebildet.

Sein jüngerer Bruder Erwin war ein ungemein fleißiger und zuverlässiger Mitarbeiter, der mir in vielen Zeltmissionsarbeiten treu zur Seite gestanden hat. Er ist ein exzellenter Pastor geworden und Mitarbeiter meines Freundes Waldemar Sardaczuk im Dienst an verfolgten und verarmten Christen in aller Welt.

Lilliy, seine Schwester, wanderte nach Australien aus.

Heinrich blieb ein Stiller im Lande. Am Ende seines Studiums rief ich J. P. Kolenda an und fragte ihn, wie denn Heinrichs Entwicklung sei und wie er dessen geistliche Zukunft sehe. Auf „Opas" Urteil legte ich großen Wert. „Ja", sagte er, „was soll ich sagen? Weißt du, seit Heinrich die Hühner füttert, legen sie doppelt so viele Eier." Ich war sprachlos. Danach hatte ich doch gar nicht gefragt, aber ich verstand, was er damit sagen wollte: ‚Weißt du, Heinrich ist ein lieber Kerl, aber für die Reichsgottesarbeit ungeeignet. Er gäbe einen besseren Bauern als einen Pastor ab. Er sollte ins Berufsleben zurückgehen.' Mir tat das weh. Ich mochte Heinrich und hätte ihn gerne in der Reichsgottesarbeit gesehen. Ich schätzte am meisten seine Zuverlässigkeit und Treue.

Heinrich kam nach dem Studium zurück in unsere Gemeinde. Von meinem Gespräch mit J. P. Kolenda wußte er nichts, und das war auch gut so. Ich sah ein Feuer in den Augen von Heinrich und vertraute ihm die Kinderarbeit und die Ausbildung von Sonntagsschullehrern an. Heinrich war einfach super. Die Kinderarbeit der Gemeinde begann sich unter seiner Leitung zu entwickeln, und die Mitarbeiter waren mit Herz und Seele dabei. Kinderfeste gab es, eines schöner und besser als das andere. Er bekam auch von mir Gelegenheiten zu predigen. Das war nicht seine Stärke, aber er war immer gut vorbereitet. Wenn er predigte, betete die ganze Gemeinde für ihn. Bei so viel Anteilnahme der Gemeinde gab es dann doch immer gesegnete Gottesdienste. Heinrich wurde besser und besser und gewann auch mehr und mehr ein gesundes Selbstvertrauen.

In Neumünster war die Gemeinde damals ohne Pastor, und die dortige Gemeindeleitung fragte mich, ob ich nicht einen Mitarbeiter abgeben könnte. Heinrich hatte bei uns in Bremen gute Arbeit geleistet. Er hatte hervorragende Mitarbeiter herangebildet. Einer von ihnen war Wilhelm Hintz, er konnte Heinrich ersetzen. Heinrich konnte nach Neumünster gehen. Es dauerte gar nicht lange, dann hörten wir von einer lokalen Erweckung unter den jungen Leuten in Neumünster. Heinrich war nicht wiederzuerkennen. Er betete mit den Kranken, Gebundene wurden frei, und eine gelähmte Frau wurde geheilt.

Wir hatten ein Jugendtreffen in Bremen. Die Neumünsteraner kamen als große Jugendgruppe Fahnen schwingend und singend auch in unsere Kirche. Allen voran Heinrich. Ich habe ihn gar nicht wiedererkannt. Ein feuriger Redner. Seine Schüchternheit war einem gesunden Selbstwertgefühl gewichen.

Einige Zeit später, 1963, ging er aufs Missionsfeld nach Südafrika, wo er unter den „Bastards" – das sind Mischlinge – arbeitete.

Nordrhodesien, das jetzige Sambia, sollte selbständig werden. Die Weißen, vor allen Dingen die weißen Südafrikaner, waren unbeliebt. Aus Sicherheitsgründen mußten und haben viele Weiße damals das Land verlassen. Auch Missionare. Die Lücken mußten ausgefüllt werden. Es war für einen Weißen damals lebensgefährlich, dort zu leben.

Heinrich wurde gefragt, ob er nach Nordrhodesien gehen würde. Er ging, und mit ihm seine liebe Frau Gustl, die er inzwischen geheiratet hatte. Ihr Heim war auf der Missionsstation Kasupe, in der Nähe von Lusaka. In jener Zeit fuhr ich zu ihm, um ihm moralische Unterstützung zu geben. Ich sehe noch jetzt vor mir, was an den Hauswänden geschrieben stand: „kill every white snake" (tötet jede weiße Schlange), „cast every white skin out" (treibt jede weiße Haut raus). Die Fenster waren vergittert. Doch ein Molotowcocktail fliegt auch durch Gitter, sie sind kein Schutz.

Heinrich brannte auf seine Weise auch. Sein Herz glühte, sowohl für die Schwarzen Afrikas als auch für Gott. Durch viele Kämpfe hindurch baute er eine stabile Missionsarbeit auf. Er hat Bibelschüler und Pastoren unterrichtet. Dasselbe tat er später in Zimbabwe, in einem noch größeren Rahmen. Eine bewundernswerte Missionsarbeit. „Seitdem Heinrich die Hühner füttert, legen sie doppelt so viele Eier." Auch *Opa* konnte sich in einem Menschen täuschen.

Genauso unterschätzt und unbekannt blieb Gerhard Zornow mit seiner Frau Hildegard. Selten habe ich ein Ehepaar getroffen, das so gegensätzlich war wie die beiden. Er war ein solider Handwerker – Klempner und Installateur –, sie eine ausgesprochene Intellektuelle. Sie arbeitete im Krieg für das Oberkommando des Heeres (OKH) als Übersetzerin. Damals sprach sie neben Deutsch, auch Englisch, Französisch und Russisch. Später erweiterte sie ihre Sprachkenntnisse noch auf Spanisch und Portugiesisch.

Diese beiden Menschen lernte ich auf dem *Theologischen Institut* in Stuttgart kennen, ehe sie 1957 Glieder der Gemeinde in Bremen wurden. Gerhards Geschichte ist von viel Not und Elend gekennzeichnet, ehe der Herr Jesus in sein Leben trat. Er ist ein Original. 1941 wurde er Soldat und war bei der Waffen-SS. Damals ging es fast nicht anders. Eine Zeitlang war er bei der Kavallerie, kam dann zu den Sturmpionieren und betätigte dort einen Flammenwerfer. Spezialisiert war er aufs *Panzer-Knacken*. Gerhard war ein Draufgänger. Er überlebte als Frontsoldat den Rußlandfeldzug und landete mit seiner Einheit schließlich in Frankreich, in der Normandie. Dort wurden sie von den Alliierten überrollt und Gerhard lag mit seinem Flammenwerfer mitten in einer Panzereinheit, die neu betankt werden sollte. Er wußte: ‚Wenn sie mich erwischen, bin ich dran.' SS-Leute wurden im Krieg meistens standrechtlich erschossen. Darum sagte er sich: ‚Bevor ich draufgehe, nehme ich noch so viele mit, wie ich kann.' Und er begann einen Panzer nach dem andern in die Luft zu jagen. Zum Schluß erwischte er auch noch den Tankwagen. Als der explodierte, fing auch er Feuer. Gerhard warf seine Spritze weg und riß sich seine Kleider vom Leib, er brannte schon. Seine Brandnarben konnte man noch sehen. Von Splittern getroffen, blutete er. Einer davon sitzt in seiner Schläfe. Fast nackt, haben die Amis ihn ins Lazarett gebracht. Erst dort entdeckten sie die SS-Tätowierung. Aber ein Verwundeter im Lazarett wurde nicht so einfach erschossen. Bis 1947 war Gerhard abwechselnd in US- und französischer Gefangenschaft. Zuletzt wurde er nach Dachau gebracht, entnazifiziert und aus der Gefangenschaft entlassen. Gerhard kam aus dem späteren Ostberlin. Seinen Vater kannte er nur von Fotos. Als ehemaliger SS-Mann gab es keine Zukunft für ihn und so wurde er zu einem *„Tippelbruder".* Sein bester Freund war die Schnapsflasche. In Bremen nannten wir diese Leute *Lambruscobrüder,* nach einem billigen Rotwein. So kreuzte er durch Deutschland. Ostern 1951 lud ihn jemand in angetrunkenem Zustand zu einer Evangelisation mit Anton Schulte ein. Es war in Wiesbaden, in der Aula der Faulbrunnen-Schule. Anton Schulte –

selbst in der Kriegsgefangenschaft zum Glauben gekommen – erzählte, wie Jesus zum Guten verändern kann und will und fragte seine Zuhörer, wer Sündenbefreiung haben möchte. Gerhard wartete keinen Augenblick, stand auf und sagte: „Ich will es." Betrunken kniete er vor der Kanzel und übergab sein Leben Jesus. Nüchtern stand er auf und begann ein neues Leben mit Jesus. Anton Schulte brachte ihn zu Reinhold Radtke, der schon damals Pastor in Wiesbaden war. Anton Schulte sagte zu Gerhard: „Ich muß dich einer Gemeinde zuführen, wo du hineinpaßt." Gerhard stank nämlich aus allen Knopflöchern, und nicht jeder Fromme hat solche Leute gern. Die Wiesbadener *Freie Christengemeinde* hatte Liebe für solche Leute. Gerhard fand dort Hilfe, eine geistliche Heimat und seine Frau Hilde. Beide arbeiteten in der Sonntagsschule.

Er kam zum *Theologischen Institut* in Stuttgart, wo ich ihn kennenlernte. Er war ein Mann, der Wände hätte einrennen können, und hatte eine Mordsstimme. Die war so laut, daß er damit ohne Mikrophon eine kleine Ortschaft hätte beschallen können. Das erlebten wir besonders beim Beten. Er war sehr hilfsbereit, hatte ein Herz wie ein Baby und die Kraft eines Ochsen. Meine Frau bat ihn einmal (und nie wieder), eine Konservendose zu öffnen. Er hielt sie mit einer Hand fest, um sie wie üblich zu öffnen. Ungewollt drückte er ein wenig zu fest und zerquetschte sie.

Nach seiner Ausbildung in der Bibelschule ging Gerhard nach Pirmasens. Dort missionierte er unter den kasernierten US-Soldaten, weil er Englisch sprach. Von dort aus rief er mich eines Tages an und sagte, daß er nach Bremen kommen wollte. Ich ließ ihn kommen. Seine Frau kam ein halbes Jahr später nach. Das war 1957. Ich zog aus meinem Büro aus und die beiden zogen dort ein. In meinem Büro in Bremen hat Hildegard das Buch *„Das Kreuz und die Messerhelden"* übersetzt. Sie lehrte Mathematik an einer Privatschule, unterrichtete eine Frauenklasse und machte viele Übersetzungsarbeiten. Sie dolmetschte auch Redner in der Gemeinde, die Französisch oder Russisch sprachen. Gerhard arbeitete tagsüber als Kraftfahrer und predigte abends auf den Stationsgemeinden. Dann sprach Gott zu ihm durch zwei Glaubensbrüder, der eine war Pastor Hermann Dunst und der andere ein aus England kommender Spanier, der zu unserer Gemeinde gehörte. Ihr Ruf an ihn war eine Missionsarbeit in Südamerika. Er kündigte 1961, kaufte sich eine Fahrkarte nach Barcelona und fuhr ohne Rückfahrkarte, mit 20,00 DM in der Tasche, nach Spanien. Er sprach kein Spanisch. Der Spanier aus unserer Gemeinde hatte ihm eine Visitenkarte gegeben. Das war genug für Gerhard. Der Mann, der sich auf der Visitenkarte auswies, war Christ und Bauunternehmer. Gerhard hat dann in Spanien auf dem Bau gearbeitet und dabei Spanisch gelernt – wie es die Bauarbeiter sprechen. In drei Monaten unterrichtete er eine Sonntagsschulklasse und sechs Monate später hielt er seine erste Bibelstunde in Spanisch. Seine Frau reiste ihm nach. Sie gingen gemeinsam auf die Universität, um Spanisch korrekt zu lernen. Sie wurden nach Südfrankreich in Spanisch sprechende Gemeinden eingeladen. Bald sprach Gerhard auch Französisch. Er übersetzte mich einmal, als ich in Dijon, Frankreich, predigte. Ich konnte nur staunen, was Gott aus diesem Mann gemacht hatte. 1969 diente er wieder in Deutschland und wartete Gottes Führung für sich und seine Frau ab.

Max Huyssen, Peter Asmus von der *Odenwälder Heidenmission* und zuletzt Lilli Erismann von der Schweizer *Indianer Mission Peru* waren die Wegbereiter für den folgenden Dienst, den die Zornows in Peru taten. Im Glauben flogen sie nach Satipo, Peru, um dort Gott zu dienen, und zwar noch ehe sich eine Missionsgemeinschaft hinter sie gestellt hatte. Unterstützung? Geld? Das interessierte die Zornows weniger. Menschen für Jesus zu gewinnen, das war es, was für sie zählte. Sie lösten sich später von der *Indianer Mission* und begannen auf der anderen Seite der Anden in Masamari im Urwald eine neue Arbeit aufzubauen. Sie empfanden, die Menschen dort brauchten Jesus. Niemand konnte es ihnen so gut sagen wie die Peruaner selbst. Das hatten sie von J. P. Kolenda gelernt. Eine Bibelschule nach dem Muster *BERÖA* stand ihnen vor Augen; besonders Gerhard war von dieser Vision fasziniert. Allein im Urwald, niemanden kannte er dort. Er bat Gott, ihm zu zeigen, wo er Land finden und eine Bibelschule bauen konnte.

Auf seiner Suche nach Land kam ein Mann auf ihn zu und sagte: „Gringo" – das ist der spanische Ausdruck für Fremdling –, „du suchst Land? Komm, ich zeig dir, wo es ist", und führte ihn in den Urwald. „Dies ist das Land", sagt der Peruaner. Es war Urwald pur. Gerhard sagt: „Danke, aber das kann es nicht sein." Einige Zeit später spielte sich dasselbe noch einmal ab. Ein Mann sagte: „Komm, ich zeig dir, wo das Land ist, das du suchst." Er führte Gerhard zu demselben Stück Land. Wieder sagte Gerhard: „Das kann es nicht sein." Als ihn jedoch ein drittes Mal einer zum gleichen Urwaldgrundstück schleppte, kniete sich Gerhard nieder, nahm die Hände voll Erde und sagt: „Gott, dieses Land weihe ich Dir. Ich rechne mit Deiner Hilfe."

An dieser Stelle baute er mit der Hilfe peruanischer Christen eine Bibelschule, die er „*BEREA*" nannte. Die Qualität der Schule war so gut, daß die Regierung das Gebäude als Notkrankenhaus deklarierte. Er und seine Frau waren die ersten Lehrkräfte an der neuen Schule.

Seit dieser Zeit sind viele junge Peruaner zu Pastoren für den Dienst am Evangelium in dieser Schule ausgebildet worden. Unter größten körperlichen Strapazen hat Gerhard im Urwald von Peru, wie auch im Hochland der Anden – in Höhen zwischen vier- bis fünftausend Metern – das Evangelium verkündigt. In den eiskalten Flüssen hat er die Menschen, die sich für Christus entschieden hatten, getauft. Er war in großen Gefahren gewesen, wurde einmal als Spion verhaftet und dementsprechend behandelt. Weil er so viele Sprachen beherrschte und immer noch das SS-Zeichen eintätowiert trug, vermutete man in ihm einen ehemaligen höheren SS-Offizier, der sich dort in den Anden versteckt hielt und, für wen auch immer, spionierte. Die deutsche Botschaft war seine Rettung.

Zehn Jahre Raubbau an seinem Körper und der Splitter im Kopf forderten ihren Tribut. Aus Gesundheitsgründen mußte Gerhard Peru verlassen. Später war er teilweise gelähmt und an den Rollstuhl gebunden. Bevor ich diese Erinnerungen schrieb, hatte ich ihn im *Christlichen Seniorenzentrum* Gladenbach angerufen und ihn ein wenig interviewt. Ich weiß sehr viel aus seinem Leben, aber ich wollte sicher sein, daß meine Aussagen absolut stimmen. Er würde – wie er mir glaubhaft versicherte – für Jesus jeden Augenblick bereit sein und noch einmal diesen Dienst zu wagen. Er bereut nichts und ist Gott über alle Maßen dankbar. Er kann übrigens auch heute seine Berliner Schnute nicht verleugnen. Seine Frau Hildegard lebt in der gleichen Senioreneinrichtung, kann ihn in seiner Krankheit mit liebevollen Zuwendungen erfreuen. Wir beiden Gerhards haben uns dann noch am Telefon die Zeit genommen, Gott Dank zu sagen, alle Zeit, für alles. Vielleicht sagt Jesus ja auch über uns, was er über die Frau sagte, die das Glas köstlich duftenden Öls über IHM ausschüttete: „*Sie hat getan, was sie konnte.*" Mehr braucht Jesus auch nicht über uns zu sagen. „Stimmt das, Gerhard?" „Stimmt!"

Hier muß ich nun nachtragen, daß mein Freund und Bruder im Mai 1999, kurz vor dem Erscheinen dieses Buches, heimgegangen ist.

Mich hat seine bedingungslose Treue, sein kindlicher Glaube, sein weiches Herz, seine Liebe zu Jesus und zu den Menschen beschämt. Es ist kein Vorteil, dumm zu sein, und ich rate jedem, zu studieren und sein Wissen zum Wohl der Menschen einzusetzen. Aber durch Studieren allein ist noch niemand ein „Held Gottes" geworden.

Ein Phänomen Namens Reinhold Ulonska

„Deutschland braucht Jesus" ist nicht nur der Text eines Liedes, sondern die Not auf dem Herzen wahrer Christen. Sie ist auch unsere Not gewesen. Wenn ich „unsere" sage, dann meine ich damit Pastor Reinhold Ulonska und mich. Wir hatten gemeinsam die Bibelschule in Stuttgart besucht, manche Gebetsnacht dort miteinander verbracht und im süddeutschen Raum als Studenten das Evangelium verkündigt.

Reinhold – wie ich Pastor Ulonska als Freund nennen darf – war bereits unter uns Schülern eine absolute Ausnahmeerscheinung. Sein phänomenales Gedächtnis beeindruckte mich sehr. Was für ein kleines Licht war doch ich dagegen. Vielleicht übertreibe ich; aber was ich mit ihm erlebt habe, verblüffte mich immer wieder. Es gab fast kein Gebiet, auf dem er nicht Bescheid gewußt hätte. Wenn er ein bedrucktes Stück Papier fand, dann mußte er es lesen und nach Jahren konnte er immer noch sagen, was auf diesem Papier geschrieben stand.

Wir fuhren 1956 gemeinsam nach Stockholm zur „Weltpfingstkonferenz". Unterwegs fuhren wir durch Oldenburg in Holstein. Ich kam auf das andere Oldenburg in Oldenburg zu sprechen. Das war mein Fehler, denn von da an redete nur noch einer: Reinhold nämlich. Er gab mir einen Geschichtsunterricht, wie ihn kein Historiker hätte besser geben können. Was habe ich gestaunt. Mich interessierten die Zusammenhänge von Hof und Krone nicht im geringsten, aber dennoch verblüffte es mich. Er wußte über jeden Familienangehörigen der alten deutschen Herrscherhäuser Bescheid. Wer mit wem verheiratet war, usw. Wenn man ihn fragte, woher er das alles wußte, kam für gewöhnlich die Antwort: „Geschichte war mein Lieblingsfach."

Eines Tages wurden wir in Bremen zu der lieben Familie Elferts zum Essen eingeladen. Der Mann war Versicherungsdirektor. Aus welchen Gründen auch immer, wir kamen auf Seifenpulver für die Waschmaschine und auf Wäsche zu sprechen. Das sind für mich *Böhmische Dörfer.* Davon wollte ich auch nichts wissen. Wie sagt man doch immer so schön? *Wenn Frauen Wäsche wa-*

schen, müssen die Männer Leine ziehen. Abhauen verstehe ich
darunter. Die Hausfrau machte den Fehler, ein bestimmtes Wasch-
pulver für besser als ein anderes zu erklären. Das eine wäre nicht
so gut, meinte sie. Sie hatte sich sicherlich nichts dabei gedacht,
sondern als Hausfrau gesprochen. Reinhold war nicht damit einverstanden und erklärte ihr, das sei genau umgekehrt. Das andere
Produkt sei viel besser, Reinhold erklärte ihr auch, warum. Von
Chemikalien habe ich wirklich keine Ahnung. Sie glaubte ihm
nicht und sagte:

„Das mußt du, als Pastor, gerade mir als einer erfahrenen
Hausfrau weismachen wollen."

Reinhold gab nicht nach, und sie hatte einen Einfall:

„Ich habe zufällig beide Sorten im Haus. Das haben wir
gleich."

„Warte einen Moment", sagte Reinhold: „Ich sage dir erst die
Chemikalien, die beide Pulver im Unterschied zueinander haben."
Und dann zählte er sie aus dem Stegreif auf.

Frau Elfert ging und holte beide Pakete. Die chemischen Sub-
stanzen wurden studiert, verglichen, und siehe da, Reinhold hatte
recht. Ich dachte: ‚Das gibt's doch nicht! Wie kann sich ein
Mensch für die Chemikalien eines Waschpulvers interessieren?‘
Wenn ich Reinhold gefragt hätte, würde er sicherlich gesagt haben: „Chemie war mein Lieblingsfach."

Als wir später einmal Kanada bereisten, unterhielt er sich mit
einem Glaubensbruder über den Philosophen Blaise Pascal und
über Aussagen, die unser lieber kanadischer Gastgeber nach Reinholds Meinung falsch zitiert hatte. „Pascal hat es so nicht gesagt",
monierte Reinhold, sondern so und so. Das Gespräch wogte hin
und her, bis dem lieben Glaubensbruder einfiel, daß er das besagte
Werk im Hause hatte. „Hol' es", sagte Reinhold. „Schlag' auf,
Seite sowieso." Er nannte doch tatsächlich die Seitenzahl. Ja, und
wie hätte es anders sein können – daran war ich inzwischen gewöhnt –, Reinhold hatte wieder mal recht behalten. Ihr wißt sicherlich, was kommt, auch Literatur war Reinholds Lieblingsfach.

Was mich allerdings am stärksten an Reinhold beeindruckte,
war seine Liebe zu Jesus, zum Wort Gottes und zu den Menschen,
die Jesus nicht kannten. Für mich keine Frage: Reinhold wäre
auch von Jerusalem nach Jericho gegangen, um mit Zachäus zu
beten. Um einen Menschen für Jesus zu gewinnen, war ihm kein
Weg zu weit, kein Opfer zu groß.

Mit solchen Männern arbeiten zu dürfen, ist ein Geschenk.
Unser evangelistisches Herz empfand, wir sollten mal wieder raus.

Es gab nach meiner Erkenntnis noch so viele Städte ohne Gemeinden des vollen Evangeliums. So fanden Reinhold und ich zusammen und entschlossen uns, eine Evangelisationsarbeit unter dem Motto *DEUTSCHLAND BRAUCHT JESUS* aufzubauen. Um aber in andern Städten während des Sommers evangelisieren zu können, brauchten wir als erstes ein Zelt.

Reinhold Ulonska flog nach Kanada und in die USA. Er hatte eine Einladung der deutschsprachigen Pfingstgemeinden erhalten, die als *German Branch* in Kanada und *German District* in USA organisiert waren. Wie mir später erzählt wurde, hatten sie dort gewaltige Gottesdienste und *Camp Meetings* erlebt. Das sind Lagerversammlungen mit großen Scharen von Zuhörern.

Die ausgewanderten Deutschen – aber auch die Kanadier und Amerikaner – unterstützten unser Anliegen und opferten ansehnliche Beträge, um Deutschland evangelisieren zu können.

Günstig war dabei, daß der Dollar damals in einem guten Kurs zur DM stand: Für einen Dollar bekamen wir über 4,00 DM. Wir entwarfen das Zelt selbst und ließen es bei der Firma Neubauer in Bremen-Neustadt anfertigen. Es mußte vom TÜV abgenommen werden. Dann ging es in den Einsatz.

Zu Reinhold Ulonska wäre natürlich noch sehr viel zu sagen. Wer ihn einmal predigen gehört hat, wird seine gewaltige Stimme nicht mehr vergessen haben. Daß er ab 1972 bis in das Jahr 1996 Präses des Bundes Freikirchlicher Pfingstgemeinden (BFP) war, sagt alles über ihn aus.

Deutschland braucht Jesus.

Nun aber war es soweit. Alles wurde intensiv durchgebetet und jeder hatte seine Aufgabe. Reinhold wurde freigestellt für Gebet und Verkündigung. Zu seinen Aufgaben gehörte am Morgen eine Gebetsandacht und anschließend Jugendliche in der Bibel zu schulen. Am Abend war die evangelistische Verkündigung sein ganz besonderer Dienst. Für gewöhnlich kam er auch immer zur Straßenmission mit, um dort eine Kurzpredigt zu halten. Er war immer originell und sehr gut. Wir freuten uns, wenn er mit von der Partie war.

Meine Aufgabe war es, die jungen Leute zu motivieren, an diesen Missionseinsätzen teilzunehmen. Das war damals nicht schwierig. Die meisten Jugendlichen kamen aus der Bremer Gemeinde, und einige Jugendliche aus der Umgebung, z. B. die

Kleinfelds aus Ahrensbök. Weiter war es meine Aufgabe, für Liedermaterial zu sorgen und einen Chor zusammenzustellen, der auf der Straße und im Zelt singen würde. Wilhelm Hintz und Robert Franz hatten die Organisation in ihren Händen. Die Stadt wurde strategisch in Planquadrate eingeteilt. Jedes Haus sollte eine Zeitschrift und eine Einladung erhalten. Die Kosten der Aktion, die nicht gedeckt wurden, übernahm die Bremer Gemeinde, die sowieso auch finanziell hinter der gesamten Arbeit stand. Weitere verantwortliche Mitarbeiter waren Waldemar Sardaczuk und Peter Müller-Bohn. Das Bremer Gemeindegebiet war groß. Zu den Stationsgemeinden gehörten auch Bremerhaven und Verden an der Aller. Waldemar war für Bremerhaven und Umgebung zuständig, Peter für Verden und Umgebung. Beide bezog ich in die Gestaltung und Mitarbeit dieser Arbeiten mit ein. Beide mußte man eher bremsen. Waldemar war ein besonders starker Motor. *Opa*, unser Schulleiter, hatte ihn mir als einen *ungeschliffenen Diamanten* empfohlen, dessen Wert noch nicht richtig entdeckt worden sei. Er hatte recht. Es war nicht immer leicht, mit ihm zu arbeiten, aber was für ein Mann Gottes! Er ist später Mitbegründer des Missionswerkes *Aktionskomitee für verfolgte Christen* (AVC) geworden. Ich habe sehr wenig deutsche Pastoren getroffen, die sich so engagiert haben wie Waldemar Sardaczuk. Dabei müssen wir allerdings berücksichtigen, daß die Geistesgaben unterschiedlicher Art sind. Nicht jeder ist ein *Pionier* wie Waldemar.

Peter hatte wieder ganz andere Qualitäten. Er ist Hirte im Sinne der Bibel. Nicht nur irgendein Hirte. Er ist ein guter Gemeindehirte. Vorbildlich, wie er eine Gemeinde aufbaut und den Menschen nachgeht. Er hat stets die rechte Botschaft zur rechten Zeit verkündigt. Ich konnte keine besseren Mitarbeiter haben. Und wir wollen ehrlich bleiben: Jedes Unternehmen, jedes Werk, auch Missionswerke, sind nur so gut wie ihre Mitarbeiter. Alleine hätte ich gar nichts oder nur sehr wenig bewerkstelligen können. Peter Müller-Bohn ist heute Pastor in Bielefeld und hatte eine Erweckung unter den acht- bis zwölfjährigen Kindern. Viele von ihnen wurden mit dem Heiligen Geist getauft, fast 30 Kinder. Sie gehen mit ihrem Pastor auf die Straße und sagen ein Zeugnis für Jesus. Sie besuchen die Gebets- und Bibelstunden, und die Alten haben Mühe, auch mal zu beten oder eine Bibelstelle aufzuschlagen. Nach meiner Ansicht hat er mit seinen Gemeindegliedern die schönste Kirche in Deutschland gebaut.

Unsere Zeltarbeiten dauerten meistens drei oder vier Wochen.

Jeden Tag Gottesdienst, außer montags. Am freien Montag haben wir rumgetobt. Wir waren schließlich junge Leute. Entweder ich oder einer unserer Mitarbeiter hatte die Umgebung vorher ausgekundschaftet, und nach geeigneten Plätzen für Wanderungen, Fußballspiel oder Schwimmen Ausschau gehalten; wir haben auch Nachtwanderungen organisiert. Da war immer was los. Viel Hallo und Spaß. Wir waren auch das richtige Team dafür. Meistens wurde der Abend mit anhaltendem Lobpreis und Anbetung abgeschlossen. Wir hatten Jugendliche bei uns, die wohl zu einer Gemeinde gehörten, sich auch Christen nannten, aber Jesus Christus als ihren persönlichen Herrn und Heiland nicht kannten. Eine Reihe von ihnen hatten während unserer Missionseinsätze zu Jesus gefunden. Viele sind mit dem Heiligen Geist getauft worden, und mehrere junge Leute haben einen Ruf für die Reichsgottesarbeit bekommen. Sie sind unserm Beispiel gefolgt, wurden Pastoren oder Missionare.

Natürlich kritisierte man mich auch. Ein Wunder, wenn es nicht so gewesen wäre. Der Teufel schläft nicht. Er ist viel aktiver als viele Christen. Mir wurde nachgesagt, ich würde nur mein *eigenes Königreich* bauen wollen. Jemand sagte: „Der Klemm ist viel zu liberal, der spielt doch glatt Saxophon auf der Straße." Warum sollte ich zur Ehre Gottes kein Saxophon blasen? Ich habe es auch andern jungen Leuten beigebracht und wir haben gemeinsam Saxophon gespielt (geblasen heißt das technisch richtiger). Was soll's. Natürliche Heiligkeit und heilige Natürlichkeit. Christen dürfen alles – aber sie wissen, daß nicht alle Bedürfnisse im Menschen befriedigt werden dürfen.

War nun jede dieser aufwendigen Arbeiten erfolgreich gewesen? Leider nicht. Viel versprochen hatte ich mir beispielsweise von einer Arbeit in Minden, Westfalen. Wir hatten eine tolle Truppe. Junge Menschen, wie sie sich ein Pastor nur wünschen konnte: Gott ergeben, Gott geweiht. Wir empfanden, daß wir für diese Stadt besonders beten sollten. Unaufgefordert bildeten sich Gebetsgruppen mit dem Ergebnis: Wir haben während dieser Zeltmissionsarbeit, bis auf ganz wenige Ausnahmen, jede Nacht – ich wiederhole: jede Nacht – durchgebetet. Nach unserem Zeltgottesdienst wurde es still in unserm Jugendherbergsraum. (Wir schliefen für gewöhnlich in einer Jugendherberge.) Die Gebetsnächte gestalteten wir wie folgt: Eine Nacht beteten die Frauen und Mädchen. Wir hatten einen Plan erarbeitet, und jede übernahm eine *Nachtwache.* Eine Nachtwache war eine Stunde Gebet für Minden. Jede Stunde betete eine andere. Die andern schliefen. In der andern Nacht beteten die Jungs und die Männer. Auch sie übernahmen je eine Nachtwache. Damals wurde – trotz eines hohen Einsatzes – keine Gemeinde in Minden gegründet. Wir haben nur das Wort Gottes gesät. Alles liegt in Gottes Hand. Aber: *„Sein Wort kommt nie leer zurück"*, das ist eine Verheißung Gottes, auf die ich vertraue.

Unsere erste Zeltarbeit wurde bereits vor dem Beginn dieser Pionierarbeiten im Jahre 1959 in Verden a. d. Aller durchgeführt. Kaum zu glauben, aber unsere damaligen Zeltdiakone waren Günter Weber und Erich Theis. Beide sind Männer Gottes geworden, die die kirchliche Landschaft unserer Zeit mitgeprägt haben. Evangelist im Zelt war damals in Verden wieder einmal Reinhold Ulonska. Die Arbeit wurde von Bremen aus unterstützt und durchgeführt. Als zukünftiger Pastor für Verden war Peter Müller-Bohn vorgesehen. Diese Arbeit wurde ein großer Segen. 1960 trafen wir bereits Vorbereitungen für die 1961 vorgesehenen Zeltarbeiten in Nienburg, Wilhelmshaven und Cuxhaven.

Noch im selben Jahr flog ich nach Kanada und evangelisierte in den deutschsprachigen Pfingstgemeinden. Ich leistete auch Pionierarbeit für Pastor Harro Braker in Kalifornien, in San Francisco, Oakland und San Jose. Sie erinnern sich? Harro war einst mein Massage-Lehrmeister in der Ohlsdorfer medizinischen Badeanstalt. In allen drei Städten entstanden Gemeinden, die zum *German District, USA,* hinzugetan wurden. Die neue Gemeinde in Oakland wurde von Günter Weber, und die in San Francisco und San Jose wurden von Harro Braker betreut.

Im Jahr 1961 begannen wir mit den erwähnten Pionierarbeiten in Nienburg, Wilhelmshaven und Cuxhaven. Unsere Jugendlichen konnten sich nicht an allen Freizeiten beteiligen. So waren wir froh, daß wir Unterstützung aus Schweden und Norwegen bekamen. Sie hatten eine sogenannte *Europa-Kampagne* organisiert. Der Leiter dieser Arbeit war Bernd Simonsen, der eine deutsche Mutter hatte und der deutschen Sprache mächtig war. Er war Oberschullehrer. Eine weitere leitende Mitarbeiterin war Marianne. Mit ihnen und vielen anderen schwedischen Pastoren – ja, mit der gesamten schwedischen Pfingstbewegung – waren wir bereits über Jahre verbunden. Ich habe schon darüber berichtet.

Nach all den guten Erfahrungen, die ich mit den Schweden gemacht hatte, war es für mich damals eine große Freude, mit einigen schwedischen Jugendlichen, und vor allen Dingen meinem Freund Bernd Simonsen, zusammenzuarbeiten. Wir haben auf Straßen und Plätzen von Jesus gesungen und musiziert und den

137

Menschen gesagt, wer Jesus ist. Die Zuhörer haben den Aussagen der jungen Schweden viel Aufmerksamkeit geschenkt. Die Skandinavier mochten Kaffee, Käse, Milch und Haferbrei gern und hatten außerdem viel Sinn für Humor. Und Gott schenkte alles reichlich.

Während einer Zeltveranstaltung in Wilhelmshaven fegte ein fürchterlicher Sturm über unser Zelt hinweg. Wir saßen alle gespannt und wie gebannt auf unseren Klappstühlen. Der Wind hob manchmal das Zelt regelrecht hoch. Alles guckte ängstlich drein. Was würde passieren? An diesem Abend hatte Waldemar Sardaczuk die Leitung des Gottesdienstes. Er ist ja auch nicht gerade ein Kind von Traurigkeit, und sehr, sehr schlagfertig. Außerdem kommt er mit seinem Humor immer von einer Seite, von der es niemand erwartet. Er schaute die ängstlichen Besucher an und meinte, sie bräuchten keine Angst zu haben, denn das Zelt wird stehen bleiben. Wenn es aber nicht halten sollte, möge sich niemand Sorgen machen, es hat ja nur zwei Masten und könne somit nicht jeden treffen. Die Leute lachten zwar etwas verkrampft, aber die Spannung war weg. Peter Müller-Bohn war auch dabei gewesen und hatte den Sturm miterlebt. Als das Zelt sich wieder mal sanft hob, fiel eine der 2,50 Meter langen Stützen aus ihrer Verankerung und einem Mann gegen den Kopf. Dieser Mann entschied sich für Jesus. Peter, ein waschechter Berliner, meinte in seiner trockenen Art: „Das war offensichtlich ein Wink mit dem Zaunpfahl gewesen." So richtig widersprechen konnte ich ihm nicht. Es war ein gesegneter Gottesdienst gewesen. Die schwedischen Jugendlichen hatten Waldemar sehr gern. Die Verbindung mit Schweden riß nie ab. Wir vertieften unsere Freundschaft über die Jahre und sind bis heute Freunde geblieben.

Wenn schwedische Gruppen zu uns nach Deutschland kamen, hatten sie musikalisch immer etwas Exzellentes zu bieten. Ganz gleich, ob instrumental oder als Chorgesang, oder auch solistisch. Wir Deutschen hinkten da immer kräftig hinterher. Als wir dann einmal einen guten Chor hatten mit einem super Bariton, Ernst Schack war es, wollten wir uns für all die Liebe und Opferbereitschaft unserer schwedischen Freunde in ihrer Heimat revanchieren. Es wurde ein reger Austausch der Musikanten. Weil Ernst nicht immer dabeisein konnte, nahm ich mir die Freiheit, andere gute Sänger einzuladen. Einmal war es Horst Ziegler aus Velbert, ein anderes Mal Jost Müller-Bohn. Jost wohnte zu der Zeit in Berlin. Von den drei Müller-Bohn-Brüdern war Jost der älteste. Peter Müller-Bohn war bei uns in der Bremer Gemeinde Mitarbeiter. Er empfahl mir, seinen Bruder Jost auf die Reise mitzunehmen. Ich fragte ihn schriftlich, ob er eine Skandinavienreise mitmachen möchte und klärte ihn über seine Aufgaben auf. Er sagte zu, und so lernten wir uns näher kennen. Er ist ein brillanter Solist und sang damals das „Heilig, Heilig, Heilig" von Franz Schubert. So entstand eine Freundschaft zwischen uns. Er war voller Ideen, wie er das Evangelium von Jesus den Leuten näherbringen könnte. Das war Musik für meine Ohren und Balsam für mein Herz. Er wollte christliche Filme herstellen. Für dieses Projekt fand er meine volle Zustimmung. Sein erster Film war für die damaligen Verhältnisse außergewöhnlich gut.

Während der Skandinavienreise begann er auch zu predigen und seinen Film zu erläutern. Daraus wurde eine Berufung, um als Evangelist zu dienen. Es schlummerten aber noch viel mehr Talente in ihm. Ich ahnte damals noch nicht, daß er einmal ein weitbekannter Schriftsteller werden würde. Wenn ich mich nicht irre, hat er bisher mehr als vierzig Bücher geschrieben, einige wurden zu Bestsellern. Einmalig ist sein Buch über die Hitlerzeit in Deutschland. Er ist bis heute mit seinen Werken ein vielbeachteter Deuter zeitgeschichtlicher Vorgänge im Lichte der Bibel.

„In meinem Namen werden sie Dämonen austreiben ..."

Zwei Dinge hatte ich vor meiner Wiedergeburt für Fabeln und Märchen gehalten, und das waren Gott und der Teufel. Sie waren für mich Erfindungen entweder von Pastoren oder von alten Damen. Und wer an solchen Quatsch glaubte, wollte damit seiner Umgebung nichts anderes als Angst einjagen, um letztendlich davon irgendwie zu profitieren, wie z. B. Kirchen und Wahrsager. So glaubte und argumentierte ich damals. Doch ich bin gründlich eines Besseren belehrt worden.

In meinem Leben und in dem Leben anderer Menschen habe ich die Realität der verändernden Kraft Gottes erlebt und gesehen. Gott gibt Menschen neues Leben. Durch IHN wird man eine neue Kreatur. „Das Alte ist vergangen, Neues ist geworden." Das habe ich im Leben von jungen und alten Menschen gesehen: Heilung kaputter Ehen, Heilung von innen nach außen. Jesus macht alles neu. Für mich ist es einfach unmöglich – nach all den positiven Erfahrungen, die ich gemacht habe –, an der Realität eines lebendigen Gottes, seines Sohnes Jesus Christus und des Heiligen Geistes zu zweifeln. Das kann ich nicht oft genug bekennen.

Doch genau so real ist auch der Teufel. Ich habe ihn in meiner gottlosen Zeit ignoriert oder verspottet. Und es gibt leider genug Leute, die diese bösartige Realität unterschätzen, verniedlichen und ins Lächerliche ziehen. Freunde, es gibt mehr, als wir mit unserm Verstand begreifen und mit unsern Augen sehen können! Fast immer hatte ich es „nur" mit „banalen" Sündern zu tun; „nur" mit Menschen, die Gott gedankenlos ablehnten. Wie real aber auch satanische Wesen und Mächte sind, habe ich in meiner Christusnachfolge richtig kennengelernt. Wenn ich darüber schreibe, übertreibe ich nicht im geringsten. Alles ist authentisch, ist wahr, so wie ich es schildere.

Ein Erlebnis lag noch vor meiner Bibelschulzeit. Ich wohnte in Hamburg-Niendorf, in der *Gartenkolonie Horst e.V.* Manchmal trafen wir uns wochentags in einem Hauskreis, bei meiner Cousine Hanna Renken. Und an einem dieser Abende spielte sich folgendes ab:

Wir bekamen Besuch von einem jungen Ehepaar, Paulsen war der Name. Der Mann war gerade vor einiger Zeit, nach einem Selbstmordversuch, aus dem Krankenhaus entlassen worden. Er hatte versucht, mit dem Kopf voran in eine aufgestellte Regentonne zu springen, um sich zu ertränken. Dabei brach er sich aber „nur" das Schlüsselbein. Daraufhin wurde dieser Mann in der Klinik psychologisch betreut, weil die Art seines Selbstmordversuches – und was damit alles zusammenhing – den Ärzten außergewöhnlich erschienen war. Was war dem Selbstmordversuch vorausgegangen? Die Mutter dieses Mannes war einige Zeit zuvor verstorben. Zwischen Sohn und Mutter bestand eine symbiotische Abhängigkeit. Er besuchte ihr Grab fast täglich und begann mit ihr zu sprechen, und ihm erschien seine verstorbene Mutter, aber nicht nur sie. Er wurde zum Medium für Verstorbene, die ihn aufforderten, gewisse Briefe zu schreiben. Wie solche Beziehungen zustande kommen, ist ein Geheimnis Satans.

Wenn er in Trance fiel, schrieb er Briefe, genau in der Handschrift der Verstorbenen. Sie diktierten ihm nicht nur den Inhalt, sondern er erhielt von ihnen auch die Anschriften der Personen, an die diese Briefe gerichtet waren. Man kann sich die Verwunderung der Leute vorstellen, die plötzlich Post von einem Angehörigen oder Freund erhielten, der bereits seit einigen Jahren tot war. Und obwohl die Lebenden umgezogen sein konnten, war ihre Anschrift exakt richtig. Sie brauchten gar nicht auf den Absender zu schauen, denn die Handschrift kannten sie genau. Der Inhalt war auch verblüffend. Resultat: Es setzte eine Art Völkerwanderung ein. Viele wollten mit diesem Mann sprechen und ihn fragen, ob er Näheres auch über ihre Angehörigen aussagen könnte.

Etwas kam bei dieser Sache heraus, was dem Teufel nicht gefiel: Dieser Mann konnte also bezeugen, daß es ein Weiterleben nach dem Tod gab. Darüber gab es keine Zweifel. Herr Paulsen wollte mehr darüber wissen und begann sich für die Bibel zu interessieren. Er hatte zuletzt als Kind von Gott und Ewigkeit, von Hölle, Tod und Teufel gehört. Das schien Satan offensichtlich zuviel. Das wollte er nicht erlauben. Dieser Mann wußte nicht mehr aus noch ein, darum fragte er nach Gott. Als er eines Abends auf der Couch lag, sah er die Mächte der Finsternis und die Mächte des Lichts sich um ihn streiten. Er dachte, er würde verrückt und konnte das nicht länger aushalten. So lief er aus dem Haus und stürzte sich kopfüber in die Regentonne.

Woher ich das alles so genau weiß? Er hat es mir selbst erzählt. Dieses junge Ehepaar saß also eines Tages mit uns Christen im Hauskreis bei meiner Cousine Hanna.

Mein Schwager Alfred Damin, der auch Ältester der *ELIM-Gemeinde* war, leitete den Abend. Ich war ja noch ein ganz junger Christ, aber mit Leib und Seele bei der Sache Christi. Wir haben gesungen und gebetet, und mein Schwager begann zu sprechen. Da wurde meine Aufmerksamkeit auf diesen jungen Ehemann gelenkt. Eine Veränderung ging mit ihm vor. Seine Augen wurden auf einmal glasig, und sein Gesicht ganz starr. So etwas hatte ich bis dahin noch nie in meinem Leben gesehen. Plötzlich begann er zu zittern, verlangte nach einem Bleistift und sagte, er müsse jetzt schreiben. Alles in mir sagte: ‚Das ist nicht von Gott. Das ist teuflisch.‘

Ich empfand: Das darf nicht zugelassen werden. Mein Schwager unternahm nichts, darum handelte ich. Ich weiß auch nicht, woher ich diese Glaubenskühnheit genommen habe, aber ich übernahm den weiteren Verlauf dieses Abends.

Zu dem Mann gewandt, sagte ich mit fester Stimme: „Hier wird nichts geschrieben, was Sie da wollen, ist nicht von Gott. Es gibt nur zwei Möglichkeiten für Sie: Entweder Sie wollen von dieser Plage frei werden, dann beten wir für Sie. Wenn nicht, dort hat der Zimmermann ein Loch gelassen, dann gehen Sie mit Ihrer Frau.“

Eine ungeheure Spannung erfüllte den Raum. Was würde er unternehmen? Ich hatte vor, ihn hinauszuwerfen, wenn er sich geweigert hätte zu gehen. Damals war ich noch ein so junger Christ, da kannte ich *keine Verwandten,* wenn jemand sich so offen gegen meinen Jesus stellte. Wie Petrus einst mit dem Schwert für seinen Herrn einstehen wollte, habe ich mit meinen Fäusten für Gottes Sache streiten wollen. Doch der Mann sagte laut und deutlich zu uns: „Ich will ja frei werden, betet für mich."

Ich bat alle Anwesenden, sich hinzuknien, um zu beten. So schnell hatte ich noch nie Menschen auf die Knie fallen sehen. Sie hatten alle Angst. Es war auch eine unangenehme, spannungsgeladene Atmosphäre in dem Raum. Dann befahl ich dem Mann, sich auch niederzuknien.

Ich bat ihn, folgende Worte nachzusprechen: „Ich stelle mich unter das Blut Jesu." Er kam nicht weit. Er fing an zu toben. Ich arbeitete damals als Masseur und war nicht gerade schwach. Aber ich konnte den Mann kaum halten. Es kam zu einem Ringkampf. Ich forderte alle zu verstärktem Gebet auf. Die Gläubigen begannen das Blut Jesu zu preisen. Seine liebe Frau kniete ebenfalls und hatte fürchterliche Angst. Sie wußte nicht, was Sache war, und so betete sie in ihrer Not ein Kindergebet und schluchzte: *„Breit' aus die Flügel beide, o Jesu, meine Freude."* Schließlich konnte ich ihren Mann halten und befahl ihm im Namen Jesu, mir den Satz noch einmal nachzusprechen. Er gurgelte nur, bekam die Worte aber nicht raus, als ob ihm jemand den Hals zudrückte. Wir hielten an am Gebet. Endlich sagte er die ersten Worte verständlich. Er konnte aber die Worte *Blut Jesu* nicht aussprechen. Doch ich gab nicht nach und befahl ihm immer wieder im Namen Jesu, mein Gebet nachzusprechen. Dann endlich sagte er es laut und deutlich: „Ich stelle mich unter das Blut Jesu. Ich sage mich los von dir, Satan, im Namen Jesu. Jesus ist mein Herr. Jesus ist allein mein Herr!"

Es ging ein Aufbäumen durch seinen Körper, dann fiel er mit Stöhnen zu Boden. Er war frei. Die Mächte, die ihn gequält hatten, mußten ihn freigeben. Es war inzwischen sehr spät geworden. Dennoch nahmen wir uns Zeit, Gott zu danken, für diesen wundervollen Sieg.

Seine Frau bat mich, sie beide nach Hause zu begleiten. Sie hatte noch immer Angst. Es brannten auch keine Lampen in der Kolonie damals, es war sehr dunkel.

Auf dem Weg nach Hause erzählte er mir, wie das in unserm Hauskreis begann: „Ich dachte bei mir, du bist unter Christen. Da muß das wohl ein guter Geist sein, der dich auffordert zu schreiben. Darum habe ich mich dafür hergeben wollen."

Vor ihrer Haustür haben wir noch einmal miteinander gebetet und uns der Gnade Gottes anbefohlen. Er, und erst recht seine liebe Frau, bedankten sich überglücklich, bevor wir uns verabschiedeten.

Bereits auf dem Nachhauseweg wurde ich selbst von diesen unsichtbaren finsteren Mächten angegriffen. Im Gebet mußte ich mich immer wieder unter das Blut Jesu stellen. Als ich im Bett lag, kam diese finstere Macht wie in Wellen über mich. Ich überlebte die Nacht in einem Gebetskampf. Doch wer ist und bleibt immer Sieger? *JESUS* und *JESUS ALLEIN*! ER hat den Tod, den Teufel und die Hölle besiegt.

Während einer Zeltarbeit in Hannover habe ich nach der Verkündigung die Kranken eingeladen, für sich beten zu lassen. Wir hatten extra einen Teil des Zeltes als Gebetsraum abgetrennt. Viele kamen nach vorne. Für eine Reihe von Kranken hatte ich bereits gebetet. Als ich vor einer jungen Frau stehe und sie frage, warum sie für sich beten lassen möchte, sagte sie: „Ich habe fürchterliche Nierenkoliken."

Ich fragte sie, seit wann sie denn diese Schmerzen hätte, diese Koliken. Sie antwortete: „Seit ich mich hier im Zelt bekehrt habe."

Ich dachte, ich hör' nicht richtig. Schmerzen, seitdem sie sich bekehrt hat? Menschen sind geheilt worden bei ihrer Bekehrung, aber krank geworden? ‚Liebe Zeit', dachte ich, ‚das darf es doch nicht geben.' Innerlich rief ich zu Gott: „Hilf mir, hier stimmt doch etwas nicht!"

Dann sprach der Geist Gottes zu mir: ‚Diese Frau hat diese Schmerzen schon seit langer Zeit. Darüber hat sie sich besprechen lassen. Seitdem sie Jesus gehört, greift Satan ihren Leib an und macht Rechte geltend.'

Ich sagte zu ihr: „Sie waren doch schon früher krank gewesen und haben sich besprechen lassen. Daraufhin sind Sie Ihre Schmerzen zuerst einmal los geworden, stimmt das?"

Erschrocken und sprachlos schaute sie mich an. Ich sagte ihr, daß ich sie jetzt in Jesu Namen lösen würde und daß alle Schmerzen aufhören müssen. Jesus sei größer als alle Mächte der Finsternis. Ich löste sie im Namen Jesu von allen Besprechungen und von allen satanischen Bindungen. Diese junge Frau ging schmerzfrei nach Hause. Jesus ist Sieger! Daß ein Christ das Recht dazu hat, kann jeder in der Bibel nachlesen: *„Alles, was ihr lösen werdet auf Erden, wird gelöst sein im Himmel"* (Matth. 18,18).

Wir hatten eine Evangelisation in Bremen. Redner war Waldemar Sardaczuk. In jenen Tagen fiel mir eine junge Frau auf, die immer in der Nähe des Ausgangs saß. Wenn Pastor Sardaczuk zum Schluß betete, verschwand sie. Eines Abends habe ich nicht bis zum Schlußgebet gewartet, sondern bin schon vorher zum Ausgang gegangen. Aber wieder war sie fort. Eigentümlich. Wenn ich an sie dachte, beschlich mich ein eigenartiges Gefühl. Da stimmte etwas nicht! Tage später – die Evangelisation war vorbei – klingelt gegen 22.30 Uhr das Telefon bei mir. Ich meldete mich und fragte, wer am andern Ende wäre. Keine Antwort. Ich wartete eine Weile und hörte nur jemanden atmen. Ich sagte: „Sie können Vertrauen zu mir haben. Sprechen Sie mit mir." Dennoch keine Antwort. Dann sah ich vor meinen geistigen Augen das Bild jener jungen Frau aus dem Evangelisationsgottesdienst. Ich sprach sie aufs neue an: „Sie können getrost zu mir sprechen, ich weiß, wer Sie sind."

Da rief sie ins Telefon hinein: „Sie wissen nicht, wer ich bin. Jesus ist ein Lügner."

„Nein", sagte ich, „Jesus ist kein Lügner. Ich weiß wirklich, wer Sie sind. Sie sind die junge Frau, die beim Gottesdienst am Ausgang saß und dann immer ganz schnell verschwand."

„Dann ist Jesus ja doch größer als der Teufel!", hörte ich sie sagen und vernehmlich aufatmen.

„Ja sicher, Jesus ist der Sohn Gottes, und Ihnen kann durch Christus geholfen werden." Ich fragte sie nach ihrer Adresse. Sie wohnte nicht weit von unserer Kirche in der Großen Johannisstraße.

„So", sagte ich ihr, „wenn Sie jetzt gleich losgehen, sind Sie in spätestens 15 Minuten bei der Kirche. Ich werde vor der Kirche warten, kommen Sie sofort."

Das war mehr ein Befehl als eine Bitte. Zehn Minuten später stand ich vor der Kirchentür und betete schon mal. Ich sah sie kommen, schloß die Kirche und das Büro auf und bat sie einzutreten. Sie ging an mir vorüber, ohne ein Wort zu sagen, und setzte sich. Ich saß ihr auf der anderen Seite des Schreibtisches gegenüber. Niemals empfehle ich – besonders jungen Pastoren – mit einer ihm unbekannten Frau allein, egal wo, zu verweilen.

In der Seelsorge ist ein Pastor öfter mal mit einer Frau allein. Aber er muß klar erkennen lassen, daß eine solche Aussprache vor dem Angesicht Gottes geschieht. Ein Tisch dazwischen, ein bewußt groß gehaltener Abstand ist immer gut. Ich bat die Frau in einem ruhigen, freundlichen Ton, mir zu erzählen, was sie bedrückte. Keine Antwort.

Wir saßen uns eine ganze Weile gegenüber, ohne ein Wort zu sprechen. In meinem Herzen sagte ich nur immer: ‚Jesus ist Sieger!' Ununterbrochen. Plötzlich schrie sie mich an und befahl mir, ich sollte „das" nicht immer sagen. ‚Aha', dachte ich, ‚Teufel, du hast dich entlarvt, das könnte dir so passen.' Ich fing laut zu beten an und den Namen Jesu laut zu loben. Da wurde die Frau zu einer Furie. Sie tobte und ging auf mich los, griff sich den Papierkorb und wollte auf mich einschlagen. Ich nahm ihr den Papierkorb mit sanfter Gewalt wieder weg und begann noch lauter zu beten. Sie schrie: „Sei still."

Ich sagte ihr: „Ich denke gar nicht daran, zu schweigen." Und ich begann dem Satan laut zu gebieten, die Frau freizugeben. Ich wußte durch den Geist Gottes: ‚hier treibt nicht nur ein Dämon sein Unwesen, sondern eine ganzen Horde.' Immer wieder habe ich den Namen des Vaters und das Blut Jesu gepriesen. Die Frau hat getobt, wie eine Irre. Damit sie nicht wieder auf mich einschlagen konnte, habe ich ihre Arme festgehalten und dem Satan immerzu geboten auszufahren. Stunden vergingen. Dann gebot ich im Namen Jesu einem der Dämonen, daß er seinen Namen nennt! Mit einer fremden Stimme hörte ich ihn aus der Frau heraus einen Namen sagen. Ich gebot ihm auszufahren. Die Frau forderte ich auf, ein Gebet nachzusprechen, das ich ihr vorsagte. In diesem Gebet sollte sie sich von Satan und den Dämonen in ihr lossagen und Christus als den einzigen Herrn ihres Lebens anerkennen. Das alles dauerte sehr lange. Dann endlich sprach sie mein Gebet nach. Die Dämonen fuhren aus. Sie brach weinend zusammen. Es ist immer ein Bild des Jammers, mit ansehen zu müssen, wie der Satan die Menschen quält und knechtet. Aber die Freude zu erleben, wie Jesus Menschen frei macht, ist unbeschreiblich. Nach einer Pause, in der sie sich erholt hatte, erzählte sie mir ihre Geschichte:

Sie war von einem Hohenpriester Satans während einer Teufelsmesse gezeugt worden und selbst auch eine begeisterte Satansanbeterin gewesen. Nicht allein das „*satanische Erbgut*" bestimmte ihr Leben, sondern auch ihre persönliche Entscheidung für ein Leben mit Satan. Kein schlechtes Leben, beteuerte sie. Als aber ihre Mutter gestorben war, drang diese in ihre Gedanken ein und forderte sie ständig auf, sich das Leben zu nehmen und zu ihr zu kommen. Sie wollte aber nicht sterben. Sie hatte Pädagogik studiert und liebte Kinder über alles. Sie war Leiterin eines SOS-Kinderhauses, wo man mit den Kindern wie in einer Familie lebt. Sie wollte selbst einmal Kinder haben. Doch diese konstanten

Aufforderungen ihrer Mutter, sich unter die Straßenbahn zu werfen oder sich auf anderem Wege das Leben zu nehmen, brachten sie an den Rand des Wahnsinns. Ihr war aber klar: Wenn es Satan gibt, dann gibt es auch Gott. Als sie dann die Plakate unserer Evangelisation sah – die von einem Leben mit Gott sprachen –, kam sie zu unseren Veranstaltungen. Das andere ist bekannt. Erfahrungen mit solch dämonisch gebundenen Menschen sind bei Evangelisationen die Regel. Sie zeigen, daß es ein Reich der Finsternis gibt. Was diese drei Menschen – von denen ich berichtete – mir erzählten, waren keine erdachten Märchen, sondern real erlebte Begebenheiten! Trotz dieser Angriffe der finsteren Mächte aus der unsichtbaren Welt, ist die Macht Jesu größer!

Diese junge Frau und auch Herrn Paulsen aus der Gartenkolonie *Horst e.V.* habe ich aus den Augen verloren. Ich hoffe, daß beide nicht aus der Schule Gottes weggelaufen, sondern in Jesu Geborgenheit geblieben sind.

Mein vorläufiger Abschied aus Bremen

Wir erwarben als Familie in der Fliederstraße ein Reihenhaus, das zum Teil noch ausgebaut werden mußte. Pastor Paul Williscroft lieh mir Geld für die Anzahlung, und die monatlichen Raten konnte ich teilweise aus dem Erlös vom Schallplattenverkauf abdecken. Liebe Brüder aus der Bremer Gemeinde halfen mir, das Haus auszubauen und zu renovieren. Aber wir wohnten nur kurze Zeit darin.

Mein Dienst in Bremen ging seinem Ende entgegen. Die Bremer Gemeinde war eine solide, geistlich wie auch finanziell gesicherte Gemeinde. So, wie ein Pastor sich eine Gemeinde nur wünschen kann. Am Ort zählte sie 360 Mitglieder, mit den Stationen etwa 600. Sie hatte einen super Ältestenrat. Männer, auf die man sich verlassen konnte. Alle Arbeiten der Gemeinde, wie Sonntagsschule, Chor und vieles mehr, waren mit exzellenten Kräften besetzt. Die Gemeinde hatte eine ausgeprägte Vision für Innen- wie auch Außenmission. Junge Menschen besuchten das Predigerseminar *BERÖA* für eine geistliche Ausbildung.

Die umliegenden Städte und Orte wie Verden, Nienburg, Wilhelmshaven, Cuxhaven, Rothenburg, Ritterhude und Minden waren missioniert worden. Die Bremer Gemeinde trug die geistliche und finanzielle Verantwortung für alle diese Arbeiten.

Auf Vorschlag von Waldemar Sardaczuk, der seinen Dienst in

Bremerhaven und Umgebung als beendet ansah, begannen wir im Vorstand für Bonn und Umgebung zu beten und zu planen. Ich muß noch etwas aus der Geschichte der Gemeinde nachtragen. Bereits 1958 war es zwischen der *ELIM-Gemeinde* in Bremen und der *Freien Christengemeinde* in Bremen zu einer Fusion gekommen. Pastor Hermann Dunst hatte seine theologische Ausbildung in Lauter, Sachsen, absolviert, noch auf der alten *ELIM-Bibelschule* von Heinrich Viether. Unter Hitler, als es noch den *Bund evangelisch-freikirchlicher Gemeinden* gab, wurde den Studenten ermöglicht, auch das Predigerseminar der Baptisten in Hamburg-Horn zu besuchen. Wenn die *ELIM-Gemeinden* auch über 1946 hinaus zum *Bund evangelisch-freikirchlicher Gemeinden* gehören würden, würde das Angebot unbegrenzt gelten. Die *ELIM-Gemeinde* in Bremen entschied sich aber, aus dem Bund auszutreten und sich der *Freien Christengemeinde* anzuschließen. Die fusionierten Gemeinden trugen den Namen *„Freie Christengemeinde ELIM"*, um beiden Gemeinden gerecht zu werden.

Pastor Dunst und ich hatten keine Schwierigkeiten, den Dienst gemeinsam zu gestalten. Er war offen für eine Veränderung in eine andere Stadt. In Essen begannen Amerikaner damals eine neue Arbeit und stellten ein Zelt auf, um die Stadt zu evangelisieren. Sie baten um einen Pastor als Mitarbeiter, und Bruder Dunst stellte sich dafür zur Verfügung. Die Gemeinde Bremen trug die finanzielle Verantwortung für Pastor Hermann Dunst, selbst als die Amerikaner ihre Zelte wieder abbrachen. Die neu entstandene kleine Gemeinde in Essen rechnete ihren finanziellen Etat mit der Bremer Gemeinde ab. Sie zahlte Pastor Dunst das Gehalt, bis die Gemeinde in Essen in der Lage war, ihn mit vollem Gehalt zu tragen. Sie wurde völlig selbständig. Die Selbständigkeit der neuen Gemeinden war das angestrebte Ziel der Bremer Gemeinde, auch bei allen anderen Neugründungen.

Man sagt mir ja nach, ich sei ein Typ, der ständig neue Herausforderungen sucht. Solche waren in Bremen für mich nicht mehr auszumachen. Wenigstens nicht so, wie ich sie mir vorstellte. Während dieser Zeit suchte die *Velberter Mission* einen Mann, der für sie nach Nigeria, Afrika, gehen wollte. Dort sollten bestehende Arbeiten stabilisiert und deutschen Missionaren der Weg für zukünftige Missionsarbeiten vorbereitet werden. Dem Bremer Gemeindevorstand teilte ich mit, daß ich kündigen und den Ruf der *Velberter Mission,* nach Afrika zu gehen, annehmen werde. Ehrlich gesagt, war das sehr schwer für die Gemeinde und für mich auch. Doch innerlich fühlte ich, daß die Zeit da war zu gehen. 1960 hatte ich bereits im Einvernehmen mit dem Gemeindevorstand Pastor Richard Breite als zweiten Pastor nach Bremen berufen. Er würde diese Lücke schließen und erster Pastor werden. Innerlich konnte ich in dieser Entscheidung ruhen. Es war 1963, als ich mich nach acht Dienstjahren von der Bremer Gemeinde verabschiedete. Dieser Abschied war ein Fest, bei dem geweint und gelacht wurde. Tränen waren aber in der Überzahl. Meine Familie – wir hatten nun bereits vier Kinder – blieb in Bremen wohnen. Unser amtlicher Wohnsitz änderte sich also nicht. Es gab keine bessere Gemeinde für unsere Kinder als diese Gemeinde. Bremen war, ist und wird meine große Liebe bleiben. Damals ahnte ich allerdings noch nicht, daß ich dieser Gemeinde als Pastor noch einmal vorstehen würde.

Afrika öffnete mir die Augen

So war es 1963 geworden. Meine neue Aufgabe hieß: Nigeria, also Außenmission. Gott hatte mir die Gnade geschenkt, daß ich mich voll auf meine neue Aufgabe einstellen konnte.

Die Velberter Mission hatte einen Volkswagen gekauft, damit ich mich in Nigeria frei bewegen konnte. Das bedeutete auch, daß ich mit einem Frachter nach dorthin reisen mußte. Es war alles bestens gebucht. Das Schiff ging von Bremen direkt nach Nigeria. Meine Familie und ein großer Teil der Gemeinde versammelte sich im Hafen, um mir ‚Auf Wiedersehen' zu sagen und mir nochmals Gottes Segen zu wünschen. Mir war schon ziemlich mulmig in der Magengegend, als der Dampfer ablegte und Bremen immer mehr am Horizont verschwand. Ich habe geweint; auch Männer brauchen sich ihrer Tränen nicht zu schämen.

Die Kabine, die man mir auf dem Frachter zugewiesen hatte, war recht groß und das Bett bequem. Meine Koffer hatte ich gar nicht erst ausgepackt. Bald schon wurde ich gebeten, mit dem Kapitän und den Offizieren zusammen im separaten Speiseraum zu essen. Der Koch hatte auf der Menükarte zwei Gerichte angeboten. Wir konnten wählen. Ich weiß nicht mehr, was ich damals aß. Aber, wie immer, betete ich vor der Mahlzeit. Das hat den lieben Seeleuten die Sprache verschlagen. Aber spotten konnten sie trotzdem:

„Was suchen Sie denn da? Ist Ihnen eine Fliege ins Menü gefallen? Und können Sie das Tierchen nun nicht wiederfinden? Brauchen Sie vielleicht eine Brille?"

Aber solche Spöttelein erschütterten mich schon lange nicht mehr. Ich bin ja nicht auf den Mund gefallen und konnte dementsprechend antworten.

Der Kapitän war so etwas wie ein Anarchist. Er hätte die Welt am liebsten in die Luft gesprengt. Der erste Offizier war geschieden. Aus dem ersten Ingenieur wurde ich nicht schlau, er war ein sehr zurückhaltender Mensch. Sie hielten alle Afrikaner für primitiv, bezeichneten sie arrogant als *Affen*. Sie konnten nicht verstehen, daß ein normaler Mitteleuropäer sich um solche Kreaturen kümmern wollte.

Sofort hatte ich begriffen: Dieses Schiff war mein vorläufiges Missionsfeld. Ein Christ ist ein Gesandter Gottes, und somit immer im Dienst. So habe ich gleich angefangen zu missionieren. Ohne Rücksicht auf Verluste habe ich von Jesus Christus, dem Erlöser dieser Welt, erzählt.

Angriff ist immer die beste Verteidigung. Von der Brücke bis zum Wellentunnel (das ist der Tunnel, in den die Antriebswelle für die Schiffsschraube geführt wird und laufend geschmiert werden muß) habe ich von Jesus gesprochen und meinen Glauben an IHN bekannt. Ich habe erzählt, wie ER mein Leben erneuert hat und wie ich von einem Verbrecher zum Christen avancierte. Und weil ich auch die Sprache der einfachen Leute beherrsche, haben die meisten von ihnen doch gestaunt und mir ernsthaft zugehört.

Für den Koch habe ich gebetet, weil er es wünschte. Seine Tochter stand kurz vor ihrer Hochzeit, wie er mir erzählte. So war ich dort auf dem Schiff bei allen bekannt und sie haben mich akzeptiert.

Zwischendurch hatten wir des öfteren angelegt, zum Ent- und Beladen. Nach getaner Arbeit gab es dann gleich immer eine Party an Bord. Da wurde tief ins Glas geschaut. Am Ende waren sie alle so besoffen, daß sie wie nasse Mehlsäcke vom Hocker rutschten. Ich nahm die Gelegenheit dennoch wahr, um Seelsorge zu treiben. Wie heißt es so schön: ‚Besoffene und kleine Kinder sagen die Wahrheit.' Meist kam in den Gesprächen immer ein fürchterliches Elend zutage. Wie kaputt waren sie doch alle, die sonst den starken Mann raushängen ließen. Der Kapitän hätte in solch einer Stimmung am liebsten eine Atombombe gezündet. Wie sehr brauchen die Menschen doch Jesus, den Befreier! Ich hoffe – und die Ewigkeit wird es ans Licht bringen –, daß doch das eine oder andere mahnend gesprochene Wort hängen geblieben ist. Jesus verlangt ja nichts Unmögliches von seinen Jüngern, allein daß wir die Information von der Frohen Botschaft Jesu unermüdlich weitergeben, ist IHM schon genug.

Der Funker an Bord stellte hin und wieder eine Zeitung zusammen mit den neuesten Informationen, die er so über Funk mitbekam. Wenn der Kurs des Frachters festgelegt wurde, durfte ich dabei zuschauen. Ich ging auch mit den Matrosen Ruderwache und durfte hautnah erleben, wie ein Schiff auf Kurs gehalten wird. Ergreifend war für mich der Anblick des südlichen Sternenhimmels mit dem *Kreuz des Südens* als Sternbild. Aber mir kam in den Sinn, was ist dieses *Kreuz* doch gegen das Kreuz von Golgatha, höchstens ein Hinweis, vielleicht ein Denkanstoß.

Nach mehreren Abstechern in Sierra Leone, Ghana und an der Elfenbeinküste erreichten wir Lagos in Nigeria. Am Rande erwähne ich noch, daß die Crew eines Schiffes oft eine Fußballmannschaft stellt, auf meinem Frachter war es so. Nach dem Anlegen haben wir dann gegen das jeweilige Land gespielt. So habe ich als *Nationaltorwart* den deutschen Fußball vertreten. Körperliche Bewegung schadet auch einem Pastor oder Missionar nicht.

In Lagos sollte ich von den nigerianischen Missionsbrüdern abgeholt werden. Ich war gespannt – besonders im Blick auf die Kommunikation. Mein Englisch war damals noch nicht so gut, obwohl ich jeden Tag eine Stunde die deutsche und die englische Bibel gelesen habe. Dazu las ich noch ein Kinderbuch: ‚Stories for the children.‘ Ich hatte es fast auswendig gelernt. Man hatte mir in Deutschland gesagt: „Wenn du *took, put* und *of* sagen kannst, dann kommst du schon durch." Na, na; das war sicher gutgemeint übertrieben. Ein paar Vokabeln mehr können einem Missionar nicht schaden.

Erst mußte ich ja durch den Zoll. Das allein war schon ein Problem für sich, auch sprachlich. Bei ihrem Pidgin Englisch nützten mir selbst meine dazugelernten Sprachkenntnisse nichts. Sie gurren wie die Tauben. Für alle meine Sachen wollten sie Geld: Fürs Saxophon, für meine Trompete, für die Gitarre und für das Akkordeon, aber soviel Geld hatte ich nicht. Die Beamten nahmen mir nicht ab, daß ich missionarisch damit arbeiten wollte. Und meine schwarzen Brüder, die mich abholen sollten und alles hätten bestätigen können, standen irgendwo im Hafen am falschen Platz.

Nun stand ich da, allein. Der Heilige Geist erinnerte mich an meine Begabungen: Ich nahm das Akkordeon und spielte den Weltbekannten Hit *The old rugged Cross* gleich dort im Zollgebäude! Die Schwarzen lieben Musik, und so standen im Nu fast hundert Leute um mich herum. Das war meine erste Missionsversammlung auf dem schwarzen Kontinent. Mit diesem einfachen Einsatz für Gott überzeugte ich die Zollbeamten von meiner Mission und sie ließen mich mit all meinen Sachen ziehen.

Weil nun niemand da war, der mich abholte, nahm ich mir ein Taxi und ließ mich nach Ebute Metta, einem Vorort von Lagos, kutschieren. Da sollte nämlich der Pastor wohnen und auch seine Kirche sollte dort sein. Leider hatte ich weder einen Straßennamen noch eine Hausnummer. Ich kannte nur den Ort, den Namen des Pastors und seine Postfachnummer. (Und ich konnte perfekt *took, put* und *of* auf Englisch sagen!) Mit meinem spärlichen Wissen fragte ich mich durch. Man kann sich leicht vorstellen, wie schnell ich vorankam. Die lieben Leute verstanden mich nicht. Den Namen des Pastors betonte ich wohl falsch. Dennoch schlich ich meinem Ziel näher. Dazu eine Bullenhitze. Mir rann der Schweiß in Strömen den Körper herunter. Vierzig Grad im Schatten und an die neunzig Prozent Luftfeuchtigkeit. Keine Kanalisation, alles, was so aus den Häusern kam, lief in einen offenen Graben. Das war der Duft der großen weiten Welt.

Endlich kam ich dann doch ans Ziel. Eine Elendshütte, wie ich sie noch nie gesehen hatte! Drinnen noch heißer als draußen. Man strahlte mich unbefangen an und sprach mich auf Yoruba an. Es ist einer jener zweihundert Dialekte dieser Gegend, die sich so ähneln wie Deutsch und Japanisch. Wie sollten sie mich auch sonst ansprechen? Ich konnte nicht erwarten, daß sie Englisch, geschweige denn Deutsch reden konnten. Nun versuche mal einer, mit „*took*", „*put*" und „*of*" diesen Menschen zu erklären, wer man ist und was man will. Man brachte mir etwas zu essen. Undefinierbares in Bananenschale gewickelt, wie unsere deutschen Kohlrouladen. Ja, die Leute waren wirklich gastfreundlich, dennoch lehnte ich vorsichtshalber freundlich ab. Man bot mir eine Fanta an, schön warm, aber wenigstens feucht. Um mich herum eine große Schar Kinder. Ich hatte klugerweise Bonbons in meinen Taschen und verteilte sie großzügig. Daraufhin mochten mich die Kinder offensichtlich.

Zwei Stunden war ich nun schon hier in dieser gastfreundlichen Elendshütte. Da kamen meine Missionsbrüder, die mich abholen sollten, und freuten sich riesig, daß sie mich nun doch noch gefunden hatten. Sie machten mir klar, daß sie mich in mein Quartier bringen würden. Zwei mit Sachen und Menschen vollgepfropfte Autos machten sich dann auf den Weg zur *Sudan Interior Mission*. Das ist ein Hostel – eine hotelähnliche Unterkunft –, in der Missionare übernachten, die im Landesinneren arbeiten und hin und wieder in die Stadt kommen, um einzukaufen.

Der Leiter sah mich verblüfft an und fragte mich, was ich wollte. Jetzt war die Ratlosigkeit auf meiner Seite. Er hatte wirklich keine Ahnung. „Wenn du damit gerechnet hast, bei mir wohnen zu können, muß ich dich leider enttäuschen, das geht nicht. In vier Tagen habe ich das Haus voll. Du mußt in ein Hotel ziehen. Und wenn du vier Wochen gesund bleiben willst, empfehle ich dir dieses Hostel." Günstig nannte er acht englische Pfund pro Tag. Ich hatte 400 Pfund in der Tasche. Da konnte ich mir leicht ausrechnen, wie lange mein Nigeria-Aufenthalt dauern würde. Ich hatte ja nicht einmal eine Rückfahrkarte. Immerhin wollte ich doch sechs bis neun Monate bleiben. Die Schwarzen mögen gedacht haben: In diesem Hotel steigen die Weißen immer ab, also bringen wir unsern Mann auch dahin. Afrikanische Logik. Er sah wohl mein bedripstes Gesicht und sagte dann: „Na gut, drei Tage kannst du bei mir bleiben. Aber danach mußt du für dich selbst aufkommen."

Mir fiel ein kleines Steinchen vom Herzen. Wenigstens drei Tage frei wohnen. Meine schwarzen Brüder zeigten keinerlei Reaktion. Sie sagten sich, ein weißer Mann Gottes wird das Problem schon bewältigen. Hier auf dem schwarzen Kontinent habe ich gesehen, wie hilflos und unselbständig meine schwarzen Brüder waren, obwohl sie bereits zu einer gebildeten Schicht gehörten. Nigeria war für mich aber auch ein Augenöffner für das Vergehen der Weißen an den Schwarzen. Wie konnte man das größte Land Afrikas in die Selbständigkeit entlassen, wenn es dazu noch nicht fähig war? Lagos ist eine moderne Großstadt. Nur 50 Kilometer weiter, im Landesinneren war man bereits um 100 Jahre zurückversetzt. So war es in allen afrikanischen Ländern, in denen ich war – außer in Südafrika. Die Verantwortungslosigkeit der Politiker ist himmelschreiend. Ich liebe meine schwarzen Schwestern und Brüder in Afrika, aber sie waren – wenigstens, als ich da war – wie die Kinder. Und sie sollten sich selbst regieren? Darum gab und gibt es bis heute das unsinnige Gemetzel in Afrika, die Hungersnöte und Epidemien. Diese armen Menschen – die von meinem Kapitän lieblos und arrogant als *Affen* bezeichnet wurden – werden brutal ausgenutzt. Die Menschen dort sind zwar nach unseren Maßstäben ungebildet, aber es sind doch Menschen! Die meisten können nicht lesen und schreiben. Kein weißer Geschäftsmann hatte bisher eine Schule, eine Lehrwerkstatt oder ein Krankenhaus gebaut, um diesen Menschen zu helfen. Ein Schwarzer, der lesen kann, ist für sie schon zu teuer. Ganz nebenbei bemerkt: Fast alle heutigen Staatsmänner Afrikas haben lesen, schreiben und das Einmaleins auf einer der vielen Missionsschulen aller Denominationen gelernt. Es waren Missionare, die den Grundstein für die afrikanische Intelligenz gelegt haben. Das will heute niemand wahrhaben, aber es ist die Wahrheit. Raten Sie mal, wer während meiner Zeit, 1963, in Nigeria der meistgehaßte Weiße war? Albert Schweitzer! Er wurde in den Zeitungen diskriminiert. Und wenn die Nigerianer seiner habhaft geworden wären, hätten sie ihn wahrscheinlich in Streifen geschnitten und am Feuer geröstet. Wir in Europa haben ihn als den Menschen und Humanisten schlechthin gefeiert. Er und Lambarene waren das große Vorbild christlicher Nächstenliebe. Aber die Schwarzen haßten ihn wie die Pest. Warum? Auch er war nicht bereit gewesen, eine Schwarze als Operationsschwester, afrikanische Männer als Pfleger heranzubilden. Es wurden noch mehr negative Dinge über ihn erzählt und geschrieben. Vieles von dem, was er über die Schwarzen im allgemeinen dachte und auch gesagt hat, ist auch in Europa bekannt. Ich brauche das nicht zu wiederholen. Er hat den Schwarzen vor Ort geholfen, zugegeben. Aber damit allein war ihnen nicht gedient.

Die Schwarzen müssen sich etablieren, und dazu brauchen sie die Hilfe des weißen Mannes. Afrika wird ein Konfliktherd bleiben, und es wird Generationen dauern, bis seine jungen Staaten den Status europäischer Länder erreicht haben. Es genügt nicht, Kinder an der Kalaschnikow auszubilden. Das ist die große Schuld der Weißen an der schwarzen Bevölkerung Afrikas. Dafür werden wir zahlen müssen.

Zurück zur *Sudan Interior Mission*. Mir wurde ein Zimmer zugewiesen. Am Abend hatte ich schon einen Gottesdienst zu halten. In der Kirche drängten sich etwa 300 Menschen. In Deutschland wäre das Gebäude von der Baupolizei sofort geschlossen worden. Die Menschen dort drinnen hatten schon stundenlang gesungen. Sie singen gerne und sie haben den Rhythmus. Ein Klavier hatten sie nicht, kein Wunder bei dieser Luftfeuchtigkeit. Dafür aber eine Orgel. Der Musiker, der dies Instrument spielte, wurde bewundert, und ich dachte bei mir: ,Gerhard, du leidest doch nicht schon an einem Gehörschaden?' Mit der rechten Hand spielte der gute Mann die Melodie in der richtigen Tonart, aber mit der linken Hand immer nur abwechselnd C – G, C – G. Da interessierte weder ihn noch die Gemeinde die Tonart.

Aber dann wurde gebetet. Alle beteten sie gemeinsam und hörten nicht eher auf, bis ein Glöcklein läutete. Das war so ihre

Art. Ich wurde vorgestellt und hielt meine erste Predigt mit afrikanischem Dolmetscher. Es ging recht gut. Mein Übersetzer übertrug auch die deutschen Brocken, die ich ab und zu im Eifer des Gefechts während meiner Predigt benutzte. Erstaunt sah ich, wie während meiner Rede eine Reihe von Zuhörern ihren Kopf neigten. Ich dachte: ‚die beten für mich.' Dann aber wurde ich eines Besseren belehrt. Zwei Diakone gingen mit einem Bambusstock in der Hand durch die Reihen. Wenn sie in die Nähe eines geneigten Hauptes kamen (sprich Schläfer), schlugen sie dem Betreffenden kurz auf den Kopf. Sie haben ja dichtes, krauses Haar, das viel abhält. Aber sie wachten auf und saßen kerzengerade während des ganzen Abends und hörten mir zu. Das waren im wahrsten Sinne des Wortes *Erweckungsversammlungen.* Ich habe gleich am ersten Abend mit vielen Leuten gebetet, mit Sündern und mit Kranken. Gott vergab den Sündern und heilte viele Kranke. Es war eine Freude, sie hüpfen und springen zu sehen. Am Ende war ich klatschnaß und bin in die Missionsstation zurückgekehrt. Ich wollte nichts weiter, als unter eine kalte Dusche. Das hatte ich mir so schön gedacht. Kein frisches, kaltes oder wenigstens kühles Wasser, nur lauwarmes. Das Wasser steht in einem Behälter auf dem Flachdach, und die Sonne scheint darauf und erwärmt es. Von dort bekommt es nämlich den richtigen Falldruck, um durch die Leitung fließen zu können. Kaltes Wasser habe ich in Nigeria nirgendwo gefunden. Aber nun war ich rechtschaffen müde. Ich kroch unters Moskitonetz in mein Bett. Doch mit dem Schlafen war nichts. Unmöglich. Diese feuchte Hitze, diese vielen Moskitos (Malariamücken) in Nigeria. Irgendwo im Netz mußte ein Loch gewesen sein, was die Viecher als Einladung verstanden haben mochten. Ich jedenfalls fand keine Ruhe.

Das Wetter ist für einen Weißen wahrlich ungünstig.

Die Baseler Mission soll in nur zehn Jahren infolge des Klimas 100 Missionare verloren haben. Man nennt Nigeria auch *das Grab des weißen Mannes.*

Mir ging in meinem Bett allmählich die Luft aus. Mein Herz fing an zu rasen. Ich mußte schon tüchtig beten und mich zwingen zu entspannen, um dann irgendwann zur Ruhe zu kommen und zu schlafen. Dabei hatten es die Missionare 30 Jahre vor mir nicht so bequem und angenehm, wie ich es hier hatte. Ein Grund mehr, Gott zu danken für das Heute. Meine Aufgabe in Nigeria war es, für zukünftige Missionare aus Deutschland mit dem einheimischen Pastor Akindol eine Basis für weitere Missionsarbeit im Osten, in Lagos zu schaffen. Als nächstes sollte ich im Westen, in Aba mit einem Bischof Dr. Etibeng, der bis zu 15 000 Mitglieder in seiner Kirche haben sollte, Kontakt aufnehmen, um dort einen Sitz für zukünftige gemeinsame Missionsarbeit vorzubereiten. Dabei war der geplante Schwerpunkt der Westen Nigerias. Dahin konnte ich aber nur mit einem Auto fahren. Meines wartete immer noch im Zoll, um von mir ausgelöst zu werden. Dafür brauchte ich aber Geld, und auf das wartete ich auch; es sollte aus Velbert kommen. Bis dahin wohnte ich im *Southern-Baptist-Hotel* und betätigte mich missionarisch.

Am Tag war ich auf den Straßen und Marktplätzen. Meine schwarzen Mitbrüder fuhren mich dorthin. Ich erinnere mich gut an den ersten Straßeneinsatz in Lagos. Ich hatte mein Saxophon dabei und blies zunächst auf der Straße ein Solo. Im Nu war ich von Hunderten von Menschen umringt. Mir wurde schwarz vor Augen, buchstäblich! Dann habe ich gepredigt. Gottes Gegenwart war gewaltig. Zum Schluß forderte ich die Leute auf, sich für Jesus zu entscheiden. Hunderte knieten sich auf der Straße nieder und baten Gott um Vergebung ihrer Sünden.

Von Menschen umringt, wurden mir Zettel mit Anschriften in die Tasche gesteckt, und man fragte mich immer wieder, wo meine Kirche wäre. Die Menschen waren hungrig nach Gottes Wort. Ist es da nicht verständlich, daß ich gerne Missionar werden wollte? Um mit Sündern zu beten!

Am Abend predige ich in der Kirche in Ebute Meta. Dort erlebten wir die Wunder Gottes. Nach jeder Veranstaltung war ich klatschnaß. Zuerst habe ich Baumwollhemden getragen. Die mußte ich nicht nur waschen, sondern selbst trockenbügeln. Fliegen legen sonst ihre Eier darin ab, und die gehen von dort in die Haut. Beim Bügeln werden die Eier abgetötet.

Nach etwa vier Wochen konnte ich endlich mein Auto aus dem Zoll auslösen und bereitete mich auf den Westen vor, auf Aba und Port Harcourt. Vorher hatte ich über alle Missionen, die es im Westen gab, recherchiert und dabei von etwa einem Dutzend Missionaren etwas Wichtiges erfahren: Der ominöse „Bischof Dr. Etibeng" war ein Zauberdoktor, der im Gefängnis gesessen hatte, weil er Missionare und Missionen um Geld betrogen hatte. Außerdem fand ich Missionare der AoG, die mit J. P. Kolenda in Brasilien gearbeitet hatten. Von Nigeria aus fuhr ich nach einer Karte in den Westen. Ich hatte sie einem deutschen Atlas entnommen. Etwas Besseres gab es nicht. Straßenkarten? Die kann man vergessen, die gab es einfach nicht. Anstatt den falschen Bischof Etibeng zu kontaktieren, besuchte ich das College der AoG. Dort wohnte ich auch und habe in der Gegend einige Missionare besucht, die Pionierarbeit leisteten. Es war eine solch große Erweckung dort, daß ich an jedem Tag eine neue Gemeinde hätte gründen können. Auf diese Arbeit konzentrierte ich mich voll, um dann später deutsche Missionare, die noch kommen sollten, einzuführen. In jener Gegend gibt es die Tse-Tse-Fliege, die ein Überträger der Schlafkrankheit ist. Darum mußte mein ganzes Auto desinfiziert werden. Zwei Erlebnisse möchte ich zum Schluß noch schildern, die ich nie im Leben vergessen werde:

Im Westen, in den Palmwäldern, hatten wir eine Konferenz. Tausende von Besuchern, ein Dutzend amerikanische Missionare, und ich als einziger Deutscher. Mir wurde gesagt: „Gerhard, du mußt auf dieser Konferenz predigen." Ich erwiderte: „Das gibt's doch nicht. Ihr seid Amerikaner und sprecht fließend Englisch. Ich werde hier nur rumstottern mit meinem armseligen Kauderwelsch." „Nichts da", sagten sie. „Du bist gut. Dein englisches Vokabular, und wie du die Sätze verdrehst, das kriegen wir nie im Leben hin. Deine Art Englisch zu sprechen verstehen die Dolmetscher besser. Bitte sprich du zu diesen Leuten und segne sie mit deinem Dienst."

Was blieb mir anderes übrig? Die Eingeborenen dort waren Ibos. Und wer sie kennt, der weiß, daß es keine besseren Sänger als die Ibos gibt. Sie haben das absolute Musikgehör. Ihr Gesang ist wie der Himmel auf Erden. Ich hätte ihnen stundenlang zuhören können. Aber ich sollte ja predigen, und vor meiner Predigt sang noch einmal ein Chor. Zwei bis dreihundert Männer, Frauen und Kinder stellten sich auf. Etwa die Hälfte davon waren Jungs. Eine Missionarin dirigierte. Ich hatte keine Ahnung, was gesungen werden sollte. Auf einmal ging es los: ‚Das gibt es doch nicht', dachte ich bei mir selbst. Da sang dieser Chor doch das *Große Halleluja von Händel*, mitten im Busch! Ich habe es nie schöner gehört. Sie sangen klassisch. Die klaren, hellen Knaben-Sopranstimmen, die schwarzen tiefen Bässe der Männer, das alles hat bei mir eine Gänsehaut verursacht, aber nicht, weil ich fror. Da hatte der Vater im Himmel mich mit etwas Außergewöhnlichem verwöhnt. Danach habe ich gepredigt. Gott war gegenwärtig. Hunderte haben nach der Predigt für sich beten lassen. Das folgende Erlebnis geschah auch im Westen. Wir waren weiter nördlich in den Busch gegangen, in die Nähe Kameruns. Viele Kinder haben mich betastet, denn sie hatten noch nie einen weißen Mann gesehen. Die meisten von ihnen liefen nackt herum, die

Frauen *oben ohne*. Es war zu heiß und zu schwül, um sich völlig zu bekleiden, außerdem hatten sie auch kein Geld für Garderobe. Einige hundert Menschen saßen vor mir. Zwei Übersetzer an meiner Seite, denn hier wurde in verschiedenen Dialekten gesprochen. Eine Bibel in ihren Sprachen gab es nicht. Alles sah auf mich. Ich fragte, ob sie wüßten, wo Europa und wo Deutschland liegt, von dorther komme ich nämlich. „Ich werde jetzt Deutsch sprechen", sagte ich ihnen, „und meine Dolmetscher werden es euch übersetzen." Die beiden Männer sahen mich entsetzt an, denn sie verstanden gar kein Deutsch, sondern nur Englisch. Der eine Dolmetscher übersetzte das Gesagte schon mal in seine Sprache. Dann flüsterte ich ihnen in Englisch zu, so daß es die andern nicht hören konnten: „Johannes 3,16." Sie begriffen sofort, nickten mir zu und waren erleichtert. Denn diesen Vers konnten sie auswendig in ihrer jeweiligen Muttersprache hersagen. Dann begann ich mit lauter Stimme diesen Bibelvers in Deutsch vorzutragen: „*Also hat Gott die Welt geliebt, daß er seinen eingeborenen Sohn gab, damit alle, die an Ihn glauben, nicht verloren werden, sondern das ewige Leben haben.*" Jetzt waren alle mucksmäuschenstill. Sie blickten gespannt auf die Übersetzer. Seelenruhig, als sei es das Selbstverständlichste auf der Welt, begannen sie in ihrer jeweiligen Sprache, genauso betonend wie ich, diesen Bibelvers nachzusprechen. Ungläubiges Staunen und Raunen in der Versammlung. Als die Dolmetscher das letzte Wort übertragen hatten, brach ein frenetischer Beifall los, wie man ihn sich kaum vorstellen kann. Die Übersetzer wurden bewundert und fühlten sich sehr geehrt. Dann habe ich in Englisch gepredigt. Wir waren in Gott geborgen. Jubel, Freude und inniger Lobpreis. Wir haben stundenlang richtig gefeiert.

Leider hatte mir die Regierung in Nigeria nicht mein Visum verlängert – wie in Deutschland versprochen. Ich wäre gerne noch geblieben, doch ich war gezwungen, das Land zu verlassen. Mein Visum galt nur für drei Monate, und die waren bereits überschritten. Ich mußte wieder nach Deutschland zurück.

Als Missionar für Jesus? Lieber heute als morgen. Doch meine Mission war beendet. Ich flog nach Deutschland zurück, für mein Gefühl sehr schade. Einige Monate später landete das erste Missionarsehepaar aus Deutschland in dem Gebiet und ging auf meinen Spuren, in Nigeria.

Afrika lag mir nun am Herzen. Im Frühjahr 1964 war ich dann wieder dort. Diesmal zuerst in Nordrhodesien und anschließend in Nigeria. In Rhodesien hatten wir phantastische Gottesdienste. Die

Offenbarung göttlicher Kraft war spürbar. Ein Höhepunkt war jeweils das Gemeindetreffen auf Kasupe, in Lusaka. Ich wollte so gerne Missionar werden, aber ich bekam dafür kein grünes Licht von Gott.

Andere Kontinente

Anfang der sechziger Jahre war in unserer Zeltmission der junge Wolfgang Blissenbach als Evangeliumssänger mit von der Partie. Was für ein Bariton! In der Hamburgischen Staatsoper hatte er vorgesungen und man war dort bereit gewesen, ihn – nach einer weiteren Ausbildung – zu engagieren. Als er einmal in Minden auf der Straße sang – ich begleitete ihn auf dem Akkordeon –, brach eine Frau zusammen und rutschte, sich an einen Lichtmast klammernd, zu Boden. Wir wollten ihr helfen, aber sie lehnte dankend ab. Sie erzählte uns, daß sie von dem Lied und der Stimme Wolfgangs, die ja gewaltig sei, getroffen worden wäre. Solch eine Stimme würde man sonst nur in der Oper hören und nicht hier auf der Straße. Sie war tief beeindruckt.

Wolfgang sang damals fast jeden Abend in unserm Zelt. Er leitete auch den Chor und gestaltete freitags immer einen Gesangsabend. Außerdem war er für die Hausmission zuständig.

Mit ihm reiste ich dann im Herbst 1964 in die USA. Ich predigte, er sang. Unser Ziel war u. a. auch, Mittel für eine zukünftige Radioarbeit, die sich anzubahnen schien, zu sammeln. Immer noch war ich mit *IBRA-Radio*, Schweden, eng verbunden. Wolfgang und ich waren rund drei Monate in den USA gewesen und haben in dieser Zeit mehrere tausend Dollar gesammelt. Der Leiter der deutschen Pfingstkirchen in den USA war damals Pastor Lönser. Ihm versprach ich, das Geld zurückzusenden, wenn aus der Radioarbeit nichts werden sollte. Es wurde leider nichts aus dieser wichtigen Medienarbeit, und ich schickte, wie versprochen, das Geld an ihn zurück.

1965 evangelisierte ich dann wieder in verschiedenen Gemeinden in Deutschland und der Schweiz. Da erreichte mich die traurige Nachricht, daß Pastor Breite, mein Nachfolger in Bremen, an Tbc erkrankt war und die Gemeinde nun ohne einen Hirten sei. Die Ältesten fragten mich, ob ich aushelfen könnte. Ich sagte zu und vertrat für kurze Zeit Pastor Breite in der Bremer Gemeinde.

Während dieser Phase erhielt ich von dem Missionar Horst Doberstein eine Einladung nach Argentinien, um dort unter den

Deutschen zu evangelisieren. Angeblich gab es damals etwa zehn Prozent deutschsprechende oder deutschverstehende Menschen in Argentinien. Sie bildeten so etwas wie den Mittelstand. Ich war schon überrascht, denn ich kannte Pastor Doberstein nicht und wunderte mich, wie ich zu einer solchen Einladung von einem mir unbekannten Missionar gekommen war. Die Missionsarbeit in Argentinien wurde von dem Deutschen Zweig der *Pentecostal Assemblies of Canada (PAoC)* gefördert und unterstützt. Kanada! Da kannte ich einige feine junge Leute, die in Deutschland die *Bibelschule BERÖA* besucht hatten. Einer von ihnen war Werner Kniesel, der durch das *Königsquartett* in Deutschland, der Schweiz und in Holland bekannt geworden war. Ich wußte, daß er Missionar in Argentinien war und konnte mir vorstellen, daß er mich als Evangelisten vorgeschlagen hatte.

Werners Eltern kannte ich auch von meinen Reisen in Kanada. Sie lebten in Windsor, Ontario. Ich kann sagen, sie waren so etwas wie *Aristokraten*. Durch den Krieg und die Vertreibung aus Jugoslawien hatten sie ein großes Vermögen verloren. Von dem haben sie nur einen winzigen Lastenausgleich zurückerhalten, weil sie über Österreich und nicht über Deutschland nach Kanada ausgewandert waren. Viele solcher Wohlhabender haben sich aus Verzweiflung und Angst vor der Armut das Leben genommen. Die Familie Kniesel aber gehörte Jesus. Sie waren als volksdeutsche Siedler zu Hause Glieder einer Kirche gewesen, die Jesus Christus verkündigte und sich „*Nazarener*" nannte.

Werners Bruder Philipp ist heute der Präses der deutschen Pfingstkirchen in Kanada (PAoC). Also vermutete ich Werner Kniesel hinter dieser Einladung. Ob das so war, weiß ich bis heute nicht. Pastor Werner Kniesel ist seit 20 Jahren Leiter der größten Kirche der *Schweizer Pfingstmission* in Zürich-Buchegg. Er hat in seiner Kirche zwei Gottesdienste am Sonntagvormittag, die von bis zu 1500 Leuten pro Gottesdienst besucht werden. Seine Kirche hat ein vorbildliches Hauskreisprogramm mit vielen, vielen Zellgemeinden und befindet sich seit Jahren schon im geistlichen Aufwind.

Pastor Doberstein hatte mich also eingeladen, von September bis Dezember nach Argentinien zu kommen. Ganz offen teilte er mir mit, daß sie leider meine Flugreise nicht bezahlen und mir auch keine Garantie für irgendeine finanzielle Unterstützung während dieser Zeit versprechen könnten. Argentinien sei ein armes Land, aber die Menschen brauchen Jesus. Der Deutsche Zweig der PAoC in Kanada sei aber bereit, eine Art Patenschaft zu übernehmen. Sie würden mir – nach meinem Dienst in Argentinien – vier Gottesdienste in Kanada organisieren, in denen ein Liebesopfer (Kollekte) für mich erhoben werden sollte. Allerdings müßte ich auf dem Rückweg von Argentinien über Kanada fliegen und dort die vier Gottesdienste halten. Sie würden finanziell alles übernehmen, was im Bereich ihrer Möglichkeiten läge. Ich sollte doch bitte nach Argentinien und Kanada kommen.

Von Gott hatte ich zu dieser Reise ein JA. Das war das Wichtigste. Aber Geld hatte ich keines, um den Flug zu bezahlen. Man hat mich immer als einen reichen, wohlhabenden Mann eingeschätzt. Ich weiß nicht warum, aber das war schon in der *ELIM-Gemeinde* Hamburg so. Als Rückendeckung hatten wir als Familie – nicht immer – etwas von dem Verkauf der Schallplatten übrig. Außerdem rechneten wir damit, daß die Schallplatten auch weiterhin etwas einbringen würden. So kamen wir immer durch. Als ich nun nach Südamerika fliegen sollte, mußte ich dieses Geld natürlich meiner Familie dalassen.

Allerdings fehlte in jenen Jahren das Geld, um meine Altersversicherung zu bezahlen. Diese Jahre fehlen mir heute zu meiner Rente. Was soll's. Es ging trotzdem alles, und es geht uns bis heute gut. Mit Paulus kann ich und auch meine Frau sagen: *„Wir können uns mit viel oder wenig genügen lassen."*

Ich legte alles in Gottes Hand und ging voller Freude, aber ohne Geld, ins Reisebüro. Dort kannte man mich, denn ich flog ja nicht zum ersten Mal mit ihrer Hilfe. Dem Reiseagenten legte ich meine Flugroute und meine Zeiten vor. Hinflug: Bremen – Frankfurt – Buenos Aires. Und drei Monate später der Rückflug: Buenos Aires – Rio de Janeiro über New York nach Toronto. Dort eine Unterbrechung, um zu predigen. Von Toronto dann nach Frankfurt und von dort nach Bremen zurück.

Der Reiseagent hat das gerne und freudig getan. Kostenpunkt: Einige tausend DM. Die ich aber, wie gesagt, nicht hatte. Ich schaute ihn treuherzig an und bat ihn, mir die Rechnung zuzuschicken, bestand aber darauf, die Flugtickets gleich auszustellen. Er tat es anstandslos. Mit den Flugscheinen in der Tasche ging ich nach Hause. Fröhlich, allerdings mit gemischten Gefühlen. Wie würde es alles gehen? Es ist immer spannend, etwas im Glauben zu unternehmen. Anfang September ging es los. Als ich in Buenos Aires eintraf, wurde ich von Pastor Doberstein empfangen. Ein angenehmer Mensch. Wir duzten uns gleich: „Gerhard", stellte ich mich vor. „Angenehm, ich heiße Horst." Dann eine ehrliche, herzliche Umarmung und alles war gelaufen. Dann sagte er noch:

„Ehe wir nach Hause fahren, müssen wir erst zur Radiostation. Ich muß noch Bänder abgeben. Du kannst ja auch noch ein paar Worte sagen, damit die Leute dich kennenlernen." Das ging ja gleich im richtigen Tempo los. Ganz nach meinem Geschmack. Kurze Zeit später saßen wir erst mal im Dreck fest, buchstäblich. Das war Sumpfland feinster Güte gewesen. Ich mußte natürlich raus und schieben. Er hatte einen *AUDI*. Ich bekam nicht allzuviel Dreck ab, als die Räder durchdrehten. Aber Sommersprossen von dem umherfliegenden Matsch hatte ich genügend im Gesicht. Das sah ich aber erst, als wir ins Licht kamen und ich mein Gesicht im Spiegel betrachten konnte. Als wir vom Sender nach Hause fuhren, fragte ich bescheiden an, ob die Leute hier einen Führerschein machen müßten. Denn in seinem Auto wurde ich auch ohne Badewanne *russisch-römisch* gebadet. Mir wurde nämlich abwechselnd heiß und kalt. Seine Fahrweise in Ehren, doch sein Fahrstil war eher für ein *„demolition derby"* geeignet – bei dem er sicherlich den ersten Preis gewonnen hätte. Als Privatchauffeur war er nicht geeignet. Um dies zu unterstreichen, hier eine kleine Begebenheit:

Mit Wolfgang Blissenbach war ich 1968 noch einmal in Argentinien gewesen. Wolfgang hatte Maschinenbauer für Lastenaufzüge gelernt – bevor er Evangeliumssänger wurde –, und dafür hatte er auch die passende Figur: ein Brocken von Mann. Deshalb sitzt er sonst immer vorn im Auto. Bei Horst jedoch wollte er lieber hinten sitzen! Er meinte einmal: „In so einem Gefährt hat wohl Paulus die Worte geschrieben: ,*Ich sterbe täglich*'." Wolfgang starb auf dem Rücksitz auch immer. Aber mit der Zeit gewöhnt man sich an alles – auch ans Sterben.

Die Familie Doberstein war einfach vorbildlich. Sie hatten drei kleine blonde Mädchen. Was dort allerdings sehr gefährlich sein konnte, denn blonde Mädchen werden oft in Argentinien einfach von der Straße weg entführt. Ihre Mutti brachte sie immer zur Schule und holte sie auch von dort wieder ab.

Wir hatten Erweckungsgottesdienste in Villa Ballester, Buenos Aires. Niemals werde ich das vergessen. Sie waren über dem Durchschnitt gut besucht, und eine ganze Anzahl von Menschen, jung und alt, entschieden sich für Jesus. Um Mitternacht herum lernte ich dann noch *Mate Tee* auf argentinische Art zu trinken. Von Villa Ballester ging es in den Chaco. Viel Wüste, viele stachelige Kakteen und heißer Wind aus dem Norden. Den Leuten im Chaco ging es mäßig gut. Sie hatten angefangen, neben Baumwolle auch Hirse anzubauen. So konnten sie auf ihren Äckern zweimal im Jahr ernten. Trotzdem war da noch viel Elend. Die Volksdeutschen, die dort leben, kamen meistens aus Polen oder der Ukraine. Sie waren als Christen sehr gesetzlich. Bei ihnen war die Zeit stehengeblieben. Das war nichts für mich. Trotzdem: Wir hatten sehr, sehr gute Gottesdienste.

Dann ging es nach Posadas, Missiones, in den nördlichsten Distrikt von Argentinien. Hier traf ich Werner Kniesel, der mich nach Leandro de Alem brachte. Er selbst war zu der Zeit damit befaßt, eine Gemeindearbeit zu gründen und eine Kirche in Eldorado zu bauen.

Nie werde ich die erste Nacht in Leandro de Alem vergessen. Das Haus stand auf Pfählen – wegen der giftigen Spinnen, Schlangen und der Bodenfeuchtigkeit. Mein Zimmer war wohl später angebaut worden, denn es hatte einem separaten Eingang. Das Bett war frisch bezogen. Es gab sogar elektrisches Licht, eine kleine Lampe über dem Kopfende des Bettes. Zwei Fensterläden, aber kein Glas und kein Fliegendraht. Neben dem Bett stand ein kleines Regal mit Zeitungen. Für die Kleider gab es Haken an den Wänden.

Apropos Wände! Das waren Bretter, die ohne Nut und Feder nebeneinandergenagelt worden waren. Als das Holz trocknete, entstanden Ritzen. Damit man nun nicht ins Nebenzimmer sehen konnte, waren die Ritzen von einer Seite vernagelt worden. Meine Seite hatte die Ritzen. Von beiden Seiten Leisten auf die Wände zu nageln, wäre zu teuer gekommen. Bevor ich zu Bett ging, habe ich noch geduscht. Eine Gießkanne wurde am Strick hochgezogen und dann das Wasser über den Kopf laufen lassen. Sehr praktisch, keine Installationsprobleme.

Eine *Spirale* – so wurde das mir unbekannte Ding genannt – verbreitete acht Stunden einen gewissen Rauch und Geruch, damit das Ungeziefer fern bliebe. Das hatte sich offensichtlich bei den Insekten noch nicht herumgesprochen gehabt. Kaum lag ich im Bett, ging es auch schon los. Die ersten *Besucher* kamen: Käfer aller Schattierungen. Die hatte ich noch nie gesehen. Überall raschelte es. Spinnen? Schlangen? Ich war mir nicht im klaren darüber, und ein so großer Held bin ich wiederum auch nicht. Als ich keine Ruhe bekam, machte ich das Licht an. Darüber muß sich ein großer langer Käfer so erschrocken haben, daß er sich mir ins Gesicht fallen ließ und über mein Bettlaken raste. Ich griff blitzschnell zu, drückte ihn – nicht aus Liebe, versteht sich – und schmiß ihn zu Boden. Ich wußte doch nicht, ob das Ungeheuer mich nicht stechen würde – und Angriff ist nun mal die beste Verteidigung.

Das Zeugs stank! Als ich das Licht anknipste, waren die Wände voller Käfer, die blitzschnell in den Ritzen verschwanden. Das war genug für mich. Ich hatte an der Tankstelle sicherheitshalber zwei Sprühflaschen DDT gekauft. Damals gab es das noch. Ich fing nun an, die Ritzen zu besprühen. Meine Güte, was da alles ans Licht kam! Ich trage gerne Sandalen. Die standen unter dem Bett, und mit denen habe ich – wie mit einer Fliegenklatsche – um mich geschlagen. Das tote Gewürm habe ich dann fein säuberlich vor das Bett gekehrt. Dann noch mal die Ritzen abgespritzt, auch die Fenster, die Türrahmen und die Türschwelle. Die Grillen hatte ich leider nicht erwischt. Sie stimmten nun den Totengesang für ihre gekillten Freunde an; und machten einen Krach wie ein Sägewerk. Aber trotz dieser Geräusche bin ich dann doch irgendwann eingeschlafen, weil sie so schön monoton zirpten. Als der Pastor, bei dem ich wohnte, am kommenden Morgen den Haufen Insekten sah, meinte er erstaunt: „Aber das Bett ist doch ganz frisch bezogen?"

War es auch! Aber vielleicht hatte ja gerade das die vielen kleinen Ungeheuer angezogen? Die *Spirale*, das weiß ich nun sicher, hat die Insekten nicht umgebracht. Da soll doch einer sagen, das Christsein ist langweilig. Auf keinen Fall.

In jener Gegend habe ich dann an verschieden Orten gepredigt: In Chacras Teeplantagen und Tungbaumgärten. Die Tungnüsse liefern ein schnelltrocknendes Öl. Es ist gut geeignet als Industrieöl. Insbesondere braucht man es zur Herstellung von Schiffsfarben.

Danach kam ich nach Eldorado, der Name soll Goldland oder auch Paradies bedeuten. Eine lange rote Erdstraße. Die Frauen müssen dort das Geschirr zweimal abwaschen. Einmal nach dem Essen und einmal vor dem Essen. Der rote Staub dringt überall ein. Wenn dieser rote Staub Gold gewesen wäre …

Werner und seine liebe Frau Hedi haben sich liebevoll um mich gekümmert. Die Einweihung der neugebauten Kirche stand bevor. Sie hatten eine kleine Tochter, die mich motivierte, das Lied *Morgens geht die Türe auf* zu komponieren. Am liebsten lief das kleine Balg nackt herum. Vor Spinnen – da sind die giftigen Vogelspinnen inbegriffen – und vor Käfern aller Art hatte sie keine Angst. Mit denen hat sie gern gespielt. Ich habe nur gestaunt. Wir hatten eine wunderschöne Einweihung. Volles Haus, wie man so sagt. Ich spielte eine kleine Hohnerorgel, deren Tastatur nur über drei Oktaven reichte. Alle Tasten durfte man auch nicht drücken, sonst hörte man gar nichts mehr. Aber das war es nicht, was mich störte. Die Fliegen waren es. Sie flogen mir immer in die Augen. Ich hatte glücklicherweise meine Insekten-Nahkampfwaffe dabei, die DDT-Flasche. Ab und zu ließ ich mal so eine DDT-Weihrauchwolke in die Luft gehen. Dann hatte ich für einige Zeit Ruhe. Beim Predigen sind mir dann Käfer in den offenen Mund geflogen, aber da habe ich nicht gewagt, hinterher zu sprühen. Mir blieb nichts anderes übrig, als sie – nach kurzem Zaudern – hinunterzuschlucken. Was sollte ich sonst tun? Ich konnte doch auf der Kanzel nicht anfangen zu spucken. Wenn es zu regnen anfing, begannen die Käfer besonders stark auszuschwärmen. Einige hoben schwer ab. Die waren zu groß. Einmal flog mir so ein Ding gegen den Kopf. Ich dachte, da hatte mir einer eine Kastanie an den Schädel geknallt. Aber bald schon lernte ich es, sie auszukontern. Sie flogen zu langsam: Eine kurze Gerade ... und hin waren sie.

Besonders gut waren unsere Kinderveranstaltungen. Die Kinder kamen bis von Kilometer 36. Die Kirche stand auf Kilometer sechs, wenn ich mich recht erinnere. Es gibt in jener Gegend keine Hausnummern, es wird nach Kilometernummern gewohnt.

Die schönste Zeit war aber immer, wenn ich mit Sündern beten konnte, und das durfte ich in diesen Tagen und Wochen oft. Viele Schwaben haben da gewohnt, auch Schweizer. Von dort ging es nach Cordoba Villa General Belgrano. Dort leben auch viele Deutsche. Wir predigten überall das Evangelium, und es gab immer Menschen, die dadurch zum Glauben an Jesus Christus kamen. Von dort ging es wieder zurück nach Buenos Aires.

Ein Wort zu den Finanzen: Ich wurde beschämt. Sehr beschämt. Die Leute taten, was sie konnten. Meine Kosten wurden zwar nicht gedeckt, aber ich war Gott für alles dankbar. Kanada wartete ja noch auf mich.

Über Rio de Janeiro, wo ich drei Tage blieb, ging es dann weiter über New York nach Toronto, Kanada. Liebevoll wurde ich auch dort aufgenommen und hatte meine vier versprochenen Missionsgottesdienste.

Die Mission und die Missionare in Argentinien arbeiteten vorbildlich. Eine tiefe Hingabe an Jesus und aufopfernde Liebe für die Menschen habe ich unter ihnen erlebt. Das konnte ich bedenkenlos in Kanada bezeugen. Mir war auch die politische, soziale und geistliche Situation in Argentinien aufgefallen. Und ebenso das daraus entstehende Spannungsfeld, in dem die Missionare zu arbeiten hatten. Das war mein Bericht, und die kanadischen Pfingstgemeinden hatten offene Ohren und weite Herzen für das große Land Argentinien. Das *Liebesopfer* für mich wurde erhoben und sämtliche Kosten, auch Flugkosten, wurden gedeckt. Ich behielt sogar noch 50 $ pro Woche zum Leben übrig. Meine Flugticketrechnung in Bremen? Die hatte man versehentlich verlegt. Sie war meiner Frau erst eine Woche vor meiner Ankunft mit der Post ins Haus geflattert. Diesmal ging ich auch fröhlich, aber mit Geld, ins Reisebüro und habe den Betrag auf den Tisch des Hauses geblättert. So treu ist Gott, wenn wir es IHM erlauben, für uns zu sorgen.

Eine mir ungelegene Arbeit

In den letzten Jahren war ich sehr oft im Ausland gewesen. Nicht, daß ich dahinterher gewesen wäre, aber die Einladungen kamen, und Gott konnte mich in diesen Ländern zum Segen setzen. In Brasilien hatte ich auch gepredigt, und alle diese Gottesdienste waren beeindruckend.

Deutschland aber war und blieb die Nummer *EINS* auf meinem Herzen – obwohl ich auch gern Missionar geworden wäre.

Im Westen, in Bonn und Umgebung, hatte Waldemar Sardaczuk eine großartige Arbeit geleistet. So kam mir der Gedanke, nach Süddeutschland zu ziehen, um dann vom Süden her Deutschland nach dem Norden hin mit dem Evangelium zu dienen. Also, wieder Pionierarbeiten leisten. In Aldingen hatte ich schon ein Grundstück in Aussicht, und unser Reihenhaus in Bremen war bereits auf dem Immobilienmarkt ausgeschrieben.

Da erhielt ich Anfang des Jahres 1966 einen Telefonanruf von einem bewährten Pastor aus dem Ruhrgebiet, Alfred Koschorreck. Er hatte wohl gehört, was ich vorhatte, und brachte mich auf einen ganz neuen Gedanken. Er bat mich, vor allem darüber zu beten. „Gerhard, wir brauchen dich auf der Bibelschule. Bruder Lorenz tritt zurück, und wir benötigen einen neuen Schulleiter. Ich habe an dich gedacht. Du kannst gut mit jungen Leuten umgehen und sie motivieren. Bitte laß dich auf die Kandidatenliste setzen."

Ehrlich gesagt, davon war ich nicht begeistert. Systematisch lehren? Das war alles andere als meine Stärke. Mit jungen Leuten arbeiten? Super. Ich begann also dafür zu beten und handelte nach einer Empfehlung von Pastor Keck aus der *Volksmission*. Als ich mich 1953 von Ludwigsburg weg verändern wollte, sagte er zu mir: *„Im Ruf der Brüder liegt oft auch der Ruf Gottes."* Sollten von mir aus die Brüder darüber entscheiden. Die Frühjahrstagung der ACD – wie damals der BFP noch genannt wurde – war in Frankfurt a. M. Ein Hauptthema war die Umbesetzung der Leitung der *Bibelschule BERÖA*. Eine neue Führungskraft wurde gesucht. Zur Sprache standen Ludwig Eisenlöffel und ich. Über uns beide wurde diskutiert. Wir sollten unsere Vorstellung über die Führung der Bibelschule der Bruderschaft unterbreiten, was wir auch taten. Pastor Ludwig Eisenlöffel hatte alle Voraussetzungen für dieses Amt. Einmal von seiner Ausbildung her, und zum anderen lehrte er bereits seit sechs Jahren sehr erfolgreich auf *BERÖA*. Ich war mehr Pragmatiker als Theologe. Eine Anzahl von Brüdern hatte Angst, daß ich mit den Studenten über die Dörfer ziehe und Pionierarbeit verrichte, anstatt sie zu unterrichten. Mit ihren Befürchtungen lagen sie gar nicht so verkehrt.

Dann brachte jemand den Vorschlag ein, uns beide, Ludwig und mich, zu gleichberechtigten Schulleitern, jedoch mit verteilten Kompetenzen, zu berufen. Das zerschlug den *gordischen Knoten*. Die Bruderschaft nahm diesen Vorschlag an und wählte. Das war im Frühjahr 1966. Am selben Tag, im Abendgottesdienst der Frankfurter Freien Christengemeinde, wurden Ludwig Eisenlöffel und ich unter Handauflegung der Ältesten für diesen gemeinsamen Dienst geweiht. Ludwig wohnte bereits auf *BERÖA,* und ich sollte zum Schulanfang im Oktober mit meiner Familie nach dorthin ziehen. Mir wurde so ganz nebenbei durch Beschluß der Brüder noch die Geschäftsführung des *Leuchter-Verlags* aufgebrummt.

Wir erhielten nie eine Beschreibung unserer Zuständigkeiten. Alles ergab sich von selbst. Ludwig war der Repräsentant der Schule beim Umgang mit Behörden, Kirchen und Administration. Erstellung des Lehrplans, Leitung der Lehrerversammlungen usw. waren ebenfalls seine Aufgaben. Er machte die Bibelschule zu einer Höheren Fachschule der Theologie und zur Fachschule der Diakonie. Beide Ausbildungszweige wurden vom Kultusministerium anerkannt und nach dem BAföG gefördert. Meine Aufgabe war: Repräsentation der Schule zu den Gemeinden hin und die PR-Arbeit für die ACD. Außerdem war ich verantwortlich für alle baulichen Arbeiten auf dem Gelände der Bibelschule und für die Geschäftsführung des *Leuchter-Verlags*. Ich nahm den Ruf unter der Bedingung an, daß ich zu jedem Jugendtreffen der ACD auch uneingeladen erscheinen dürfte und dort wenigstens zehn Minuten eingeräumt bekommen würde, um über die Bibelschule und die Berufung der jungen Menschen zum Dienst am Evangelium etwas zu sagen. Damit waren die Brüder einverstanden.

Unterrichtet habe ich Pastoraltheologie (Hirtenlehre), Homiletik (Predigtlehre) und Musik. Dazu gehörte die Chorleitung, der Aufbau von kleineren Musikgruppen und der Instrumentalunterricht für Anfänger. Instrumente, an denen ich unterrichtete, waren: Gitarre, Baßgeige, Akkordeon, Trompete, Klarinette und Saxophon. Hierbei wurde ich tatkräftig unterstützt von Brigitte Mayer, die aus der *Gemeinde Gottes* kam und hauptamtliche Klavierlehrerin an der Bibelschule war. Hinzu kamen für mich die evangelistischen Wochenendeinsätze. Vermutlich haben die Studenten bald gemerkt, daß ich nicht der große Lehrer war. Ich habe lieber mit ihnen Fußball gespielt oder am Lagerfeuer Fleisch nach brasilianischer Art am Spieß gebraten. (Wir hatten einen Brasilianer unter uns, Aldino Krüger.)

1966 hatten wir zwar noch 20 neue Studenten in der Unterstufe, von denen aber nur zwölf im nächsten Jahr die Oberstufe absolvierten. Es war aber eine gute Truppe, und eine Superstimmung herrschte unter uns.

Wir wurden mit der Zeit als Lehrer und Schüler eine große Familie. Die Zahl der Studenten nahm stetig zu. Monatlich wurde mindestens ein Geburtstag gefeiert; und überhaupt hatten wir ziemlich oft Gründe, uns zu amüsieren. Das hat uns zusammengeschweißt. In der Küche wurde immer ein gutes Essen für diese Abende vorbereitet. Die Tische waren super dekoriert. Der erste Teil unserer Feier war immer recht humorvoll. *Natürliche Heiligkeit und heilige Natürlichkeit,* war immer unser Motto. Der zweite Teil begann mit Darbietungen der Gesangsgruppen, die uns ganz schnell in die Anbetung führten. Ja, und dann gab es einfach kein Ende. Manchmal haben wir bis über Mitternacht hinaus gebetet, und in kleineren Gruppen geschah dann das, was man unter *Fortsetzung folgt* kennt. Ganz zu schweigen von den Feiern in unserer Bibelschulkapelle. Diese Feste auf der *Bibelschule BERÖA* gehören mit zu den schönsten, die ich erlebt habe. Vor allen Dingen haben sie meinen Kindern so viel mitgegeben, daß sie begeisterte Christen geblieben sind. Dafür bin ich bis heute dankbar.

Wir haben auch viel, sehr viel miteinander gebetet. Jeden Morgen und jeden Abend trafen wir uns zum Gebet. Keine festgesetzten Zeiten, es war unser Hunger nach Gott.

Mein Freund Conrad Lemke hatte das obligatorische Praktikum 1952 in der *ELIM-Gemeinde* Hamburg absolviert, das war bereits ein Zeugnis seiner Qualität. Seit 1957 lehrte er auch hier auf *BERÖA.* Conny war der ruhende Pol. Er ist ein wandelndes Lexikon und der geborene Dozent. Dennoch war er immer stark gemeinde-orientiert. Seine Beständigkeit hat mich immer wieder beschämt. Die Schule war schließlich auf 80 Studenten angewachsen. Das bedeutete, 80 verschiedene Ideen, Vorstellungen und Meinungen anzuhören und einzuordnen. Connys Unterricht schaffte manchen Ausgleich. Er baute Unebenheiten ab, korrigierte, wenn sich Fehler eingeschlichen hatten. Bei den Schülern war er sehr geschätzt. Sein Wort zählte. Er war außerdem Journalist, Lektor, Autor. Bis zuletzt war er noch ein beliebter Redner in den Gemeinden, ist auf Konferenzen und in vielen Gremien ein kompetenter Berater gewesen.

Sein völlig unerwarteter Heimgang, Anfang 1999, in die Ewigkeit ist ein großer Verlust für Tausende Menschen, die ihn kannten, und ganz besonders für mich.

Die Arbeit im Leuchter-Verlag nahm mich sehr stark in Anspruch. Wir begannen Bücher zu publizieren. Ein Werk wurde der Bestseller des Verlags. Es war von Rev. Paul Williscroft – einem mir bekannten Missionar aus den USA – dem Verlag empfohlen worden: *DAS KREUZ UND DIE MESSERHELDEN*. Unsere Druckerpressen und die Verarbeitung begannen zu laufen. Gerfried Schönleber, nachmaliger Eigentümer der Druckerei, und Lothar Neß, damals Buchbinder in der Verarbeitung und Buchbinderei, erarbeiteten sich fast gleichzeitig ihren Meistertitel. Wir konnten Lehrlinge einstellen und wurden zur Frankfurter Buchmesse zugelassen. Dort hatten wir einen Stand – ein Schaufenster in der internationalen Bücherwelt. Während der Sommermonate organisierten wir Freizeiten auf *BERÖA*. Nicht nur für den Freundeskreis, sondern wir wollten ganze Familien dafür gewinnen. Platz hatten wir in den Schülerzimmern, und das Gelände war zum Rumtoben für die Kinder riesengroß.

Während einer solchen Familienfreizeit leistete Karl-Heinz Schablowski – der nicht nur ein hervorragender Graphiker ist – eine sehr gute Kinderarbeit. Er führte einmal eine *Kinderolympiade* mit großem Erfolg durch. Die Abende waren meistens dem Gebet gewidmet. Wir veranstalteten sogar einmal eine Tauffeier im Freien: in dem nierenförmigen Wasserbecken auf dem Gelände zwischen Verlag und Bibelschule. Es wurden ein Mann und zwei Frauen getauft. Unvergeßliche Zeiten für mich auf *BERÖA*.

Meine zwei Jobs hielten mich auf Trab. In Ludwig Eisenlöffel hatte ich einen Freund, der mich verstand und sicherlich ab und zu über meine *Lehrkünste* gelächelt haben wird. Die Kapelle, die wir für unsere Gebetszeiten und Gottesdienste benutzten, erwies sich als zu klein. Wir baten einen befreundeten Architekten, uns Entwürfe für einen Neubau zu unterbreiten, was er auch tat. Ludwig Eisenlöffel hatte aus Kanada eine Einladung erhalten, dort in den Camps (Lagerversammlungen) zu predigen. In seiner Abwesenheit ließ ich die vorhandenen Gebäude neben der Schule abreißen und begann – gut organisiert – eine neue Kirche zu bauen. Für die Bauleitung war ich verantwortlich. Wir begannen Ende August 1967 und weihten die neue Kirche schon im Dezember mit einem Festakt ein. Die Studenten waren an Bauarbeiten gewöhnt und hatten tüchtig mitgeholfen. Bauen hat mich immer begeistert. Für damalige Verhältnisse war die Kirche ein Prachtstück geworden. Sie war bei jedem Musikfest überfüllt. In dieser Kirche haben wir viel gefeiert und Gott gepriesen.

Unsere BERÖA-Musikfeste wurden in Deutschland bekannt. Um diese künstlerisch respektablen Feste hautnah mitzuerleben, kamen Leute sogar aus der Schweiz und Österreich angereist. Das hat wiederum unseren Freundeskreis erweitert. Der Schulbetrieb auf BERÖA funktionierte einwandfrei, besser hätten wir es uns nicht wünschen können. Ab dem neuen Schuljahr wurde der Lehrplan auf eine dreijährige Ausbildung umgestellt.

Auch im Verlag lief alles recht ordentlich. Allerdings waren wir immer knapp an Bargeld, aber die Tendenzen zeigten deutlich einen Aufschwung. Wir erreichten damals mit der Druckerei und dem Verlag einen Gesamtumsatz von einer Million Mark. Das konnte sich sehen lassen.

1970 wurde mein Freund Ludwig schwer herzkrank. Als Schule gingen wir durch eine Krise, und da ich von Anfang an wußte, daß das Lehren nicht meine Berufung war, drängte mich innerlich alles in Richtung Pionierarbeit. 1971 machten wir mit den Studenten noch eine Studienreise nach Israel. Mit dieser Gruppe von über 60 Schülern zog ich in die Wüste. Ich wollte sehen und erleben, wie die Juden das Land wieder zum Blühen bekamen. Wir arbeiteten in dem Wehrkibbutz GROFIT, an der Grenze zu Jordanien, der auf einem Plateau liegt, militärisch gesehen auf einen Präsentierteller. Das israelische Kibbutzteam bestand aus jungen Leuten. Der Leiter war ein Panzerhauptmann und ein echtes Original. In den ersten Tagen haben sie mit uns nur Englisch gesprochen. Es waren zum größten Teil Kinder deutschjüdischer Eltern. Aber dann lernten sie uns durch unsere Arbeit schätzen und durch unsere spürbare Liebe zu Israel, wir wurden Freunde.

Über Israels Weg als Volk habe ich 1997 einen Film produzieren lassen, für den ich das Drehbuch schrieb und den ich als

Sprecher kommentiere. Titel des Filmes: *BRENNPUNKT ISRAEL*. Er ist professionell gemacht worden. Ein erschütterndes Zeitdokument.

In jenem Jahr wurden nicht nur die Studenten zum Semesterende 1971/72 verabschiedet, sondern auch ich. Conny Lemke verließ in jenem Jahr die Schule und arbeitete für längere Zeit in einem säkularen Verlagsunternehmen. Die Personaldecke wurde sehr dünn.

Pastor Karl-Heinz Neumann übernahm den Leuchter-Verlag, Evangeliumssänger Wolfgang Blissenbach und seine Frau Marlene die Musikarbeit an der Schule. John P. Kolenda sprang noch mal ein – obwohl er bereits Ruheständler war – und lehrte am Seminar Dogmatik und Homiletik. Emma Decker, eine Missionarin der *Assemblies of God*, lehrte praktische Seelsorge, und Richard Krüger lehrte Kirchengeschichte und Neues Testament.

Ludwig Eisenlöffel mußte dann als alleiniger Schulleiter, den Lehrermangel meist durch Gastdozenten improvisierend, ausgleichen. Er hat Gewaltiges geleistet. Wenn man bedenkt, daß er als in Psychologie geschulter Seelsorger von den inneren Nöten der Studenten oft betroffen wurde, wird man ermessen können, welch ein Verlust sein Ausscheiden aus dem Lehramt 1984 für die Bibelschule war.

Als Gastlehrer sprangen damals auch Reinhold Ulonska (Evangelisation und Dogmatik), Harold Schmitt, Missionar der AoG (Kirchengeschichte), und Erwin Lorenz, ehemaliger Präses der ACD und früherer Schulleiter (Pneumatologie), ein.

Teen Challenge

Im Winter 1970 hatten wir bereits angefangen, als Team mit Edith Wenger, Peter Kierner und Günter Plück für eine neue Pionierarbeit in Nürnberg zu beten. Wir begannen mit dieser Arbeit im Zelt am letzten Wochenende im Mai 1971 und zogen die Arbeit bis Mitte September durch. Jeden Tag außer Montag. Wir hatten verschiedene Redner, und wenn niemand zur Verfügung stand, sprang ich ein. Gott war uns gnädig. Heute steht dort eine stabile charismatische Gemeinde. Im Oktober weihten wir einen Saal in Nürnberg-Schweinau ein. Gott schenkte uns Gnade. Nach monatelanger Zeltarbeit, hartem Einsatz des Teams und jeweils einer Jugendgruppe aus Skandinavien und den USA konnten wir fast 80 Personen in dem neuen Gemeindesaal begrüßen. Als es dann zur Gemeindegründung und Taufe kam, schrumpfte die Gruppe der Neubekehrten zusammen. Wie sagt man: *Beim Waschen läuft die Wäsche ein.* So war es auch hier nach der biblischen Taufe. Peter Kierner leitete die Gemeinde. Edith und Günter standen ihm zur Seite. Ich hatte zwar geplant, wenigstens ein halbes Jahr dort zu bleiben, bis die Arbeit sich stabilisiert hatte. Doch das war wirklich nicht nötig. Die drei machten eine ausgezeichnete Arbeit. Ich konnte ihnen zutrauen, daß sie alles gut im Griff haben würden. Und so war es auch.

Mit mir hatte Gott etwas Neues vor: *Teen Challenge!*

Ich hatte noch Verpflichtungen vom Leuchter-Verlag zu erfüllen und reiste durch Süddeutschland und die Schweiz. Ende Oktober fuhr ich zu einer Hühnerfarm in der Nähe von Pfaffenhofen in Niederbayern, um dort die erste *Teen-Challenge*-Arbeit meines Lebens kennenzulernen.

Der Gründer von *Teen Challenge*, Pastor David Wilkerson (USA), hatte diese Arbeit in den Elendsvierteln von New York begonnen. Auslöser war ein Prozeß gegen einen Jugendlichen, der wegen eines Mordanschlags verurteilt werden sollte. Die Geschichte ist in dem Buch *DAS KREUZ UND DIE MESSERHELDEN* nachzulesen, so daß ich sie hier nicht ausführlich schildern muß. Es geht dabei um authentische Berichte aus dem Bandenwesen, Drogenmißbrauch und Gewalttätigkeiten, denen der Autor, David Wilkerson, seine tätige Christenliebe entgegensetzte. Er zeigt Jesus Christus als den Sieger über diese Probleme. Einfach einmalig, die Arbeit und der Einsatz von Pastor Wilkerson, den ich 1972 in Bern, Schweiz, persönlich kennenlernen sollte.

Die Drogenwelle und die *Jesus-People-Bewegung* aus den USA schwappten fast gleichzeitig nach Europa herüber. Es galt, die Arbeit von *Teen Challenge* (Herausforderung an Jugendliche) in Deutschland aufzubauen. Der Schwerpunkt lag auf der Gründung von Rehabilitationszentren für Drogenabhängige.

Die *Junkies* und *Fixer* – wie Drogenabhängige genannt werden – auf der *Szene* anzusprechen, war harte Pionierarbeit. Man mußte herausfinden, ob es welche gab, die von diesem Teufelszeug frei werden wollten. Immerhin wirkt für gewöhnlich eine Überdosis Rauschgift tödlich. Als *Drogenszene* bezeichnet man die Orte, wo mit Drogen gedealt, d. h. gehandelt wird und wo die Jugendlichen sich aufhalten, um das *High-Erlebnis*, den *Kick* gemeinsam zu erleben. Manchmal finden sie den Tod dabei. Der Staat kämpfte auch dagegen an, und private sozial ausgerichtete Organisationen folgten. Es wurden Kliniken eingerichtet, viele

Beratungsstellen aus dem Boden gestampft, Professoren, Fachärzte und anderes Fachpersonal hierfür freigestellt. Alles, um diese Epidemie einzudämmen. Die Deutschen glaubten zu wissen, wie man es richtig macht. Die Amis waren ja nicht kompetent genug, eine wirksame Hilfe anzubieten. Das mußte mit deutscher Gründlichkeit und Bürokratie erledigt werden. Das Ergebnis war gleich Null!

Die Drogenabhängigen suchten nur dann eine Drogenberatungsstelle auf, wenn nur noch eine radikale Entziehungskur helfen konnte. Und das ist für gewöhnlich dann, wenn ihnen das Elend bis an die Oberkante Unterlippe steht. Vorher nie. Dann aber lügen *Junkies,* was das Zeug hält, und den Fachleuten wird erzählt, was sie hören wollen, nur damit ihnen im Augenblick geholfen wird. Ich habe Leute unter ihnen kennengelernt, die es auf sechs E-Kuren gebracht hatten. Die konnte jeder Sozialarbeiter vermitteln, dazu brauchte man keine hochkarätigen Fachleute. Wieviel Geld ist da für nichts ausgegeben worden, nur weil man meinte, schlau zu sein.

Drogen und Drogenabhängigkeit, das ist eine Welt für sich, in die ich mich auch erst hineinarbeiten mußte. Das wußte und ahnte ich nicht, als ich zu dieser Hühnerfarm bei Pfaffenhofen fuhr. *Teen Challenge* hatte sich zunächst selbst organisiert und war kein Arbeitszweig des BFP. Mir war gesagt worden, daß die leitenden Brüder von *Teen Challenge* in Not wären und in Deutschland nicht weiter kommen. Sie suchten Personen, die diese Arbeit übernehmen und organisieren konnten. Ich solle dort einmal vorbeifahren und mir die ganze Einrichtung ansehen. Jetzt war ich da.

Ein lieber Bruder aus der *Baptistengemeinde* München hatte hier eine Hühnerfarm und ein Herz für junge Leute. Er stellte Räume für die *Teen-Challenge*-Arbeit zur Verfügung und kümmerte sich zusätzlich um drogenabhängige junge Männer. Er hatte aber nicht die Zeit, die solche Drogenabhängige in Anspruch nehmen, um sich intensiv um alle zu kümmern. Die Verantwortung für diese wichtige Arbeit in Deutschland lag jedoch auf den Schultern von Howard Volz, einem Amerikaner mit geringen deutschen Sprachkenntnissen.

Die Gesellschaft war auf das Phänomen Drogen nicht vorbereitet. Die Drogenabhängigen waren für viele Normalbürger nichts als langhaariges Gesindel.

Als sie auf der Hühnerfarm heimisch werden wollten, stießen sie – samt ihrem baptistischen Gönner – auf den Widerstand der Nachbarn. Die tatsächlich sozial Gefährdeten (oder schon hochgradig Geschädigten) drogenabhängigen Jungs hatten ihrerseits auch Dummheiten begangen. Einige hatten die Schweine der Bauern als Reitpferde mißbraucht, was nicht jeder Sau bekam. Hausschweine sind sehr herzinfarktanfällig. Die Spannung zwischen den ordentlichen Bürgern und den Hippies war groß. Eine Zeitung hatte einen Bericht darüber geschrieben und die *Teen-Challenge*-Arbeit in der Luft zerrissen. Der verantwortliche Amerikaner, selbst krank, bat mich, den Zeitungsartikel zu übersetzen. Ich brachte es nicht übers Herz. Er tat mir leid. Er hatte sein Bestes versucht. Ich hatte ein Gespräch mit beiden Männern. Auch sie wußten nicht so recht, wie es weitergehen sollte.

Noch am selben Abend fuhr ich über die Autobahn München – Frankfurt nach Hause. 1971 waren die Autobahnen noch nicht überfüllt. Ich fuhr nicht schnell. Meine Gedanken waren bei *Teen Challenge*. Vor meinem inneren Auge sah ich die jungen Leute und die Hühnerfarm. Ich habe gebetet und gebetet: „Lieber Gott, was soll dort geschehen? Du mußt helfen, mußt selbst eine Lösung schenken. Es ist Dein Werk, das lächerlich dargestellt und durch den Schmutz gezogen wurde. Die Finsternis will triumphieren. Jesus, Jesus, Jesus." Ich dachte an die biblische Geschichte, wie Goliath das Volk Gottes lächerlich gemacht und höhnisch ausgerufen hatte: *„Gebt mir einen Mann!"* Dieses Bild ließ mich nicht los. Und dann sagte ich Gott: „Ich bin bereit, dieser Mann zu sein. Aber Du mußt mir helfen. Weise mir, Herr, Deinen Weg." Innerlich wurde ich ruhig. Als ich zu Hause ankam, war mir klar: Ich werde in die *Teen-Challenge*-Arbeit gehen. Es galt nun Dinge abzuklären. Außerdem hatte ich noch viele andere Verpflichtungen.

Auf der Bibelschule *BERÖA* kontaktierte ich junge Leute, von denen ich wußte, daß sie bereit waren, in eine solche Arbeit zu gehen. Sie wollten aber im Stuttgarter Raum ein solches Zentrum für Mädchen und Frauen aufbauen. Männer und Frauen waren bei *Teen Challenge* grundsätzlich getrennt. Die engagierten Studenten begannen sofort für diese Sache zu beten. Der Mann, der die Stuttgarter Arbeit aufbaute und später mein Nachfolger wurde, war Heiko von Lehsten.

Auch im Raum München begann sich ein Team zu organisieren. Wenn ich es noch recht in Erinnerung habe, unter der Leitung von Karl-Heinz Wendel, für eine Arbeit unter Männern.

Dringend brauchte ich aber einen Mann für die Hühnerfarm, die ja bereits so etwas wie ein Programm hatte. Dieser Mann wurde Leo Molzahn. Er war Mitarbeiter des Evangelisten Erich Theis.

Leo hatte ich noch gut von einem Straßenmissionsdienst in Bonn in Erinnerung. Er stand an einer Ecke, rauchte eine Zigarette und belächelte uns spöttisch, während wir sangen und beteten. Er war schick gekleidet und sah gut aus. Ein Elvis-Presley-Typ, mit der entsprechenden Locke im Haar. Leo ist es wert, ihn und seine Familie ein wenig näher zu beschreiben: Die Molzahns waren insgesamt sechs Geschwister: fünf Jungs und ein Mädchen, Helga. Sie und ihr Bruder Helmut lebten in Hamburg und waren bereits Christen. Ein weiterer Bruder hatte sich nach Ostdeutschland abgesetzt. Sie waren als Flüchtlingsfamilie in die Gegend von Bonn verschlagen worden. Der Vater war im Krieg gefallen oder vermißt. Die Mutter mußte ihre Kinder alleine aufziehen. Dort, wo sie wohnten, waren sie nicht gerne gesehen. Flüchtlinge, *Pollacken* beschimpfte man sie. Als die Kinder klein waren, wurden sie gehänselt und verprügelt. Da sagten sich die Jungs: ‚Wenn wir groß sind, dann zahlen wir es allen heim.' Sie wurden groß, hatten entsprechend trainiert – um sich ihrer Haut wehren zu können – und wurden gefürchtete Schläger.

Sie hatten Freunde gefunden, die mit ihnen auf der gleichen Wellenlänge lagen. Ihre Spezialität: in einer Gaststätte eine Schlägerei beginnen, um sie dann auszuräumen. Natürlich hatte es jede Menge Schlägereien mit der Bahnpolizei, mit der Schutzpolizei und entsprechende Konflikte mit dem Gesetz gegeben.

Das waren die berüchtigten Molzahns.

Leo, Horst und Reinhard hatten sich in den letzten Tagen unserer Bonner Zeltmission bekehrt. Sie saßen vor mir im Zelt, in der ersten Reihe. Ihr Bruder Helmut aus Hamburg war auch gekommen. Einige junge Männer aus der Stadt meinten, unseren Gottesdienst im Zelt stören zu müssen. Sie machten vor dem Zelt Krach und rüttelten an den Zeltseilen. Da guckten sich die *MOLL-Zähne* an, standen wie ein Mann auf und gingen in Richtung Zeltausgang. Ich betete: „Lieber Heiland, hilf, laß nichts passieren." Als die Randalierer die Molzahns kommen sahen, dachten sie wohl: ‚Meine Güte, die Christen haben ja eine professionelle Wachmannschaft.' Denn sie wußten ja nicht, daß die *MOLL-Zähne* gläubig geworden waren. Sie kannten sie nur als fürchterliche Schläger. Wo die hinschlugen, da wuchs so schnell kein Gras mehr. Sie hauten ab und sind leider auch nie wiedergekommen. Ich sage leider, weil sie schließlich auch verlorene Menschen waren, die eine Erlösung durch Jesus Christus bitter nötig hatten.

Leo Molzahn war also mein Mann für die Hühnerfarm. Nicht, weil er so gut hinlangen konnte, sondern weil er ein klares JA von

Gott für diese Arbeit bekommen hatte. Außerdem sprach er noch die Sprache der Straßenkinder. Er diente, wie man so sagt, für einen Appel und ein Ei. Aber einen wahren Christen geht es nie ums Geld. Es geht um verlorene Menschen. Von Oktober bis Mai des folgenden Jahres hatte ich von keiner offiziellen Stelle auch nur einen Pfennig bekommen. Ich war Selbstversorger. Meine Familie und ich lebten von dem Geld, das von meinem Hausverkauf übrig geblieben war. Wir suchten nach einer neuen Farm und fanden sie in Obervilslern. Leo zog mit seinen Rehabilitanden um, und ich leitete für die nächste Zeit die Farm. Leo ließ sich für die *Teen-Challenge*-Arbeit vor Ort weiterbilden. Nach einigen Monaten kam er zurück, und ich war wieder für einen anderen Dienst frei. *Teen Challenge* brauchte dringend finanzielle Unterstützung, da sie noch nicht staatlich subventioniert wurde. Man hatte mir die Verantwortung für die Finanzen übertragen, und ich mußte jede Menge Geld sammeln gehen. Ich reiste also wieder einmal kreuz und quer durch deutsche Lande und hielt Vorträge in Schulen und Kirchen, vor Ärzten und Richtern. Alle suchten nach einer Lösung für das so flutartig aufgetretene Suchtproblem. Aber es gibt menschlich gesehen keine Abhilfe. Im Januar flog ich in die USA nach Santa Cruz in Kalifornien, um ein weiteres Semester zu studieren und mein Englisch zu verbessern. In Santa Clara betreute ich während des Studiums eine deutsche Kirche, die zu der Zeit ohne Pastor war.

Wie sagt der Volksmund: *Vorbeugen ist besser als heilen.* Ich wußte um die starke Wirkung des Buches *DAS KREUZ UND DIE MESSERHELDEN*. Und wußte auch, daß es in den USA einen Film darüber gab. Ich hatte schon zu viele Jugendliche *abstürzen* sehen. Und wollte alles unternehmen, um über die Gefahren der Drogen aufzuklären. So habe ich den amerikanischen Film samt Soundtrack und das Drehbuch gekauft. Gott war mir gnädig, und ich bekam alles, wenn auch erst nach langem Suchen.

Pastor Hermann Dallmanns Frau Franziska übersetzte das Drehbuch. Ich begann mit der Arbeit für die Lippen-Synchronisation. Der Text mußte flüssig und in der Sprache der Jugendlichen wiedergegeben werden. Es hieß also Silben zählen, auf Vokale und Konsonanten achten und in Einklang mit den sich bewegenden Lippen bringen. Eine Heidenarbeit, die ich nur unter Gebet leisten konnte.

Zwischendurch galt es, das Geld für die Synchronisation – sie hat über 40 000 DM gekostet – zu beschaffen. Schwester Paula

Gassner von der *Biblischen Glaubensgemeinde* in Stuttgart hat mir finanziell am meisten geholfen. Den Rest habe ich zugesteuert. München und Hamburg, das sind die *Hollywoods* in Deutschland. Weil ich mich in Süddeutschland aufhielt, suchte ich in München nach einem Filmstudio für Lippen-Synchronisation. Qualität ist nun mal teuer. Es galt auch, die geeigneten Sprecher zu finden. Ich mußte auch die geeigneten deutschen Sprecher finden. Ich bekam die beiden Brüder Wepper, die damals beim Film noch Anfänger waren, und einige andere Filmgrößen. Ich habe nicht alle Namen behalten. Wir saßen beisammen und sprachen mein Vorhaben durch. Meiner Meinung nach sollten sie auch etwas für die Drogenabhängigen leisten. Das konnte ich ihnen sagen und mußte – während der Arbeit – erkennen, daß eine Sprecherin selbst schon abhängig war. Natürlich haben wir über Jesus gesprochen. Alle Sprecher und Schauspieler haben bei diesem Film von Herzen mitgearbeitet. „Endlich mal nicht diese Sch... Pornos", sagten sie mir. Bei der Synchronisierung der Predigt – im Film spielt Pat Boone den Pastor Wilkerson – wurde es einmal kritisch. Der Regisseur wollte diese Predigt so richtig theatralisch und pastoral bringen lassen.

„Nix da", fuhr ich dazwischen, und an den Sprecher gewandt: „Du redest, wie dir der Schnabel gewachsen ist. Sag es einfach nur aus deinem Herzen heraus."

Alle saßen wie gebannt da. „Meine Güte", meinten sie hinterher, „das war aber stark, wenn doch immer in den Kirchen so gepredigt würde." Zum Schluß sprach ich noch eine kleine Passage: „... und das Kreuz ist doch stärker als die Messerhelden."

Von diesem synchronisierten Film wurden zwölf Kopien angefertigt. Einige lieferten wir in die Schweiz und einige nach Österreich. Unsere *Teen-Challenge*-Einrichtungen hatten jeweils eine Kopie bekommen und waren fast täglich unterwegs, um in Schulen, Kirchen und sogar in Freiveranstaltungen diesen Film zu zeigen. Ich bin sicher, daß der Film viele junge Menschen vor dem *Absturz* bewahrt hat. Pastoren, die auch andere Filme als Mittel zur Evangelisation einsetzen, sagten mir, daß sie bis heute die meisten Besucher dann haben, wenn sie den Film DAS KREUZ UND DIE MESSERHELDEN zeigen. Dieser Film ist bis heute aktuell geblieben, fünfundzwanzig Jahre nach seiner deutschen Fassung.

Während dieser Zeit ging ich durch eine gesundheitliche Krise. Erst vermutete man nur einen Tumor im Enddarm. Es stellte sich heraus, daß ich dort sechs Geschwüre hatte, die nach innen aufgegangen waren und als Fisteln einen zweiten natürlichen Darmausgang geschaffen hatten. Ich hatte fürchterliche Schmerzen und konnte nur noch auf einem Gummiring sitzen. Den hatte ich in einer Tragetasche immer bei mir. Viermal wurde ich operiert. Danach war wieder alles o.k.

Die *Teen-Challenge*-Arbeiten in München und besonders im Stuttgarter Raum entwickelten sich ausgezeichnet. In der Nähe von Heilbronn wurde das Schlößle – ein ehemaliges repräsentatives Gasthaus – gemietet und als Reha-Zentrum für drogenabhängige Mädchen und Frauen eingerichtet. Eine Therapie dauert für gewöhnlich ein Jahr. Die Arbeit mit der ersten Gruppe war ein voller Erfolg, nämlich eine hundertprozentige Rehabilitation der Mädchen, die diese Zeit durchgehalten haben. Noch nach einem Jahr war keine rückfällig geworden. So eine niedrige Rückfallquote konnte aber nicht immer erzielt werde. Natürlich baut das Reha-Team auf die Kraft des Evangeliums und auf das Gebet.

Im Januar 1975 ging ich mit meiner lieben Frau nach Berlin, um dort eine *Teen-Challenge*-Arbeit unter Männern aufzubauen. Zwei unserer Töchter – selbst noch Teenager – blieben in Erzhausen. Sie verhielten sich vorbildlich. Wir hatten auch noch ein Nachbarmädchen für einige Monate zur Pflege aufgenommen. Alle drei haben tapfer den Haushalt geführt und treu die Schule besucht. Bärbel, unsere älteste Tochter, war zu der Zeit bereits in den USA und verheiratet. Unser Sohn Andreas studierte in Nordamerika.

Berlin hat meiner Frau und mir alles abverlangt, intensive Arbeit in der Drogenszene einerseits und das Motivieren der Abhängigen für einen radikalen Neuanfang andererseits. Die Betreuung geschah in einem angemieteten Haus. Unser Tag begann um 6.00 Uhr morgens mit dem Wecken der Mitarbeiter und einer gemeinsamen Gebetszeit. Von 8.00 bis 9.00 Uhr war gemeinsames Frühstück mit nachfolgender Morgenandacht. Ab 10.00 Uhr war Arbeitszeit. Wenn ich nicht mitgearbeitet habe, haben die Probanden auch nichts getan. Mittagessen gab es um 13.00 Uhr. Ab 14.30 Uhr standen Wanderungen, Spiel und Sport auf dem Programm. Um 18.00 Uhr Abendessen und anschließend Freizeit.

Für mich lief die Arbeit auch abends weiter. Anträge an die Sozialbehörden, Buchhaltung, Freundesbriefe. Das alles nahm viel Zeit in Anspruch. 23.00 Uhr Lichter aus. Ich machte noch einmal einen Rundgang durchs Haus, sagte in den Zimmern gute Nacht und hatte meist noch Einzelgespräche. Müde kniete ich danach vor meinem Bett und dankte Gott für den Tag. Das alles spielte sich an sieben Tagen in der Woche ab! Anstrengend schön, wenn man daran dachte, daß mancher junge Mensch den Weg zurück in die Gesellschaft fand. Nicht jeder hat sich bekehrt, aber unsere Mühe war keineswegs umsonst gewesen.

In Berlin kam dann auch für meine Frau und mich die Entscheidung, von *Teen Challenge* Abschied zu nehmen und wieder in einen Gemeindedienst zu gehen. Konkrete Vorstellungen hatte ich zwar noch keine, aber Möglichkeiten gab es viele. Gute Mitarbeiter waren jetzt in Berlin dazugekommen. Da konnten wir gehen.

Für mich gab es noch einmal eine unangenehme Situation. Bei der Übergabe der Buchhaltung hatte der Prüfer festgestellt, daß eine ganze Reihe von Belegen fehlte. Die Buchführung für *Teen Challenge* hatte nicht ich, sondern meine Tochter Gaby übernommen. Die deutsche Geschäftsstelle für *Teen Challenge* war nämlich in Erzhausen. Es war ganz selbstverständlich, daß Fragen an mich gestellt wurden, wie es sich mit den Beträgen verhalte. Das war sehr peinlich und demütigend für mich, aber ich war ja selbst daran schuld. Ich hätte die Belege sorgfältiger sammeln sollen. Pastor Harold Schmitt und Pastor Gerhard Wessler stellten mir die Gewissensfrage vor Gott, ob ich Gelder für mich persönlich verwendet hätte. Hatte ich nicht. Ich bat um etwas Zeit, die fehlenden Belege zu beschaffen, was mir auch gelang. Pastor Schmitt, der damalige Leiter von *Teen Challenge*, sprach mir daraufhin das Vertrauen aus. Wie ich das empfand? Gott läßt keine Bäume in den Himmel wachsen. Wenn wir gedemütigt werden, macht ER uns groß. Wenn wir uns für groß halten, dann demütigt uns Gott. Das Kapitel *Teen Challenge* möchte ich mit einem Erlebnis abschließen, welches zeigt, daß unsere Arbeit im Namen des Herrn nicht vergeblich war.

Wir hatten eine Veranstaltung in Düsseldorf. Hunderte von jungen Menschen waren gekommen, von denen sich am Schluß relativ viele für Jesus entschieden haben. Dann sah ich einen jungen Mann den Gang zum Rednerpult kommen. Er ging nicht, er schleppte sich mit einem unendlich traurigen Blick in den Augen, die in dunklen Höhlen lagen. Mir fiel Schiller ein: ... *und aus den öden Fensterhöhlen schaut das Grauen* ... Ja, mich schaute da das lebendige Grauen an. Je näher er kam, desto unangenehmer wurde sein Körpergeruch. Als er vor mir stand, konnte ich es kaum ertragen. Dazu war er grün und blau im Gesicht.

„Junge", sagte ich, „was ist denn mit dir passiert, was ist los?"

Er erzählte mir in kurzen, stockenden Sätzen seine traurige Geschichte: Er sei auf Droge, zur Zeit kein Stoff. Entziehungserscheinungen. Affen schieben. – Manche gehen dabei durch die Hölle. – Er habe fürchterlich gefroren und in einem Neubau, an einer Zentralheizung, Wärme gesucht. – Während der kalten Jahreszeit laufen sie auf Minimaltemperatur, um Frostschäden zu vermeiden. Er habe sich die Betontreppe hochgeschleppt, brach zusammen und mußte sich übergeben und kroch auf allen Vieren zur Heizung. Auf dem Rückweg sei er die Treppen hinuntergefallen. Deswegen sein zerschlagenes Gesicht. Darum dieser fürchterliche Gestank.

Jetzt stand er vor mir und sagte: „Wenn mich meine Mutter sehen würde ... Pastor, bete für mich, ich bin ein Schwein." Er war etwas älter als mein Sohn. Tiefes Mitleid packte mich. Ich umarmte und betete für ihn. Der Pastor am Ort kümmerte sich weiter um ihn. Ich glaube, man schickte ihn nach Obervilslern.

Jahre später, ich war schon lange nicht mehr bei *Teen Challenge*, predigte ich am Sonntagvormittag irgendwo in Süddeutschland. Nach dem Gottesdienst kam ein junges Ehepaar mit einem Kind an der Hand auf mich zu, und der Mann strahlte mich an. Dann stellte er eine Frage, die mich immer verlegen macht: „Kennst du mich noch?" Ich versuchte, mir sein Gesicht, die Frau, den Sohn ins Gedächtnis zu rufen. Nein, da kam nichts. „Tut mir leid", sagte ich, „ich kann mich nicht erinnern."

„Ich bin der Mann, der in Düsseldorf vor dir stand und sagte: ‚Pastor, bete für mich, ich bin ein Schwein.' Ich habe einen Beruf erlernt, eine liebe Frau gefunden, und wir sind eine glückliche Familie."

Ja, das konnte man sehen. Ich nahm sie alle in den Arm und habe sie tüchtig gedrückt. Hier wurde wieder einmal wahr, was die Bibel mit so schönen Worten wiedergibt: *Er gab mir Schönheit statt Asche, Freudenöl statt Trauer. Er gab Lobgesang in einen betrübten Geist.*

Teen Challenge, eine Arbeit von dringender Notwendigkeit. *Teen Challenge* war ein besonderer Meilenstein in meinem geistlichen Leben. Es war Herbst 1975 geworden, als der Vorstand meiner alten Liebe, *der Freien Christengemeinde ELIM Bremen,* an mich herantrat und fragte, ob ich wieder ihr Pastor werden wollte. Pastor Richard Breite wollte sich verändern, und sie würden sich freuen, wenn ich wieder nach Bremen käme. Über zwölf Jahre waren inzwischen vergangen. Die Ehepaare, die ich getraut und deren Kinder ich gesegnet hatte, waren eine neue Gemeinde

179

geworden. Sollte ich wirklich noch einmal zurückgehen? Das konnte ich nur durch Gebet erfahren. Gott gab mir Sein Ja, und am 1. Dezember 1975 war ich wieder Pastor meiner alten Gemeinde.

Es hatte Veränderungen nach außen und innen gegeben. Vor der Kirche war ein ansehnliches Haus mit zwölf Einzimmerwohnungen für ältere Menschen entstanden und die Kirche selbst war umgebaut und erweitert worden. Eine Reihe neuer Gesichter sah ich in den Gottesdiensten, aber eben auch viele alte Bekannte. Chorleiter war wieder Robert Schwolow (wie vor vielen Jahren schon einmal). Meine Aufgabe war klar: Ich hatte die Gemeinde und die Jugend zu betreuen.

Innerhalb der Bewegung des BFP wurde ich Vorsitzender des Distrikts Weser/Ems und Mitglied des Vorstandes der Velberter Mission. Das bedeutete, einmal im Monat nach Velbert zu fahren, um dort an den Besprechungen teilzunehmen. Außerdem wurde ich Vorsitzender des Jugend-Missionswerkes *Neue Mühle* im Harz. Damals ahnte ich noch nicht, daß ich diesmal in Bremen mit einer Missionsarbeit beginnen würde, die eine bundesweite Auswirkung haben sollte.

Royal Rangers

Unsere Jugendarbeit war jetzt nicht mehr so stark, wie sie zu meinen alten Zeiten einmal gewesen war. Eine neue Generation mit neuem Denkansatz und neuem Vokabular wollte ganz anders angesprochen werden. Von Herbst bis Frühjahr unterrichtete ich die Zwölf- bis Vierzehnjährigen in Bibellehre; am Palmsonntag wurden sie eingesegnet. Mich befriedigte das nicht. Wir hatten viele Kinder zwischen acht und zwölf Jahren, und ich war überzeugt, daß wir mit ihnen bereits beginnen mußten, Gemeinde zu bauen. Sie sind in diesem Alter willig und hören noch zu. Da muß der Grundstein gelegt werden. Von den USA kannte ich die Arbeit der *Royal Ranger* und trug diesen Gedanken unserm Vorstand vor. Es handelt sich um eine freikirchliche Jugendorganisation, ähnlich den Pfadfindern.

Wir hatten bewegte Vorstandssitzungen. Die älteren Brüder konnten sich gar nicht mit diesem Gedanken anfreunden, Kinder zu *uniformieren*. Ein Braunhemd tragen? Das war mehr als schockierend für sie. Es erinnerte sie zu sehr an die Nazizeit. Denn sie selbst – ich ja auch – hatten Braunhemden getragen. Der nächste Streitpunkt war der Name *Royal Ranger*. Warum mußte alles englisch sein? Konnte man das nicht auch in deutsch bewerkstelligen? Der Vietnam-Krieg und die Parolen der Roten: *Ami go home*, die an den Häuserwänden zu lesen waren, trugen einen Teil zu ihrer Skepsis bei. Sie wehrten sich mit Händen und Füßen. Gerhard aber gab nicht nach, ich biß mich durch. Brachte es auch immer wieder vor und erklärte stereotyp, welche Vorteile das für die Familien und für die Gemeinden haben würde. Endlich war es dann soweit. Die Brüder kannten mich und wußten, daß ich niemals etwas unternehmen würde, was dem Ansehen der Gemeinde schaden könnte. Anfang April wurde der Vorschlag dann angenommen und in einem Vorstandsprotokoll festgehalten.

Werner Mund, damals als Praktikant bis zu seiner Ordination in Bremen, war für die Jugend- und Jungschararbeit verantwortlich. Pastor Hans Reimann, mein Schwiegersohn, der im März 1979 als zweiter Pastor in die Gemeinde gewählt wurde, hatte mich im Bemühen für den Aufbau einer *Royal-Ranger-Arbeit* im Vorstand kräftig unterstützt. Er präzisierte dem Vorstand Sinn und Zweck dieser Arbeit und legte ihnen auch seine Bereitschaft dar, sie aufzubauen. Pastor Reimann ist ein Perfektionist. Wenn schon, dann gleich alles richtig anpacken.

Wir hatten kein Material von der *Royal-Ranger-Arbeit* vorliegen. Das mußte erst aus den USA besorgt werden, genehmigt und übersetzt sein, damit eine richtige Jugendarbeit in Deutschland aufgebaut werden konnte. Johnny Bames und Pastor Williscroft, beide aus den USA, besuchten uns im Herbst 1979 in Bremen. Sie verpflichteten sich gegenüber Hans Reimann und der Gemeinde, alles zu geben, um diese erste Deutsche *Royal-Ranger-Arbeit* als Pionierwerk zu unterstützen.

Pastor Reimann übersetzte, und meine Tochter Gabi korrigierte die Dolmetscherarbeit und schnitt sie auf deutsches Denken zu. Das nahm natürlich Zeit in Anspruch. Während dieser theoretischen Arbeiten startete ich einige Wochen vor Weihnachten mit einer Gruppe von 15 Kindern einmal in der Woche mit einem Programm. Es war ein Vorläufer der zukünftigen *Royal-Ranger-Programme*, das ich selbst entwickelte. Mein Ausstieg aus dieser Arbeit war der Heilige Abend 1979. Für diese Feier hatte ich noch zwei Kinderlieder komponiert, die wir an diesem Abend vortrugen. Ich hatte die Kinder ungeheuer lieb.

Es war einige Zeit nach Neujahr, als Pastor Reimann voll in diese Arbeit einstieg. Er sammelte Mitarbeiter um sich und entwickelte eine professionelle *Royal-Ranger-Arbeit*. Wie erfolgreich sie einmal sein und wie sie sich auf ganz Deutschland ausbreiten würde, davon hatten wir damals noch keine Ahnung. Persönlich wußte ich: das ist eine von Gott gewollte Kinderarbeit. Nach dem Ausscheiden von Pastor Reimann aus der Gemeinde in Bremen Anfang 1982 schaltete sich Pastor Breite in diese Arbeit mit ein. Er war ja bereits im Juni 1978 aus der Bremer Gemeindearbeit ausgeschieden. Richard und seine Frau waren seit langem Experten in der Kinderarbeit. Und so wuchs und wuchs die *Royal-Ranger-Arbeit*.

Inzwischen haben die *Royal Ranger* in Gerd Ersfeld, Issum, einen eigenen hauptamtlichen Leiter und ein eigenes Jugendmagazin *„HORIZONT"*. Redakteur ist Hans Peter Schock in Schorndorf, und die Auflage beträgt bereits 9000 Exemplare. 1998 wurde in Neufrankenrod bei Gotha in Thüringen ein Bundescamp mit 4000 (!) jugendlichen Teilnehmern durchgeführt. Über die Bundesrepublik verteilt gibt es inzwischen über zweihundert *Stammposten*, die ständig anwachsen. Ihre Mitglieder arbeiten überkonfessionell und setzen sich aus sogenannten taufgesinnten Kirchen, Freikirchen und freien Gemeinden zusammen.

Ein Herz für die Alten

Während dieser Zeit kam ein lieber Ältester und erzählte mir von seiner Bürde für die älteren Menschen, die er auf seinem Herzen hätte. Er habe in Bremen-Grambke ein Grundstück, und darauf möchte er ein kleines Altenheim bauen.

Wir beteten miteinander dafür und beteten auch weiterhin dafür. Er bildete sich beruflich weiter und begann alle Möglichkeiten für ein solches Unternehmen zu erkunden. Sein Name ist Heinz Bonkowski.

Es dauerte ein Jahr, bis wir eine Vorstellung von dem hatten, was machbar und möglich war. Wir hatten es bis dahin nicht in der Öffentlichkeit diskutiert. Der Gedanke an ein kleines Altenheim hatte man uns bereits ausgeredet. Die Behörden, an die wir uns gewandt hatten, rieten uns, gleich in einem größeren Rahmen zu bauen, um staatliche Mittel dafür zu erhalten. Außerdem sei es klüger, eine große Körperschaft, einen eingetragenen Verein hinter sich zu haben.

So kam es dann zur Gründung des *Sozialwerkes der Freien Christengemeinde e.V.* Statuten und Richtlinien wurden entworfen. Heinz Bonkowski wurde zum Geschäftsführer benannt, der dem

Vorstand für einen regelmäßigen Geschäftsbericht verantwortlich war. Ich war Vorsitzender des Sozialwerkes geworden.

Wir alle ahnten damals nicht, daß die Einrichtung in Grambke zu einem einmaligen Modell in der Bundesrepublik Deutschland werden würde. Ein Haus mit 60 Betten zur Betreuung von psychisch Kranken. In einer offenen Einrichtung, kombiniert mit einer gerontopsychologischen Abteilung (Alternspsychologie) sowie einem Altenheim. Eine Kombination, die es bis dahin noch nicht gab. Kostenpunkt des Projektes: 6,5 Millionen DM. Ein Baukomitee und ein Finanzkuratorium wurden ebenfalls gegründet. Beide gingen fachmännisch und korrekt unter der Leitung von Heinz Bonkowski an die Arbeit. Als das Haus nach zwei Jahren Bauzeit fertiggestellt worden war, lagen wir bei der Endabrechnung erst bei 6,2 Millionen. Wir waren mit dem Bau unter den vorhergesehenen Kosten der Architekten geblieben.

Das Sozialwerk leistete eine so vorbildliche Arbeit, daß Fachleute aus der gesamten Bundesrepublik kamen und sich das Projekt ansahen. Es ist auch nicht bei diesem einen Projekt geblieben. Zu den Arbeitsbereichen gehören heute: eine Altentagesstätte, eine christliche Bücherstube, ein Kinder- und Jugendberatungszentrum, die Privatschule *MENTOR* und eine Aussiedlerarbeit. Dazu eine Reihe von kleinen Kommunitäten, in denen junge psychisch kranke Menschen betreut werden. Eine Reihe weiterer Projekte sind im Aufbau.

Mit diesen Arbeiten hatte ich direkt nichts zu schaffen. Die Verantwortung lag in den Händen von Heinz Bonkowski. Meine Mitarbeit als Vorstand des Vereins lag in der Beratung, dem Gebet und der Ermutigung. Ich bin stolz auf Heinz Bonkowski und seine Frau sowie auf alle Mitarbeiter, die geholfen haben, dieses Sozialwerk ins Leben zu rufen und aufzubauen.

Eine Anzahl von lieben Rußlanddeutschen hatte die Gemeinde bereits besucht, ehe ich nach Bremen kam. Ihre gesetzliche Haltung zu äußerlichen Dingen brachte Spannungen in die Gemeinde. Für diese lieben Menschen war beispielsweise der Tannenbaum ein Götze, der nichts in einer Kirche verloren haben sollte. Ich kann sie ja verstehen: Litauen, Estland, Ostpreußen; ja, die gesamten baltischen Länder zählen zu den Hochburgen der Vermischung von Aberglauben und christlichem Bekenntnis. Die Anbetung von Ikonen und Bildern der Heiligen konnte sie nicht zur Erlösung durch Christus führen. Deswegen hatten die Umsiedler aus jenen Regionen eine starre, ablehnende Haltung zu gewissen äußerlichen Dingen. Wie anders war doch meine Erfahrung: Als ich mich bekehrte, kam ich in eine Gemeinde, die nicht nur einen, sondern gleich zwei große Tannenbäume, wunderschön geschmückt, über die Feiertage aufgestellt hatte. Ich fand das super. Welch eine schöne Atmosphäre.

Um dem Problem mit unseren russischen Freunden zu begegnen, fuhr ich mit meinem Schwiegersohn in den Harz zur *Neuen Mühle*. Dort haben wir kleine und große Tannen geschlagen und in unseren VW-Bus verstaut. Wir steckten sie zu Hause in Marmeladeneimer, die wir mit Sand gefüllt hatten, und stellten so im Gemeindesaal einen Weihnachtswald auf, den wir verschieden farbig bestrahlten. In der Mitte hatten wir eine Höhle nachgebaut und darin ein Krippenspiel aufgestellt.

Diesen „künstlichen" Wald konnten unsere Freunde aus Rußland mit ihrem Glauben in Einklang bringen. Ihr hättet ihre Augen sehen sollen. Sie staunten, als sie am Heiligabend den Gottesdienst besuchten. Wir hatten dazu ein sehr gutes Rahmenprogramm, und ich hielt eine Kurzpredigt. Es hätte nicht schöner sein können. Dann verkündigte ich noch von der Kanzel, daß ich nach dem Gottesdienst Hilfe brauchte. Der ganze Wald müsse abgebaut werden, damit wir morgen einen normalen Gottesdienst feiern könnten. Da brach ein Proteststurm los: „Aber, Bruder Klemm, das willst du doch nicht ernsthaft." Wir sind mit diesem *Weihnachtswald* ins Neue Jahr hineingegangen.

Den Geschwistern aus Rußland empfahl ich später trotzdem, eine eigene Gemeinde zu gründen. Damit konnten sie allen aus Rußland kommenden Deutschen in ihrer eigenen Gemeinde eine ihrem Glauben entsprechende geistliche Heimat bieten. An unseren westlichen Kirchen hätte ihr Gewissen womöglich Schaden erleiden können. Sie folgten meinem Rat und zählen heute in Bremen über 1000 Mitglieder. Möge Gott sie segnen. Unsere Gemeinde wuchs und blühte ebenfalls auf. Wir hatten herzbewegende Gottesdienste.

Inzwischen feierte ich meinen 50. Geburtstag und mein 30-jähriges Dienstjubiläum. Immer wieder erhielt ich Einladungen, um bei besonderen Gottesdiensten zu sprechen. Sehr gefreut habe ich mich über die Einladung, bei den Jugendgottesdiensten der *Europäischen Pfingstbewegung* 1976 in Helsinki zu predigen. Diese Gottesdienste begannen erst um 23.00 Uhr im Olympia-Eisstadion von Helsinki. Mehr als 10 000 Besucher, meist Jugendliche, hatten sich dazu versammelt. An diesen beiden Abenden kamen Hunderte zum Altar, um sich für den Dienst am Evangelium in ihrem Land zur Verfügung zu stellen.

Medienarbeit war angesagt

Ein neuer Abschnitt in meinem Leben sollte 1979 beginnen. Wir hatten in der Bremer Gemeinde oft Gastredner. Einer davon war Dr. Kelsey aus Dallas in Texas gewesen. Dr. Kelsey lud mich ein, ihn in seiner Heimat zu besuchen. Ich hatte bereits viele Bekannte und Freunde in Kalifornien, Oregon und Ohio. So buchte ich eine Rundreise und besuchte sie alle nacheinander. In Dallas schlief ich bei einem Millionär. Seine Frau war gerade auf Weltreise. Er hatte in einem seiner Fabrikräume ein kleines TV-Studio eingerichtet. Das war sein Hobby. Ich fand das interessant. Mein Gastgeber bat mich, seiner lieben Frau einige Grüße zu sagen und filmte die improvisierte Szene. Da machte es bei mir *KLICK*. In Bremen unterrichtete ich – wie bereits erwähnt – im Realgymnasium *MENTOR* einmal in der Woche die Klassen 7 bis 9 in Religion. Das war alles andere als leicht, besonders die achte Klasse. Hier bei diesem Millionär kam mir der Gedanke, Videoaufnahmen zu filmen, wo junge Leute von ihrer Christuserfahrung berichten und auch ihre Lieder singen. Einmal im Monat wollte ich der Klasse so einen Film zur Bereicherung, und für mich zur Entlastung, vorführen. Damit – so hoffte ich – fessele ich ihre Aufmerksamkeit und zugleich hörten die Schüler von ihresgleichen etwas über Jesus Christus.

Ich bin gleich an die Arbeit gegangen. In Dallas, Texas, bekam ich einen amerikanischen Kameramann mit Ausrüstung. Mein Schwiegersohn Stefan machte die DEKO-Arbeiten. Ich verwandelte die jeweilige Kirche in ein TV-Studio. Die Jugendlichen der einzelnen Gemeinden halfen mir dabei. Das war 1980. Das Ganze war nicht billig, es kostete zwischen 25- und 30 000 DM. Die Gemeinde habe ich damit nicht belastet, sondern mein Haus, auf das ich eine zusätzliche Hypothek aufnahm.

Es wurde ein Reinfall. Wir hatten 50 Videokassetten bespielt. Der Fehler war: Alle Aufnahmen waren mit einer NTSC-Kamera des amerikanischen Systems aufgenommen worden. Sie mußten auf das deutsche PAL-System konvertiert werden. Die Konvertierung konnte damals nur in England gemacht werden. Eine Stunde dieser Arbeit kostete damals 2000 DM. Damit wäre ich pleite gewesen. Ich konnte also mit dem gesamten Material nichts anfangen. Ich hatte es gut gemeint, aber alles war den Bach runtergegangen. Natürlich hätte ich aufgeben können. Das aber ist nicht meine Art. Mein Motto war ja: Entweder es geht, oder ich gehe; aber ich gehe nicht *(Opa)*.

Es hatte also zu gehen. Es mußte ja nur ein neuer Weg gefunden werden. Studieren, eine Ausbildung in Medien absolvieren, das war nun für mich angesagt. In Deutschland war dies aber unmöglich. Deutsche Fernsehanstalten sitzen auf ihren Positionen wie eine Glucke auf dem Ei. Also kamen wieder nur die USA, speziell Nordamerika in Frage.

Ich bewarb mich, von Deutschland aus, an verschiedenen Universitäten, aber das war finanziell für mich alles nicht machbar. So stieß ich eines Tages auf *100 Huntley Street* Toronto, Kanada. Die hatten zwar keine Schule, aber ein Studio. Mir wurde gesagt, ich könnte kommen. Allerdings nach dem Motto: Learning by doing: Im Studio sein, anschauen, mitmachen usw.

Im Herbst 1981 nahm ich unbezahlten Urlaub und flog zu Stefan und Barbara, die eine Gemeinde in der Nähe Torontos in Kanada übernommen hatten und nach dorthin umgezogen waren. Stefan hatte sogar ein Auto für mich, mit dem ich ins Studio von *100 Huntley Street* fahren konnte. Die Bremer Gemeinde war so freundlich und übernahm die Kosten für die Sozialversicherungen, für mich und meine Familie. Für unseren Lebensunterhalt mußte ich selbst aufkommen.

Aus einem Flop wurde ein Ruf. Der Präsident David Mainse bat mich, Moderator und Produzent der deutschen Fernsehsendung *„EIN ERFÜLLTES LEBEN"* zu werden. Das ist eine einstündige Talk-Show. Er bat mich, darüber zu beten und die Einwanderung nach Kanada zu beantragen. David Mainse stellte mir auch gleich ein Empfehlungsschreiben für das Kanadische Konsulat in Deutschland aus. In mir wogte und brodelte es. Sollte ich mit meiner Frau nach Kanada auswandern? Wie sollte ich mich verhalten? Erst einmal beten. Das nahm ich sofort in Angriff, und Gott zeigte mir, wer mein Nachfolger in Bremen werden sollte.

Man machte mir das Angebot, die nötigen Flugreisen für mich zu bezahlen und das Studio für mich zu reservieren, damit ich noch vor meiner Auswanderung die Sendungen produzieren konnte. Das tat ich auch. Der Vorstand der Gemeinde in Bremen war mit meinen häufigen Reisen nach Kanada einverstanden. So begann ich bereits 1981 in *100 Huntley Street* deutsche Sendungen zu produzieren. Doch bevor ich ganz nach Kanada umsiedeln konnte, brauchte ich erst das Ja meines Nachfolgers.

Eines Tages, gerade in der Zeit, als ich in Deutschland war, besuchte mich der Bruder, den ich mir als Nachfolger wünschte, in Bremen. Er wohnte damals noch in der Nähe von Seattle, Tacoma, im Staate Washington. Seine Arbeit unter den Deutschen in den USA wurde von der deutschen Regierung so geschätzt, daß er auf Vorschlag des deutschen Botschafters das Bundesverdienstkreuz verliehen bekommen hatte. Das geschah in einem feierlichen Akt im Bremer Rathaus. Der solchermaßen geehrte Pastor war Werner Gunia. Als er unser Wohnzimmer betrat, sagte er: „Sei still, du brauchst mir nichts zu sagen. Ich weiß, was du von mir willst." Ich hatte mit ihm vorher kein Wort darüber gesprochen.

„Komm, laß uns erst einmal eine Tasse Kaffe trinken", sagte ich.

„Ist ja schon gut, aber ich weiß dennoch, was du sagen willst." Er wiederholte es immer wieder, bis ich schließlich fragte: „Na, was will ich denn fragen?"

„Ob ich Pastor der Bremer Gemeinde werden möchte", sagte er mit einem angedeuteten Lächeln. Ich war platt. „Ja", sagte er weiter, „Gott hat zu mir gesprochen. Ich werde den Dienst übernehmen, aber nicht sofort." Da hatte ich die Bestätigung, daß er mein Nachfolger werden würde und daß ich nach Kanada auswandern und dort Fernseharbeit übernehmen sollte.

Alles entwickelte sich in diese Richtung. Ich beantragte die Auswanderung und bekam überhaupt keine Schwierigkeiten. Pastor Werner Gunia machte seine Rückwanderung nach Deutschland davon abhängig, daß sein Sohn in den USA versorgt wäre, der nicht mit nach Europa zurückkommen würde. Auch das regelte sich. Werners Sohn verlobte sich drüben und verpflichtete sich zum Militär, wo er seine Berufsausbildung absolvieren konnte.

Im Juli 1982 wurde ich von der Bremer Gemeinde, nachdem wieder sieben Dienstjahre vergangen waren, verabschiedet. Am selben Tag wurde Pastor Werner Gunia mit seiner lieben Familie eingesegnet. Die Gemeinde in Bremen und Pastor Gunia sind unsere Freunde geblieben bis auf den heutigen Tag.

Am 25. Oktober 1982 flogen meine Frau Gerda und ich die Strecke Bremen–Frankfurt nach Toronto in Kanada – einer neuen Aufgabe und neuen Abenteuern entgegen.

Andere Länder, andere Sitten

Wir erreichten nach einem ruhigen Flug Toronto in Kanada. Viele Fragen schießen einem da durch den Kopf. Doch jetzt hieß es, die nächsten Schritte für die Immigration – die Einwanderung vorzubereiten. Wir waren nicht die einzigen, die einwandern wollten. Die Halle war voll mit Einwanderern. Wir wurden gebeten Platz zu nehmen, und wie das manchmal so ist, kamen wir auch sofort dran. Eine nette Beamtin – was man nicht von allen sagen kann – hieß uns willkommen. Sie fragte nach unseren Papieren. Eine der ersten persönlichen Fragen war, was ich beruflich in Kanada unternehmen wolle. Ich antwortete korrekt: „TV-machen für die deutschsprachige Minderheit im Land."

Sie horchte auf. „So, so. Mit wem und wo werden Sie arbeiten?"

Meine Antwort: „Mit *100 Huntley Street.*"

Da fing sie an zu strahlen und erklärte mir, sie sei ein Fan von *100 Huntley Street* und ihr Mann arbeite auch für dieses Studio. Ja, was wollten wir mehr? Alles lief perfekt. Wir bekamen unsere Stempel und waren somit *Landed Immigrants*. Wir bekamen sofort unser Gepäck ausgehändigt. Unsere Kinder warteten draußen. Als wir aus dem Büro kamen, meinten sie verblüfft: „Das ging aber schnell."

„Na klar, wir sind doch von der schnellen Truppe", scherzte ich fröhlich.

Ich empfand diese reibungslose Einwanderung als Bestätigung des Heiligen Geistes für meine zukünftige Arbeit im Reich Gottes: Dies war der Platz, wo Gott mich haben wollte.

Unsere Enkel begrüßten Oma und Opa etwas verschüchtert.

Unsere Kinder wohnten in Oakville, am Lake Ontario. Sie hatten ein Reihenhaus, und wir beiden wurden bei ihnen gut untergebracht. In mir brannte das Feuer. Ich wollte arbeiten, Menschen für Jesus gewinnen, mit Menschen beten. Ich konnte es gar nicht erwarten, nach Toronto ins Studio zu fahren.

Eine Erklärung zum Studio: *100 Huntley Street* ist die Anschrift des Studios. Aber weil der Wortlaut so gut klang, wurde die tägliche Sendung – die in Englisch über zwei Stunden *live* gesendet wird – auch so genannt. Die 100 stand für hundertprozentiges Leben mit Christus. Die deutsche Sendung, die nur eine Stunde lief, hieß: *EIN ERFÜLLTES LEBEN.*

Die Studioräume waren gemietet und mit den modernsten Geräten ausgestattet. 200 Menschen waren im Studio beschäftigt; u. a. ein Heer von Seelsorgern, die täglich 24 Stunden lang an Telefonen für Hörer erreichbar waren. Bis heute erhält das Studio Toronto über 100 000 Anrufe im Monat, wobei die meisten, die anrufen, für sich beten lassen. Jeder wird angehört, mit jedem wird gebetet. Egal, welche Probleme sie auch haben.

Weitere Sendungen wurden in folgenden Sprachen produziert: Französisch, Spanisch, Griechisch, Italienisch, Ukrainisch und Deutsch. Das war damals so, als ich anfing. Heute hat sich das Bild verschoben, was die Sprachen betrifft. Ungefähr 50 bis 75 Mitarbeiter zählten zum technischen Personal. Die Sendezeiten mußten gekauft werden, weil in Kanada christliche oder religiöse Sender verboten waren. Das ist praktisch auch heute noch so. Ganz im Gegensatz zu den USA, wo es viele christliche TV-Sender gibt.

In Bridgeton, wo mein Schwiegersohn Stefan Sos vorher Pastor war, hatte eine liebe Schwester, deren Mann verstorben war, Stefan das alte Auto schenken wollen. Er nahm es dann für mich, und so war ich beweglich. Ohne Auto ist man in Kanada aufgeschmissen. Mit diesem Wagen fuhr ich am nächsten Tag nach Toronto ins Studio. Ich strahlte meinen neuen Boß Cal Bombay an und sagte: „Hier bin ich, es kann losgehen."

Als der gute Mann mich sah, wurde er kreidebleich und sagte zu mir: „Gerhard, schlechte Nachrichten. Die Direktoren haben vor einiger Zeit entschieden, daß keine neuen Mitarbeiter eingestellt werden dürfen. Ein Poststreik hat uns der Finanzen beraubt. Der Zahlungsverkehr in Nordamerika geht über Schecks und durch die Post zur Bank. Außerdem muß jede Produktion, die erstellt wird, im voraus bar bezahlt werden. Der zuständige Moderater und jeder Angestellte muß über einen Freundeskreis sein eigenes Gehalt aufbringen. I'm sorry, das sind die neuen Bestimmungen. Aber alle Türen in Kanada sind weit offen für dich. Ich wünsche dir Gottes Segen."

Ich stand offensichtlich auf der Straße. Gefeuert, oder wie immer man es sagen will. Dabei hatte ich noch gar nicht angefangen. Das war für mich wie ein Schlag vor den Kopf. Liebe Zeit, das hätten sie mir ja auch vorher sagen können. Die Auswanderung hatte mich rund 10 000 DM gekostet.

Schon auf meinen vorherigen Reisen in den USA und in Kanada hatte ich mit den dortigen Verantwortlichen der Gemeinden über Fernseharbeit gesprochen. Sie wußten, ich würde kommen, denn David Mainse hatte mir doch einen Brief für das Konsulat gegeben, mit dem Versprechen, mir ein Gehalt zu zahlen. Was immer sie sich auch unter einem Gehalt vorgestellt haben mögen. Die Brüder hatten mir schon im Vorfeld meiner Auswanderung versprochen: „Wenn du Fernsehen machst, mit dem Gedanken, damit nach Deutschland zu gehen, unterstützen wir dich monatlich mit 500 Dollar", so versprachen die kanadischen Brüder. „Wir unterstützen dich monatlich mit 300 Dollar", so sagten die amerikanischen Brüder. Das waren immerhin 800 Dollar.

Und so sagte ich zu meinen Boß Cal: „Nein, Cal, so geht es nun aber doch nicht. Ich bin nicht extra von Deutschland gekommen, um jetzt auf der Straße zu stehen. Es muß einen Weg geben."

Und dann machte ich ihm gleich einen Vorschlag: „Ich veranlasse, daß 800 Dollar an *100 Huntley Street* gezahlt werden, und ihr stellt mich mit einem Gehalt von 800 Dollar im Monat ein."

Mein Schwiegersohn, der noch ein Anfänger als Pastor war, erhielt von der Mission monatlich 1600 Dollar. Damit hatte ich auch gerechnet. (Erst drei Jahre später erhielt ich 1500 Dollar Monatsgehalt.) Jetzt sah natürlich alles anders aus. Ich brauchte für mich und meiner Frau eine Sozialversicherung, Krankenkasse usw., dafür war ich verantwortlich.

Mein altes Motto kam mir in den Sinn: Entweder es geht, oder ich gehe; aber ich gehe nicht!

Cal war mit meinem Vorschlag einverstanden, und so wurde ich für 800 Dollar Monatsgehalt eingestellt. Davon gingen die Beiträge zur Sozialversicherung ab, so daß ich alle 14 Tage einen Scheck über 300 Dollar erhielt.

Mit dieser Nachricht fuhr ich nach Hause. Es läßt sich ermessen, wie mir zumute war. Zweifel jagten durch mein Herz: ‚War es richtig, was du unternommen hast? Das hast du jetzt davon.' Ich bin auch nur ein Mensch und habe Gefühle wie jeder andere auch. Ich dachte nur immer: ‚Wie sag ich's meiner Frau?' Meine Frau weinte, als ich es ihr erzählte. Sie sagte: „So etwas macht man nicht unter Christen." Ich erwiderte ihr: „Schatz, du hast ja recht. Ich weiß aber genau, daß Gott mich hier haben will. Wir gehören nicht zu denen, die da weichen. Aufgeben kann jeder. Wir geben nicht auf. Wir vertrauen Gott."

Unsere Kinder bedauerten das alles, aber ich sagte zu ihnen: „Hilft nichts, da müssen wir nun durch."

Ein weiteres Problem für mich war, die Produktion bar im voraus zu bezahlen. Woher nehmen, wo ich doch nicht stehle? Wenn ich nicht produzierte, wären die Brüder in Kanada und USA nicht an ihr Wort gebunden gewesen, mir ein Gehalt zu zahlen. Ich leistete dann ja nichts. Dieses Problem hatte ich meiner Frau verheimlicht, das wäre zuviel für sie gewesen. Im Glauben ließ ich mir in *100 Huntley Street* ein Konto einrichten und belastete es gleich mit einem 10 000-Dollar-Kredit, damit ich Geld für eine Produktion hatte. Dann setzte ich mich sofort mit den Brüdern in

Verbindung und gab einen Bericht über die neu entstandene Sachlage. Sie kannten mich seit Jahrzehnten und vertrauten mir voll. So begann ich im Vertrauen auf Gott mit den Produktionen. Ein weiteres Problem war, wo wir wohnen sollten. Wir konnten ja nicht ewig bei unsern Kindern bleiben, obwohl sie uns niemals auf die Straße gesetzt hätten. In Bremen hatten wir uns rund 30 000 Dollar von einer Frau aus der Gemeinde geliehen. Das Geld wollten wir als Anzahlung für ein kleines Häuschen ausgeben, da in Kanada die Mieten fast noch teurer sind als eine Hypothek. Wir hatten ein Leben lang gelernt, uns einzuschränken.

„Schatz", sagte ich, „geh auf Haussuche, wir können nicht ewig bei den Kindern wohnen." Meine Frau war etwas zurückhaltend, aber ich ermunterte sie mit den Worten: „Das könnte dem Teufel so passen. Er will uns nur einen Knüppel zwischen die Beine werfen. Wir treten ihm vors Schienbein, wir kaufen ein Haus." Ich wußte auch nicht, wie das alles werden würde. Aber während ich ins Studio fuhr und lernte, meine Sendungen zu produzierten, ging meine liebe Frau mit unserer Tochter auf Haussuche.

Eines Tages war es soweit: Sie hatten ein Haus gefunden. Ganz in der Nähe. Vom Küchenfenster aus konnte man auf einen See schauen. Exzellent. Ich sah es mir an und war begeistert. Ein Reihenhaus mit einem herrlichen Wohnzimmer und drei Schlafzimmern. Eines würde Büro werden, das andere sollte Gästezimmer sein. Kostenpunkt: 61 000 Dollar. Das Haus war mit einer Hypothek von 35 000 Dollar zu 6 % belastet auf ein halbes Jahr. Besser hätte es nicht sein können, denn eine neue Hypothek hätte zu der Zeit 18 % Zinsen bedeutet. Es war gerade eine Rezession in Kanada, besonders in der Provinz Ontario, wo wir wohnen wollten. Um die Wirtschaft anzukurbeln, schenkte Ontario jedem, der zum ersten Mal ein Haus kaufte, 3000 Dollar. So blieben nur noch 58 000 Dollar.

Wir hatten nun ein Haus, aber noch keine Möbel. Die Küchenausstattung war eingebaut. Selbst Waschmaschine und Trockner waren im Preis enthalten. Wir kauften uns Betten und eine Wohnzimmereinrichtung. Einfache Regale. Für uns gut genug. Geld für Lampen und Gardinen hatten wir nicht mehr, und so war die Straßenlaterne unsere Schlafzimmerbeleuchtung. Die Bettlaken waren des Nachts unsere Gardinen. Wir dankten täglich Gott für Seine überschwengliche Liebe. Ich konnte dem Herrn dienen und mit Menschen beten, und meine Frau hatte ihr Haus. Was wollten wir mehr?

Wir blieben eng mit Deutschland verbunden. Kanada sollte nur ein Sprungbrett für eine zukünftige Fernseharbeit in Deutschland sein. Es war die richtige Zeit. Die Puzzles paßten zueinander. David Mainse organisierte eine Europäische Medienkonferenz, die auf Schloß Naumburg in Deutschland durchgeführt wurde. Im Raum Worms sollte privat verkabelt werden. Es war die erste Chance in Richtung privater TV-Sender. Ich dachte, da müssen wir unseren Fuß reinstellen. Wir müssen dabei sein. Deutschland braucht Jesus!

Im Frühjahr 1983 rief mich Pastor Zopfi an und fragte, ob ich kurzfristig als Redner für eine Landeskonfernz in der Schweiz einspringen könnte. Ich sprang ein! Gott, wie gut bist Du!

Im Juni erreichte mich ein Anruf aus den USA. Raymond Rüb, der Direktor des *German District,* rief an: „Bruder Klemm, unser Lagerredner Pastor Eisenlöffel hat abgesagt. Du stehst als erster auf unserer Liste. Kannst du kommen? Ich konnte. Ich danke Gott für Bruder Eisenlöffel, der nicht in die USA reisen konnte. Freunde, so wirkt Gott!

Während dieser Lagerversammlung in den USA segneten mich die Brüder zum Dienst in der Fernseharbeit. (Das haben die deutschen verantwortlichen Brüder bis heute nicht getan.) Ein Liebesopfer wurde erhoben und den deutschen Leuten gesagt: „Wenn ihr Bruder Klemm unterstützen wollt, sendet eure Spende über uns. Wir senden es dann an ihn."

Von diesen Opfern, die später einkamen, konnte ich die Reisen bezahlen. Ich bin von dieser Lagerversammlung mit meinem Auto fast nach Hause *geflogen.* Ich war wie im Himmel. Dann aber holten mich die Polizeisirenen wieder auf den Boden der Tatsachen zurück. Ich war viel zu schnell gefahren und mußte einen Haufen Strafe zahlen. *„Es gehört zur Würde des Menschen, ein Recht auf Strafe zu haben",* hat Ricarda Huch einmal gesagt. Diese Geldbuße schmerzte, aber trübte meine Freude nicht.

Gott war mit mir; es gibt nichts Schöneres.

Das Liebesopfer reichte für den Flug nach Deutschland und dafür, dort einen alten VW-Bus zu kaufen. Ich kaufte ihn im Blick auf zukünftige Transporte von Kameras und anderen Geräten. Er war aber so altersschwach, wie ich es heute bin, und mußte oft angeschoben werden, wie ein müder Pfingstler.

Ich saß hinter meinem Steuer, fuhr brav mit nur 100 Kilometer Stundengeschwindigkeit, pries und lobte Gott. In Deutschland suchte ich die Brüder auf, von denen ich wußte, daß sie an Medienarbeit interessiert waren. Ich brauchte eine Organisation hinter mir.

Gerhard Wessler und seine Söhne arbeiteten mit. Wir schmiedeten Pläne und beteten miteinander um Gottes Segen. Wie gesagt, unser Ziel war, eine Medienorganisation ins Leben zu rufen und die richtigen Leute für eine Mitarbeit zu finden. Gerhard Wessler übernahm alle schriftlichen Arbeiten. Seine diesbezügliche Stärke ist meine Schwäche. Die Gaben sind von Gott eben unterschiedlich verteilt.

Ein Team von *100 Huntley Street* war unterwegs nach Italien. Sie mußten über Deutschland, und so habe ich die Gelegenheit genutzt, die ersten Interviews in Deutschland zu führen. Aber wieder mit NTSC-Kameras. Sie sind für Deutschland nicht geeignet, jedoch für die Deutschen in Kanada. Um meine Produktionen in Kanada attraktiver zu gestalten, machte ich viele Musikaufnahmen in Deutschland auf Band. Nach Jahren traf ich mit Jürgen Single zusammen, der ein Freund meines Sohnes und unseres Hauses ist. Er hatte unter anderem auch Musik studiert. Ich konnte ihn begeistern, die Musikproduktionen für verschiedene Fernsehprogramme zu übernehmen. Später hat er im deutschsprachigen Raum die christliche Medienarbeit entscheidend beeinflußt. Dies ist leider viel zu wenig bekannt.

Kanada kaufte einen Aufnahmewagen, der in Europa eingesetzt werden sollte. Natürlich habe ich ihn gleich gebucht. Die beiden Gemeinden in Hamburg die *ARCHE* und die *ELIM,* waren meine ersten Stationen. Ich hatte keinen Pfennig Geld, nur den alten VW-Bus. Beide Gemeinden zusammen kauften für mich 50 Tapes (Tonbänder) von jeweils einer Stunde Spieldauer. Ein solches Tape kostete 200,00 DM. Das waren 10 000,00 DM für alle Magnetbänder. Vielen Dank.

Bremen, Wiesbaden und Mannheim waren unsere nächsten Aufnahmeorte. Die Besatzung eines Aufnahmewagens zählte zwischen zehn bis zwölf Leute. Liebevoll kümmerten sich die Gemeinden um die Mannschaft, um die Verpflegung und die Quartiere. Mit 45 Sendungen im Gepäck kehrte ich nach Kanada zurück. Die 10 000 Dollar, mit denen ich mich zu Anfang verschuldet hatte, konnte ich nun zurückzahlen. Ist es nicht erstaunlich, was man alles ohne Geld bewerkstelligen kann? Dabei habe ich noch zusätzlich liebe Freunde gewonnen.

1984 gründeten wir die Organisation MEDIA VISION mit dem Ziel, die Botschaft von Jesus Christus regelmäßig ins Fernsehen zu bringen. Viele waren anfänglich begeistert und wollten dabei sein. Vertreter aus verschiedenen Gemeindeverbänden und Einzelpersönlichkeiten wurden Mitglieder. Einige hatten gehofft, daß die große Hilfe aus Nordamerika kommt und die Gelder nur so fließen würden. Doch diese blieben aus. Allerdings plazierte *100 Huntley Street* einen Schnittplatz in Europa, der uns zeitweise half, Sendungen professionell nachzuarbeiten. Dennoch hatten wir alle noch viel zu lernen.

Trotzdem hat *MEDIA VISION* während einiger Jahre Sendezeit auf *EUREKA*, dem späteren *PRO 7*, gehabt und viele christliche Programme ausgestrahlt. Jedoch fehlte uns damals die nötige journalistische Erfahrung und die finanziellen Mittel, um ein Programm zu produzieren, das auch einen Sender zufriedengestellt hätte. So wurden unsere Sendungen einfach aus dem Programm gekippt, obwohl noch gültige Verträge mit dem Sender bestanden hatten.

Um die Medienarbeit den neuen Herausforderungen anzupassen, mußten junge Kräfte herangeführt werden. Wir Veteranen brauchten Ergänzung für solch ein modernes Vorhaben. Zu den jüngeren Kräften gehörten: David Wessler, Jürgen Single, Peter Albrecht und Gabriele Stiebig. Eine tolle Mannschaft, die inzwischen zu professionellen Medienschaffenden ausgereift ist. Jürgen Single ist heute der Vorsitzende von MEDIA VISION und Chefredakteur der Schweizer Fernsehreihe FENSTER ZUM SONNTAG. Er hatte als Diplompädagoge und Realschullehrer gute Voraussetzungen, sich voll dem Journalismus zu widmen. Jürgen ist ein großes Risiko eingegangen, als er seine sichere Beamtenstelle als Lehrer aufgab. David Wessler ist 2. Vorsitzender von MEDIA VISION und war jahrelang PR-Mann des „Otto-Versandes" in Hamburg. Heute besitzt er seine eigene Medienagentur. Gabriele Stiebig ist freie Redakteurin und Autorin bei FENSTER ZUM SONNTAG, und Peter Albrecht arbeitet als Kameramann und Editor für die ALPHAVISION AG in Wangen, Schweiz, und den ERF (Evangeliumsrundfunk) Deutschland.

Leider ist mein Freund Gerhard Wessler, der langjährige Generalsekretär von MEDIA VISION, 1996 heimgegangen. Doch die Arbeit geht in seinem Sinne weiter. Sie ist in guten Händen.

Inzwischen unterstützt MEDIA VISION verschiedene Fernsehprojekte in Deutschland und im Ausland, bildet Hörfunkjournalisten aus und ist an einer Radiosendung im Großraum Nürnberg beteiligt.

Das große Ziel bleibt weiterhin, einen Sendeplatz auf einem großen deutschen Sender zu bekommen; dafür bete ich.

Eine starke TV-Arbeit macht Pastor Wolfgang Wegert in Hamburg. Mit den Sendungen aus der Gemeinde *ARCHE* über

HH-1 im Raum Hamburg kann er drei Millionen Zuschauer erreichen, immer samstags und sonntags. Außerdem werden Sendungen ins Russische übersetzt und ausgestrahlt, die in der gesamten ehemaligen Sowjetunion gesehen werden können. Bis 1993 hatte ich in Kanada wöchentlich über „Vision TV von Küste zu Küste" bis zu zehntausend Menschen angesprochen. Diese Sendungen waren nur noch halbstündig. Beim Reisen im Flugzeug und bei Einkäufen in den Geschäften werde ich auch heute noch manchmal gefragt: „Kenne ich Sie nicht aus dem Fernsehen?"

Eine kaum bekannte „Nebensache" aus meinem geistlichen Dienst möchte ich noch kurz erwähnen. Ich will damit bezeugen, wie Gott einen Kriminellen verändern und ihn gebrauchen kann. 1986 wollte ich über ein Fernstudium noch einmal studieren, um mir einen akademischen Grad zu erarbeiten. Ich mußte dafür alle Unterlagen über mein Studium in Deutschland und in den USA sowie einen Nachweis über meine geistlichen Tätigkeiten vorlegen. Alles wurde von dem Sekretariat des BFP in Deutschland bestätigt, gegebenenfalls übersetzt und an das *INTERNATIONAL INSTITUTE AND SEMINARY* in Plymouth, Florida, an *The Board of Directors* weitergeleitet. Nach eingehender Prüfung wurde mir am 26. Juni 1987 der Titel *Doctor of Divinity* (DD) für Verdienste am Evangelium verliehen. Ich habe bis jetzt keinen Gebrauch davon gemacht.

Mit 65 Jahren, 1993, bin ich aus dem hauptamtlichen Dienst ausgeschieden. Aber schon seit Dezember 1986 bezog ich kein Gehalt mehr von *100 Huntley Street*. Von 1987 bis 1994 habe ich das Fernsehprogramm EIN ERFÜLLTES LEBEN für *100 Huntley Street* ehrenamtlich weiterproduziert und habe für alle Reisekosten in Sachen Medien selbst aufkommen müssen. Das geschah natürlich durch Spendengelder. Es hat sich leider niemand gefunden, der in die Bresche hätte springen wollen, wenn ich aus der Medienarbeit ausgestiegen wäre. Auch die deutschen Brüder waren irgendwann nicht mehr bereit, die Kosten für Sendezeit und Produktion zu tragen. Ältere Gläubige – meist lange Jahre in der Nachfolge Jesu – sind manchmal schwer zu verstehen. Auf ihren Konten liegen oft Tausende von Dollars, die sie vorsorglich zurückgelegt haben. Diese *Vorsorge* ist ihnen wichtiger als die Mission.

Im Juni 1999 wurde ich 71 Jahre alt. Bin ich als Pensionär nun nicht mehr gefragt? Im Gegenteil. Aber heute kann ich mir alles ohne Zeitdruck einteilen. Ich habe so viele Einladungen zum

Dienst am Wort, daß ich nicht allen nachkommen kann. Wenn Gott uns gerufen hat, dann brauchen wir uns nicht aus Existenz- und Vorsorgeangst an nur eine Gemeindearbeit zu klammern und sie für junge, nachfolgende Pastoren gar zu blockieren. Die Welt ist immer noch unser Missionsfeld. Darüber aber mehr in dem übernächsten Kapitel.

Ein Unglück kommt selten allein

Im Jahr 1986 war einfach viel gelaufen. Das Studio *100 Huntley Street* hatte sich entschieden, einen eigenen Pavillon für die Welt- ausstellung in Vancouver, B. C., zu bauen. Auch ein Reisebüro wurde eingerichtet. Man erhoffte sich einen Gewinn, weil man an- nahm, daß über dieses Unternehmen Zigtausende von Ontario nach Vancouver zur Weltausstellung fliegen würden. Bedauer- licherweise war das nicht der Fall, und große Verluste wurden ein- gefahren. Indirekt waren alle Produzenten damit beschäftigt, denn man rechnete mit Besuchern aus aller Welt. In Ontario herrschte der Boom. Die gesamte Wirtschaft expandierte. Dabei stiegen die Preise für Immobilien kräftig an. So entschlossen wir uns, unser Reihenhaus zu verkaufen, um ein Einzelhaus zu erwerben. Wir verkauften es für den doppelten Preis und fanden in der Nähe ein passendes Baugrundstück. In drei Monaten sollte unser neues Haus gebaut werden. Von Ende September bis Anfang Januar. So etwas geht in Kanada. Am 5. Januar 1987 sollten wir also unser neues Haus beziehen.

Meine Frau und ich planten eine Reise nach Deutschland. An- fang Oktober erwartete unsere jüngste Tochter Angelika, die noch in Bremen wohnte, ein Baby. Meine Frau ist zu allen unsern Kin- dern geflogen oder gefahren und hat ausgeholfen, wenn sich Nachwuchs angemeldet hatte. Da spielte es keine Rolle, ob sie in Kanada, USA oder Afrika wohnten. Außerdem war es auch mal wieder an der Zeit, mit unsern Kindern in Deutschland Weih- nachten zu feiern. So lagerten wir unsere Möbel ein und flogen nach Deutschland. Unsere Rückkehr hatte ich für den 5. Januar 1987 gebucht.

In Frankfurt holte mich meine Sekretärin Röschen Hartmann mit meinem Wagen vom Flughafen ab. Nachdem der alte VW- Bus ausgedient hatte, kaufte ich einen gebrauchten roten Merce- des Diesel. Sparsam und preisgünstig. Billig im Verbauch und ein hoher Wiederverkaufswert. Das wissen alle Türken und Taxifahrer. Er stand in Erzhausen immer für mich bereit, auch wenn ihn andere fahren durften. So war ich, wenn ich in Deutschland diente, immer mobil. Ich brachte meine liebe Frau nach Bremen und blieb selbst nur über das Wochenende dort. Danach ging ich auf Reisen. Ich mußte TV-Aufnahmen filmen für unsere Sendungen in Kanada und in Deutschland, dazu Interviews und Gesangsaufnahmen gestalten. Den Schnitt, die Zusammenstellung der Sendungen, habe ich dann in Brüssel, Belgien, gemacht. Die *Assemblies of God* hatte dort ein TV-Studio für Europäer, Asiaten und Afrikaner. Alles zu günstigen Preisen. In Brüssel wohnte ich in einem Motel und habe mich selbst versorgt. Es waren Mengen von Schneidearbeiten zu verrichten, aber es lief alles ausgezeichnet.

An einem Spätnachmittag fuhr ich dann in guter Stimmung Richtung Deutschland. Ich hatte viel geschafft, und es waren gute Sendungen geworden. Am nächsten Vormittag hatte ich einen Termin in unserem MEDIA-VISIONS-Büro in Erzhausen. In Darmstadt wollte ich dann übernachten. Alles ging gut. Ich fuhr durch Lüttich. Die Autobahn ist dort erleuchtet, aber man durfte nicht so schnell fahren. An und für sich bin ich einer von der schnellen Truppe. Doch ich fuhr höchstens 130 km/h. Nur noch eine Stunde bis Aachen und dann zwei bis drei Stunden bis Erzhausen. Ich hatte ein gutes Gefühl.

Doch dann hörte ich auf einmal Menschen in einer Sprache reden, die ich nicht verstand. ‚He, was ist los‘, fragte ich mich. Benommen sah ich einen Sanitäter, der einen Infusions-Tropf hochhielt. Sofort war mir klar: ‚Gerhard, du hast einen Unfall gehabt.‘ Ich war wieder zur Besinnung gekommen, als man mich vom Unfallwagen auf den Röntgentisch transportierte und in allen möglichen Lagen Aufnahmen von mir machte. Ich spürte keine Schmerzen. Offensichtlich hatte ich meinen ersten Unfall gebaut und nichts davon mitbekommen. Bis heute weiß ich nicht, wie alles geschah. Augenzeugen sollen ausgesagt haben, ich sei auf einen langsam fahrenden Lastwagen aufgefahren. Davon weiß ich aber nichts. Ich kann mich an nichts erinnern. Ich muß schon vorher einen *Filmriß* gehabt haben. Das Auto war völlig demoliert. Nichts mehr mit hohem Wiederverkaufswert. Leider hatte meine Sekretärin, trotz dringender Bitten, keine Vollkaskoversicherung abgeschlossen. Sie hatte es scheinbar verschwitzt, obwohl Röschen immer ihr Bestes getan hat. Sie war ja auch schon Rentnerin. So habe ich meine Misere an meinen Vater im Himmel abgegeben. Es reichte, wenn ER sich sorgte.

Der Abend wurde zu einer langen Nacht und ziemlich unangenehm für mich. Keiner im Krankenhaus sprach Englisch, Deutsch oder Schwedisch. In diesen Sprachen kann ich mich verständigen. Anstatt in eine der Venen zu stechen, stocherte die liebe Krankenschwester ziemlich hilflos in meinen Sehnen herum. Ich wußte auch nicht weshalb. Man vermutete bei mir innere Blutungen und deshalb die vielen Ampullen mit meinem Blut. Meine Beine waren ziemlich mitgenommen; sie waren denen der Elefanten ähnlich. Mir war wohl der Motorblock dagegengesaust. Außerdem hatte ich mehrere Rippenbrüche, und das Brustbein war auch angebrochen. Dazu kam noch eine lange Wunde unter dem Kinn, weil ich mit dem Kopf aufs Steuer gestoßen war. Zum Glück hatte ich mich angeschnallt.

Diese Nacht habe ich durchhalten müssen, doch am Morgen wurde es mir zu dumm. Ich schlich aus meinem Bett auf den Flur in Richtung Schwesternzimmer. Dort wartete ich, bis niemand mehr drin war, dann rief ich meine Frau in Bremen an. Wie sage ich es ihr bloß? Meine Frau ist in allem ziemlich ängstlich und schnell besorgt. Also fragte ich am Telefon völlig gelassen: „Na Schatz, wie geht es dir? Hast du gut geschlafen? Was macht Anki und das Baby?" Meine Frau hatte nicht so gut geschlafen und klagte mir ihr Leid. Ich sagte: „Halt aus, nächste Nacht wird es schon besser gehen."

Dann kam die befürchtete Frage: „ Wo steckst du und wie geht es dir?" Ich antwortete wahrheitsgemäß, aber so ruhig wie möglich: „Auch nicht so gut, so lala. Ich hatte einen Unfall und bin hier in Lüttich im Krankenhaus." Das sagte ich so lapidar, daß sie nichts Böses ahnte. „Gerda, bestell dem Folker einen schönen Gruß von mir, er soll mich hier bitte abholen", plauderte ich weiter. „Ich verstehe die Leute hier nicht, die sprechen alle nur Französisch. Sag's ihm bitte gleich. Mir gefällt es hier nicht. Er soll mich nach Bremen holen."

Mein Schwiegersohn Folker konnte nicht kommen, hatte sich aber mit dem *Malteserorden* in Verbindung gesetzt. Die teilten mir mit, daß sie mich am Abend noch nach Bremen bringen würden.

Ärzte und Schwestern waren verblüfft, wie das alles zustande gekommen war. Na, jedenfalls wollten sie mich nicht gehen lassen, es sei denn, ich unterschriebe, daß ich alles auf eigene Gefahr tue. Ich mußte versprechen, in Deutschland schnellstens wieder in ein Krankenhaus zu gehen. Sie befürchteten noch immer innere Blutungen. Ich unterschrieb und bin noch am selben Abend vom Malteserorden in ein Krankenhaus nach Bremen gebracht worden.

Da ging alles wieder von vorne los. Inzwischen waren meine Beine noch dicker angeschwollen, so daß ich kaum noch laufen konnte. Mein Brustkasten begann in allen Farben zu schillern. Ich war voller Blutergüsse und kann sagen, daß ich buchstäblich *mit geschwollener Brust* herumgelaufen bin. Dann mußte ich in gewissen Zeitabständen immer eine Flöte aufblasen, wie sie Kinder auf dem Freimarkt gewinnen können. Dazu kamen heftige Schmerzen, wenn ich niesen mußte, und ich sah dabei Sterne am hellen lichten Tag.

Eine Woche mußte ich im Krankenhaus bleiben. Dann haben Leo und Olli Mittelstädt meine Frau und mich in ihr Haus aufgenommen und uns vorbildlich versorgt. Ihr Haus stand sowieso jederzeit offen für uns. Gott segne sie dafür. Nach zehn Tagen Pflege bei ihnen habe ich mir einen gebrauchten Ford gekauft. Der Arzt hatte zwar gesagt: „Sie brauchen Bewegung." Doch zu meinem ersten Gottesdienst nach dem Unfall, den ich bei den christlichen Geschäftsleuten in Hannover zu halten hatte, fuhr mich dann doch freundlicherweise Jürgen Mittelstädt. Mir tat nicht nur alles weh, es fiel mir auch schwer, mich zu konzentrieren, im voraus zu denken. Das sind typische Nachwirkungen einer Gehirnerschütterung. Doch nach zwei weiteren Wochen habe ich meinen vollen Dienst wieder aufnehmen können, und nach acht Wochen war ich fast wieder völlig gesund und schmerzfrei.

Es war mittlerweile November geworden, als mich mein Chef aus Toronto anrief. Eine weitere, nette Bescherung, passend zu Weihnachten. Er teilte mir mit, daß *100 Huntley Street* über hundert Mitarbeiter entlassen muß. Die Weltausstellung war ein finanzielles Fiasko geworden. Mir wurde gesagt: „Gerhard, Ende Dezember erhältst du deinen letzten Scheck." Fertig. So schnell kann es gehen. Entlassen. Es gibt eben verschiedene Weihnachtsgeschenke. Solche, die man mag, und solche, die da hätten bleiben können, wo der Pfeffer wächst. Aber Geschenke kann man sich meist nicht selbst aussuchen. Trotz allem, oder gerade deswegen, hatten wir ein schönes Weihnachtsfest mit unsern Kindern und der Bremer Gemeinde. Das größte Geschenk, Jesus Christus, kann uns nicht genommen werden, und so hatten wir allen Grund, Gott zu danken – trotz allem.

Das Leben aber geht ja weiter, ob man nun will oder nicht. Vor allen Dingen brauchte ich einen neuen Arbeitgeber, der meine Sozialversicherung nahtlos weiterzahlen würde. Ich rief in Kanada den Kassenwart Pastor Arthur Drewitz und Präses Gustav Kurtz vom *German Branch* an. Ich schilderte ihnen meine Lage und fragte, ob sie mich freundlicherweise für ein Gehalt von vierhundert Dollar pro Monat anstellen würden. Freundlich, wie sie sind, taten sie es. Am Anfang hatten sie mich mit 500 Dollar im Monat unterstützt, aber bereits seit einiger Zeit damit aufgehört, aus welchem Grunde auch immer. Ich versprach ihnen, meinen persönlichen Freundeskreis – der aus fast 100 Leuten bestand – über die neue Situation zu informieren und sie zu bitten, in Zukunft ihre Spenden für meine Arbeit an den *German Branch* nach Kitchener, Ontario, zu schicken.

In Edmonton, Alberta, gab es sechs Ehepaare, die mich seit Jahren finanziell treu unterstützten. Es sind die Eheleute Feigel, Gehrke, Jaworski, Kakoschke, Lautner und Schröder. In den USA waren es die Familien Arndt und Trebe. Den Arndts verdanke ich besonders viel.

Für *100 Huntley Street* habe ich ehrenamtlich weitergearbeitet. Meine Fahrtkosten, Arbeitszeit und was da so alles dran hängt habe ich – durch die Spenden meiner Gönner – selber getragen. Für die deutschen Sendungen habe ich weiterhin Spenden für TV-Produktion und Sendezeit gesammelt. An meiner Treue und Liebe zu *100 Huntley Street* hat sich bis heute nichts geändert. Ich schätze und respektiere David Mainse, den Präsidenten, als einen Mann Gottes und habe hohe Achtung vor ihm.

Doch immer wieder gab es Engpässe. Alle Kosten konnte ich nicht durch Spenden decken. Wenn ein Defizit da war, sind immer Walter und Elsbeth Kimmerle, Toronto, oder ihre Kinder eingesprungen. Sie haben im Laufe der Jahre Zigtausende Dollar in die Reichsgottesarbeit gesteckt und meiner Frau und mir auch persönlich geholfen. Vorbildliche Christen. Gott wird es ihnen lohnen.

Am 5. Januar 1987 flogen wir dann planmäßig zurück nach Oakville, Kanada. Unser Haus wurde erst zwei Wochen später fertig. Unsere Kinder Hans und Gaby Reimann nahmen uns solange auf.

Noch einmal auf ein fernes Missionsfeld

Ende der achtziger Jahre erging ein starker Appell an die evangelischen Freikirchen Nordamerikas, um die ganze Welt mit dem Evangelium zu erreichen. Zu ihnen gehört auch die *Assemblies of God* mit ihrem Sitz in Springfield, Missouri.

Der Evangelist Dr. Günter Tesch – der zu einer AoG-Kirche

in San Diego, Kalifornien, gehörte – wurde nach Taiwan eingeladen. Er sollte in den dortigen Kirchen evangelisieren und auf ihrem College lehren. Ich wurde auch eingeladen. Dr. Günter Tesch kannte ich nicht weiter. In Deutschland hatte ich ihn auf einer Tagung kennengelernt. Wir haben einiges gemeinsam. Wir wohnten in Nordamerika, er in San Diego, Kalifornien, ich in Oakville, Ontario, Kanada. Er bat um meine Telefonnummer und rief dann auch einige Zeit später an. Seine Einladung konnte ich aus finanziellen Gründen nicht annehmen. Da kaufte er ein Ticket für mich, sandte es mir, und ich flog ihn besuchen.

Er berichtete von seiner Evangelisationsarbeit in Deutschland und Chile, von Großveranstaltungen, die recht erfolgreich gewesen waren. Ich erfuhr von ihm auch von seiner Arbeit in der Dritten Welt und seiner Hilfe für die Hungernden. Er fragte mich, ob ich mit ihm in der Evangelisation zusammenarbeiten würde, und ich sah keinen Grund, nein zu sagen.

Später erst erfuhr ich, daß er in Deutschland Spendengelder veruntreut hatte und dafür auch bestraft worden war. Ich wußte weder genau, was er ausgefressen hatte, noch weiß ich, wo er sich heute befindet. Ich meinte ihm helfen zu können. Dennoch glaube ich, daß wir „gefallene" Brüder viel zu schnell aufgeben. Jemand hat einmal gesagt: *Es gibt keine Armee in der Welt, die auf ihre eigenen Verwundeten schießt, außer den Christen.* Gott hat sich doch auch nicht geschämt, einen gefallenen David, der Ehebruch und Mord begangen hatte – nach erfolgter Buße – „*einen Mann nach dem Herzen Gottes"* zu nennen. Jesus erzählte als Beispiel von einem Vater, der seinen Sohn mit offenen Armen empfing, nachdem dieser sein Erbe in Freudenhäusern und mit zweifelhaften Freunden verpraßt hatte.

Er hatte auf ihn gewartet, ihm ein Fest bereitet. Wir schlüpfen lieber in die Rolle des zu Hause gebliebenen Sohnes und kritisieren die Barmherzigkeit des Vaters. Wenn ich mich recht erinnere, hat der Herr Jesus sogar zu seinem Verräter Judas im Garten Gethsemane gesagt: *Mein Freund, verrätst du den Menschensohn mit einem Kuß?* Mein Freund? Ja, ich glaube, daß Judas der Freund Jesu hätte bleiben können, wenn er sich nicht selbst das Leben genommen hätte.

Jedenfalls flogen Günter und ich damals gemeinsam nach Taiwan. Wer China nicht kennt und den Buddhismus in seinen extremsten Formen, der sollte da mal hinfliegen. Die Moral der Missionare war fast auf den Nullpunkt gesunken. In den meisten Gemeinden hatten sich in den letzten drei Jahren keine Menschen mehr für Christus entschieden. In jeder Stadt, in der wir predigten, sind aber Menschen zu Jesus Christus gekommen. Ich erlaube mir an dieser Stelle folgendes zu sagen: In den vierzig Jahren meines Dienstes habe ich nie einen deutschen Evangelisten so hingebungsvoll mit und für Menschen beten sehen, wie es der *„gefallene"* Dr. Günter Tesch getan hat. Oft betete er bis weit nach Mitternacht. Günter betete mit ihnen so lange, bis sie eine Erfahrung mit Christus erlebt hatten. Er hat mich oft mit seiner Hingabe beschämt und mir vorgelebt, was es heißt, im Dienst eines Evangelisten zu stehen.

Auf dem College der *Assemblies of God* war unter den Studenten durch seinen Dienst eine Erweckung ausgebrochen. Es konnte nicht mehr unterrichtet werden, sogar das Essen fiel aus. Die Studenten verbrachten Stunden und Tage im Gebet. Das hat seine Auswirkungen dann auch für Taiwan gehabt. Ich kann nur trauern, wenn ich daran denke, wie das Böse Raum in ihm gewinnen konnte und sein Ansehen hat zerschlagen können.

In einer Stadt auf Taiwan in der Nähe des AoG Colleges hatten wir Abendgottesdienste. – Ich bitte um Nachsicht, daß ich die chinesischen Namen nicht behalten habe. – Da kam eine amerikanische Missionarin nach vorne, um für sich beten zu lassen. Sie weinte bitterlich und erklärte unter Tränen, daß es ihr nicht länger möglich sei, in diesem Land zu leben.

„Ich komme aus New York", begann sie zu erklären. „Seit drei Jahren haben wir hier nicht mit einem einzigen Menschen um die Vergebung seiner Sünden gebetet. Ich kann nicht mehr. Was soll ich unternehmen? Mein Mann und unsere Kinder sagen: ,Wer weiß, vielleicht will Gott uns hier nicht haben'." Wer hat eine Antwort für so eine Frau? Ich nicht. Ich habe mit ihr geweint und um eine Lösung ihres Problems gefleht.

Neben mir stand ein Chinese. Er tat mir so unendlich leid. Irgend etwas ging in ihm vor. Er schien verzweifelt zu sein. Ich nahm ihn in meine Arme und bat Gott, sich doch seiner zu erbarmen. Mir ist fast das Herz gebrochen. Am andern Tag hörte ich, daß er sich mit Pestiziden vergiftet, also das Leben genommen habe. Nirgendwo habe ich so die Nähe und Gegenwart der Dämonen fast physisch erdrückend empfunden wie in Taiwan.

An einem Sonntag sprach ich am Nachmittag zu einer Gruppe von Filipinos. Was für ein Unterschied zwischen ihnen und den Taiwanern. Der ganze Gottesdienst hatte etwas Erfrischendes an sich. Es waren 300 bis 400 Personen anwesend. Ich rief zur Entscheidung für Christus auf und fragte: „Wer möchte für sich beten lassen?" Fast alle Hände gingen hoch. Die meisten standen auf und drängten sich zum Altar. Als ich zu beten begann, schien ein Sturm auszubrechen. Die Menschen wurden wie in einer Woge zu Boden geworfen. Erstaunt stand ich da. Das hatte ich noch nie erlebt. Ein paar hundert Menschen lagen auf dem Fußboden. Ich stand beschämt da und habe Gott für Seinen Heiligen Geist gedankt. Leider mußte ich dann bald den Gottesdienst verlassen, weil ich noch am selben Abend in einer chinesischen Kirche predigen mußte. Nach dem Gottesdienst trafen sich alle Missionare bei McDonald, um einen Hamburger zu essen. Dort traf ich auch die Missionarin, für die ich am Mittwochabend gebetet hatte. Die bitterlich geweint hatte und nach Hause wollte. Sie kam mit strahlendem Gesicht auf mich zu und erzählte:

„Weißt du, ich war auch in dem Filipino-Gottesdienst. Danach hatten die Männer noch eine Vorstandssitzung und ich blieb in der Kirche. Da kamen zwei filippinische Frauen verlegen auf mich zu. Sie erzählten mir, daß sie sich auch gerne für Jesus entschieden hätten, wie die andern. Aber sie seien zu schüchtern gewesen. Sie fragten mich, ob ich für sie beten wollte. Das habe ich dann auch gerne getan. Beide haben sich für Jesus entschieden. Als ich für sie betete, kam über sie der Geist Gottes und sie fielen zu Boden. Mein Herz ist so voller Freude. Gott hat mir damit eine Antwort gegeben und die Lösung gezeigt. Er will uns hier in Taiwan haben."

Was für eine schöne Nachversammlung bei McDonalds.

Beim Abendessen auf dem College der AoG wurde mir gesagt, man habe davon gehört, daß ich als Deutscher das *Theologische Institut in Stuttgart* besucht und bei B. T. Bard studiert hätte. Das konnte ich bestätigten. Es stellte sich heraus, daß meine Gesprächspartner mit B. T. Bard verwandt waren und in China viele Jahre als Missionare gearbeitet hatten. Sie waren wegen der Revolution unter Mao Tse-tung nun hier in Taiwan gelandet. Sie gaben mir ein Buch zu lesen, das mich bis in mein Innerstes erschütterte. Das Buch hat den Titel „DIE ANFÄNGE DER CHINA-MISSION". Ich empfehle dieses Buch jedem Pastor und Missionar. Ich las die Geschichte der Missionare, die den Chinesen in Taiwan das Evangelium brachten. Die ersten Missionare waren Holländer. Sie wurden zunächst freundlich von den Chinesen aufgenommen. Alles schien gut zu gehen. Dann wurden die Einheimischen plötzlich den Missionaren gegenüber feindlich gesinnt. Die Christen wurden gefoltert und sogar gekreuzigt. Sie starben wie Jesus. Ihre Frauen wurden von chinesischen Männern vergewaltigt und als Sklavinnen gehalten. Sie mußten arbeiten wie die Tiere und starben wie Verbrecher. Sie sahen ihre Heimat nie wieder. Jesus wird sie willkommen geheißen haben. In dem heutigen Taiwan wurde auch das Blut dieser Märtyrer-Missionare zum Samen der Kirche Jesu.

Als ich ihre Geschichte gelesen hatte und die von Entbehrungen gezeichneten alten Missionare sah, die das Evangelium nach China gebracht hatten, bin ich auf mein Zimmer gegangen und habe geweint wie ein Kind. ‚Opfer für Jesus bringen?‘, fragte ich mich. ‚Gerhard, du hast doch nie welche bringen müssen. Weißt du überhaupt, was ein Opfer ist?‘ Ich habe mich geschämt für alles was ich hatte und bin mir ganz klein vorgekommen. Mir ist klar: *Einmal werden Bücher aufgetan und wir werden nach unseren Werken gerichtet.* Wir Christen aller Couleur reden von den Kronen, die wir empfangen werden. Da wird es eine große weiße Schar geben, ganz richtig. Und Gott wird sie belohnen, unbestritten. Aber ich frage mich: ‚Gerhard, wo wirst du dann sein?‘ Eine endlose Schlange und ganz, ganz hinten am Ende, da irgendwo werde ich vielleicht sein. Habe ich wirklich getan, was ich konnte? ‚Sei mir bitte gnädig und verzeih, Herr Jesus, wenn ich es nicht getan habe!‘

Man kann ruhig darüber reden

Ein Pastor, und insbesondere derjenige, der die Evangelisation auf seine Fahnen geschrieben hat, lebt nicht unter einer Käseglocke, bewahrt von allen Anfechtungen, unter denen seine Schäflein jedoch zu leiden haben. Im Gegenteil, ich bin der Meinung, daß er Anfechtungen stärker ausgesetzt ist als andere Christen. Und weil er öffentlicher, transparenter lebt, wird er für das Böse immer ein erster Anlaufpunkt sein. Ich bin zutiefst überzeugt, daß ein Pastor, ein Evangelist oder sonst ein Reichgottesarbeiter das Gebet und die Fürbitte seiner Gemeinde und seiner Amtsbrüder besonders braucht. Man sagt, es gibt spezielle Anfechtungen für die Diener Gottes: Frauen, Hochmut, die Geldgier und den Drang, über andere zu herrschen.

Im tiefsten Grunde sollte Geld im Reich Gottes als Anfechtung keine Rolle spielen. Aber noch sind wir in dieser Welt, und es ist einfach nicht möglich, ohne Geld zu leben. Es soll ja Christen gegeben haben, die beim Dienstantritt eines neuen Pastors beteten: ‚*Gott, halte ihn demütig; daß er arm bleibt, dafür sorgen wir.'* Ich hoffe doch, daß es diese unsinnigen Gebete heute nicht mehr gibt. Manchmal werden Pastoren unter aller Würde bezahlt, besonders in den so „frommen" geistlichen Freikirchen. Das ist eine Schande. Niemand muß sich wundern, wenn Pastoren deshalb eine Gemeinde aufgeben und ihren früheren Beruf wieder ergreifen. Sehr oft müssen die Frauen solcher mies bezahlten Pastoren arbeiten gehen, damit sie überhaupt überleben und ihren Kindern eine Zukunft bieten können.

Es gibt natürlich auch die andere Seite: Pastoren stellen überhöhte Forderungen, die zu ihrem laschen Dienst und ihrem geringen Engagement in der Gemeinde in keinem Verhältnis stehen. Solche Prediger oder Hirten sollten woanders arbeiten. Die Kanzel- und Gemeindearbeit ist für Leute, die Karriere erstreben wollen, nicht geeignet. Solche am Mammon orientierte Jünger haben keine Berufung. Wenn die Frau eines Pastors, trotz seines guten Gehaltes, arbeiten geht, ihre Kinder deshalb vernachlässigt, verhält sie sich unchristlich. Wenn sie dazuverdient, weil sie über ihr „eigenes" Geld verfügen will und es dann ausgibt, um sich nach der neuesten Mode zu kleiden, dann finde ich das – ganz milde gesagt – unverantwortlich. Solche Leute halten sich meist auch Katzen und Hunde, aber ein Kind in der Dritten Welt zu unterhalten, darauf kommen sie nicht. Und das ist nicht nur unchristlich oder unverantwortlich, sondern das ist Sünde! *‚Wer da weiß, Gutes zu tun und tut es nicht, dem ist es Sünde',* sagt die Bibel. Dieses Wort gilt allerdings nicht nur für Pastorenehepaare.

Geldgier war nicht meine Achillesferse; ich ging sehr freigebig damit um und mußte mich schon gehörig am Riemen reißen. Dabei half mir immer meine liebe Frau, die in Geldangelegenheiten das ganze Gegenteil von mir ist. Gott wußte, was ich für eine Frau brauchte. *‚Hochmut kommt vor den Fall.'* Das habe ich bei einer Reihe von wertvollen Reichsgottesarbeitern gesehen. Ich könnte heulen, daß so etwas immer wieder geschieht. Wie sind sie gefallen? Einmal Erfolg gehabt, und schon waren sie die „*Kings*". Einige gingen distanziert, arrogant und herrisch mit der Gemeinde Jesu um. Andere frönten einem Lebensstil des übermäßigen Wohlstandes, der sich nicht für einen Diener Gottes geziemt. Es ist gar keine Frage, daß jeder Mensch zum Hochmut neigt. Ich muß ehrlich sagen, auch ich habe damit meine Probleme gehabt. Zwar lebte ich nie einen aufwendigen Lebensstil. Aber so etwas wie: „Gerhard, das hast du aber gut gemacht, das können andere nicht so gut" – so etwas ist auch mir nicht fremd. Es gab einen Glaubensbruder, der so überdurchschnittlich begabt war, daß ich sehr neidisch auf ihn wurde. Und Neid ist versteckter Hochmut. Nachdem ich mir darüber klar geworden war, mußte ich mich vor Gott beugen. Dann habe ich es auch vor diesem Mann bekannt und mich für meinen Hochmut entschuldigt. Danach stand ich wieder auf dem Teppich der Wirklichkeit. Meine Ältesten in der Gemeinde und auch die einzelnen Mitglieder habe ich ehrlich und dringlich gebeten: „Wenn ihr Ansätze von Stolz und Hochmut an mir wahrnehmt, dann kommt und sagt es mir." *Dem Demütigen schenkt Gott Gnade;* und glaubt mir, ich habe in meinem Leben viel, viel Gnade gebraucht und brauche sie natürlich heute noch. Welch ein Glück für uns hochmütige Menschen, daß der Vater im Himmel ein so gnädiger und barmherziger Gott ist.

Frauen sind für viele Männer Gottes zur Anfechtung geworden. Männer, die in der Öffentlichkeit stehen, sind für viele Frauen begehrenswert. Dabei spielt es keine Rolle, in welchem Beruf oder Fach ein Mann tätig ist. Die Hauptsache scheint für einige Frauen die Öffentlichkeitswirkung des Mannes zu sein. Viele Frauen sind verrückt nach solchen Männern. Wer sich da nicht selbst kontrolliert, diszipliniert und sich nicht unter den Schutz des Allerhöchsten flüchtet, der ist in großer Gefahr und kann in Sünde fallen. Wie viele solcher Männer habe ich fallen sehen. Wer aber bin ich, um den Stab über sie zu brechen? Gott muß mir gnädig sein, sonst liege auch ich auf der Nase. Auch ich bin in Situationen geraten, wo es mir nicht leichtgefallen ist, doch noch den Sieg davontragen zu dürfen! Ja, ich hatte Kämpfe. Ich bin ja – wie jeder andere auch – ein Wesen aus Fleisch und Blut. Was hat mir geholfen und wie bin ich mit diesen Dingen umgegangen? Eine starke Hilfe war mir meine liebe, wunderbare Frau Gerda und unsere vier einzigartigen Kinder. Und über allem ein wunderbarer Heiland.

Wir hatten Jugendgebetsstunde, in der mich eine meiner Mitarbeiterinnen bat, mit einem noch sehr jungen Mädchen zu beten. Sie weinte und war sehr verzweifelt. Ich ging zu ihr, kniete mich neben sie und betete zuerst einmal eine Zeitlang an ihrer Seite. Dann fragte ich sie – die Mitarbeiterin kniete auch und betete weiter, während ich meine Fragen stellte –, was denn ihr großes Problem wäre. Sie erzählte mir, daß sie hoffnungslos verliebt sei und den Mann nicht bekommen könne, den sie doch so liebt. Ich ermunterte sie und sagte: „Das weißt du doch noch gar nicht. Bete weiter dafür und gib nicht so schnell auf. Wenn es wirklich Gottes Wille ist, werdet ihr zusammenkommen. Gott hat dich lieb, er will dein Bestes." Sie war aber nicht zu beruhigen und weinte nur noch mehr. Dann sagte sie: „Ich weiß genau, daß ich ihn nicht bekommen werde, denn er ist verheiratet." Ja, das war schon eine andere Sache. Ich dachte, wenn sie mir sagt, wer es ist, könnte ich mit ihm reden; er wußte vielleicht gar nichts von seinem Unglück. Manchmal läßt sich eine Distanz herstellen, und das würde ihr helfen. Denn so ist es ja gar nicht gut. Und darum fragte ich sie: „Willst du mir sagen, wer es ist, damit ich für den Mann beten kann?" „Der Mann bist du!", schluchzte sie.

Ich dachte, ich höre nicht richtig! Sie war wirklich ein hübsches Mädchen. Wenn ich nicht eine so gute Ehe geführt hätte, wäre es für mich vielleicht gefährlich geworden. Ich sagte ihr, nachdem ich einige Male geschluckt hatte: „Weißt du, das ist nichts Neues. Hier gibt es eine Reihe von Mädchen, die sich in mich verliebt haben. Aber sie sind alle darüber hinweggekommen. Das passiert nun einmal, wenn man so jung ist. Wir werden jetzt Gott bitten, deine Gefühle für mich mit der Wurzel auszureißen. ER kann alles unter dem Kreuz Jesu begraben. Dennoch sollst du wissen: Gott hat zu gegebener Zeit einen Lebensgefährten auch für dich. Und deine Liebe zu diesem Mann wird so groß sein, daß du eines Tages über deine jetzigen Gefühle nur noch lächeln kannst." Wir beteten, und danach haben wir uns in die Augen geschaut, und ich habe noch gesagt: „So, das ist nun Vergangenheit." Und so war es auch. Sie hat später einen wundervollen Mann gefunden und ist eine glückliche Frau und Mutter geworden – und blieb eine aktive Mitarbeiterin in der Jugend der Bremer Gemeinde.

Eine weitaus größere Gefahr sind Frauen, die meinen, mit ihren Männern nicht mehr klarzukommen. Die ihrem Pastor über Sexprobleme in ihrer Ehe berichten müssen. Mir hatte niemand gesagt, und auf der Bibelschule ist es auch nicht gelehrt worden, wie man sich in solchen Fällen verhalten soll. Gott kam mir aber zur Hilfe. Von einer solchen Frau, die mir Details ihres Sextriebes beschrieb und von Verhältnissen, die sie mit anderen Männern – auch einem Pastor – gehabt hatte, war das mehr als ein deutliches Angebot. Sie folgte mir auf Schritt und Tritt. Ihr habe ich dann klar und deutlich sagen müssen, daß ich keine weiteren Gespräche mit ihr führen werde. Wenn überhaupt, dann nur noch in der Gegenwart meiner lieben Frau. Das kurierte sie. Von dieser Frau wurde ich nicht mehr belagert. Schließlich hatte meine Frau Gerda die Frauenarbeit in Bremen unter sich. Es wäre normal gewesen, mit ihr darüber zu sprechen. Zu ihr hätte sie gehen können, wenn ihre Probleme sie bedrückten und sie nicht nur mit einem Mann über Sex reden wollte.

Ein andermal fiel mir ein junges Mädchen um den Hals und erklärte mir: „Ich bin untröstlich, daß du nicht mit auf die Freizeit fahren kannst, um dort dann in meiner Nähe sein zu können, wo du doch so schrecklich in mich verliebt bist." Ich konnte nur staunen. Ich selbst hatte nicht einmal die leiseste Ahnung davon, daß ich in sie verliebt war.

Wehe, wenn ich hier darauf eingegangen wäre. Was für ein Schaden richtet man im Reich Gottes damit an! Als ich dieser kleinen Dame absichtlich weiter keine Aufmerksamkeit schenkte, ist sie aus der Gemeinde ausgetreten, mit der Begründung: zu großer Mangel an Liebe in der Gemeinde.

Während vieler Jugendfreizeiten und auf meinen Auslandsreisen – wenn ich länger von meiner Familie getrennt war – habe ich immer die schützende und mich stabilisierende Hand Gottes gespürt. Ohne Seine bewahrende Gnade hätte ich vielleicht auch straucheln können.

Zu dem Thema Macht möchte ich auch noch etwas sagen. Nicht wie ein Psychoanalytiker, sondern als Jünger Jesu: Meiner Natur nach hätte es mir schon gefallen können, Macht über Menschen auszuüben. Aber mir war klar geworden – im Laufe meines Dienstes –, daß mein Herr und Meister wollte, daß ich anderen dienen soll. Darin habe ich mich dann redlich bemüht und verdanke es Gott, daß ER mich auf dem Gebiet der Macht nicht in Versuchung geraten hat lassen. Sicher gibt es noch eine ganze Reihe anderer Anfechtungen und Gefahren, denen ein Pastor im besonderen ausgesetzt ist. Ich habe hier mein Herz offengelegt und hoffe, daß ich mit diesen Aussagen dem einen oder anderen Leser helfen kann.

„Der Teufel geht umher wie ein brüllender Löwe und sucht, welchen er verschlingen kann ...!" Ist es da nicht die Pflicht eines jeden Christen, sich gegenseitig im Gebet zu unterstützen? Und wehe mir, wenn ich aus Seiner Bewahrung eine eigene Stärke ableiten wollte: *„Wer da steht, der sehe zu, daß er nicht falle"* (1. Kor. 10,12).

Meine Familie

Ich meine, daß der Leser etwas mehr über die Familie des Mannes wissen sollte, der dieses Buch geschrieben hat. Es könnte auch sein, daß ich hier und da einen kleinen Gedankenanstoß geben kann, wenn ich etwas über unser Familienleben schreibe.

Als drittes von vier Kindern des Eisen- und Betonpoliers Heinrich Schiller und seiner Ehefrau Else ist meine liebe Frau Gerda in Niederschlesien geboren und aufgewachsen. Sie wohnten in Wueste Giersdorf, Ortsteil Blumenau. Im Ort gab es eine Baptistengemeinde. Dort hat sie sich mit zwölf Jahren bekehrt und durfte dem Heiland bis heute treu bleiben. Ihr Vater war, wie mein Vater auch, ein Wochenendalkoholiker gewesen. Sie hatte noch drei Geschwister. Walter und Ella sind verhältnismäßig früh gestorben. Ihre Schwester Reni lebt in Hamburg-Bergedorf.

Und ich? Bin ich nun ein guter Ehemann und Vater gewesen? Nicht immer. Meine Kinder werden sicher sagen: „Mit Abstrichen." Meine Frau wird einwenden: „Vater, du warst zu hart und zu streng." Jeweils bis zum vierten Lebensjahr meiner Kinder habe ich nichts durchgehen lassen. Wer nicht gehorchte, wurde bestraft, schon beim ersten Mal.

Mit dem betreffenden Kind ging ich in ein Zimmer und erklärte ihm, daß es gehorchen muß. Da war keine Wut oder unbeherrschter Zorn in mir. Und mit einem Stöckchen bekamen sie zwei Hiebe auf den Po. Ich habe nie mit der Hand geschlagen, schon gar nicht an den Kopf, aus Angst, die Kinder zu verletzen. Manchmal mußte ich alle vier vornehmen. Sie hatten Streit, und die Schuld wurde meistens dem Jüngsten zugeschoben. Dann habe ich sie auf vier Räume verteilt und bin von Raum zu Raum gegangen, und jeder hat seine zwei Hiebe bekommen. Bei dem, von dem ich dachte, er sei der wahre Übeltäter, habe ich etwas stärker hingelangt. Verweint kamen sie raus und fragten sich gegenseitig aus: Wieviel hast du bekommen? Zwei? Na gut.

Es gab auch Gutschriften. Das pädagogisch Wichtigste war: Kein Mensch – weder eines der Kinder noch meine Frau – hat je gesehen, wie ich eins der Kinder gestraft habe. Es geschah immer nur unter vier Augen. Sie lernten diese Spielregeln. Trotz dieser – für viele – *unpopulären* Erziehungsmaßnahmen wage ich zu behaupten, daß unsere Kinder weniger oft bestraft worden sind als viele andere. Ein Kind erziehen hieß für mich, alle erziehen. Nach ihrem vierten Lebensjahr gab es so gut wie keine Schläge mehr; Probleme wurden durch Gespräche geklärt.

Ich habe zu wenig Liebe gegeben und hatte zu wenig Zeit für meine Familie. An unserem vierzigsten Hochzeitstag, den wir in Edmonton bei unsern Kindern feierten, habe ich mich bei meinen Kindern und bei meiner Frau für alles entschuldigt, was ich ihnen an Liebe nicht gegeben habe. Vielleicht habe ich falsche Prioritäten gesetzt. Das soll keine Rechtfertigung sein. Dennoch habe ich sie alle auf meine Art geliebt und bedarf trotzdem ihrer Vergebung.

Für meine Frau bin ich dem Vater im Himmel besonders dankbar. Ich hätte keine bessere haben können und wüßte von keiner, die mit mir einen solchen Lebensweg gegangen wäre. Im Englischen sagt man: „She makes or brakes him", eine Frau fördert oder blockiert ihren Mann. Was wirklich damit gemeint ist, drückt die englische Sprache besser aus. An diesem Ausspruch ist etwas Wahres dran. Meine liebe Gerda hat mich in keiner Weise blockiert. Sie hat so manches Mal ihre Bedenken geäußert – sicherlich berechtigt –, aber sie hat mir immer vertraut. Ich hätte keine bessere Frau haben können.

Schließlich bin ich nicht immer der freundliche Ehemann gewesen. Ich habe meiner Gerda sicher oft wehgetan. Ich bin dankbar, daß sie trotzdem mit mir marschiert ist, nach dem Motto: *Wo du hingehst, will ich auch hingehen.*

Unser Leben war sehr bewegt.

Wir hätten auch keine besseren Kinder haben können als die, die wir haben. Manchmal habe ich Hemmungen, von unserer Familie zu erzählen, weil Gott so gnädig mit uns umgegangen ist. Alle unsere Kinder haben sich bereits in jungen Jahren für Jesus entschieden, wurden geistgetauft und sind bis heute treu geblieben und wollen für die Sache Jesu engagiert leben. Es hört sich übertrieben an, wenn ich sage: Wir hatten keine schwerwiegenden Probleme mit nur einem unserer Kinder. Meinungsverschiedenheiten? Ich bitte, bei dem Vater! Das konnte nicht ausbleiben. Aber der Wunsch, das Elternhaus zu verlassen oder Jesus den Rücken zu kehren ist – soweit ich weiß – nie aufgekommen.

Meine Frau und ich danken Gott jeden Tag für unsere Kinder. Auch unsere 13 Enkelkinder lieben längst den Herrn Jesus. Sie sind geisterfüllt und irgendwie und irgendwo für die Sache Gottes engagiert. Worauf das zurückzuführen ist? Hier meine Überzeugung: Wir haben jedes Kind aus Gottes Hand genommen. Ein Kind können wir uns leisten oder nicht, diese Erwägung gab es bei uns nicht. Jedes unserer Kinder habe ich – wenn ich es zum ersten Mal in meinen Händen hielt – damals durften Männer ja nicht mit in den Kreißsaal –, gesegnet und Gott wieder zurückgegeben. Ich habe gebetet: „Lieber Gott, danke für dieses Geschenk, und wir als Eltern versprechen Dir, daß wir unser Bestes geben werden, um für dieses Kind zu sorgen. Aber unsere Möglichkeiten sind begrenzt. Gesundheit, und vor allen Dingen den Wunsch, Dich zu lieben, mußt Du ihnen schenken. Ich lege es zurück in Deine Hände." Darum war Gott für unsere Kinder immer der bessere Vater, als ich es war.

Als ich Kind war, gab es in meinem Elternhaus oftmals eine *saure Akustik*. Da lag etwas in der Luft, und ich war froh, wenn ich aus der Wohnung war. Da habe ich mir gesagt: ‚So etwas soll es später in meiner eigenen Familie nicht geben.‘ An keinem Platz in der Welt sollen sich die Kinder so wohl fühlen wie im Elternhaus. Es durfte keine gespannte Atmosphäre geben. Wir Eltern hatten uns eben am Riemen zu reißen.

Bei uns wurde viel gelacht. Meine Frau ist bis heute wie ein fröhlicher Teenager. Sie lacht gern, und ich bin ja auch für jeden Spaß zu haben. Es war also immer eine gute Stimmung im Haus. Unsere Kinder durften auch immer ihre Freunde mitbringen.

Wesentlich war weiterhin, daß sie in eine lebendige Gemeinde, mit einer guten Kinderarbeit, eingebunden waren. Sehr viel, wirklich sehr viel – so sehen wir das heute – verdanken wir Pastor Richard Breite und seiner lieben Frau Erika. Sie haben so phantastische Kinderfreizeiten durchgeführt, daß alle Kinder immer voll aufgetankt nach Hause kamen und von Jesus begeistert waren. Dort wurde der wesentliche Grund gelegt. Eine weitere große Hilfe war die Zeit auf der Bibelschule *BERÖA*. Die Kinder sahen Vorbilder, junge Bibelschüler, die Jesus dienten; die nicht verschroben waren – obwohl es auch solche gab. Man bot viel Sport und Spiel an, fröhliche, schöne Gottesdienste und vergnügliche Feste und Feiern. Unsere Kinder wurden von den Schülern voll angenommen und früh integriert. Sie sangen und spielten in Gospelgruppen, beteten für die Veranstaltungen mit und waren immer voll dabei. Das hat ihr Leben so wunderbar geprägt. Unsere Kinder sind unser großer Lohn hier auf Erden. Wir lieben das Wasser. Und so sind wir – so oft es meine Zeit erlaubte – an die Nordsee, oder an die Weser, zu Badeanstalten oder dem Grundbergsee an der Autobahn Hamburg–Bremen gefahren. Wir machten Urlaub in Dänemark, Jugoslawien, und immer am Meer.

Unser größtes Erlebnis als Familie? Aus meiner Sicht war es eine gemeinsame Nordamerika-Reise. Wir sparten und legten drei Jahre lang das Geld dafür zurück. Dann ging es mit dem Charterflugzeug nach New York. Jeder hatte seinen eigenen Koffer. In den USA kaufte ich einen alten Ford Galaxie, mit dem wir quer durchs Land reisten, bis Kelowna, B. C., in Kanada. Sehr oft wurden wir in den Häusern von Glaubensgeschwistern untergebracht, denn eine Nacht für uns als Familie im Motel kostete damals schon zwischen 25 und 30 Dollar. Immer wieder habe ich während unseres Urlaubs in den Kirchen gepredigt und bekam so mein Benzingeld zusammen. Die Gemeinde in Winnipeg bat mich, Lagerredner zu sein. Es war ein Camp an einem See, für unsere Kinder wohl die schönste Zeit.

Ich hatte seinerzeit in Deutschland einen Grafiker und Vierfarbendrucker gesucht und unter den Christen keinen gefunden. Irgend jemand machte mich auf einen jungen Bruder aus Slowenien aufmerksam, der diese beiden Fächer beherrschte, Stefan Sos. Ich lernte ihn kennen und brachte ihn nach Deutschland, was in der *Wirtschaftswunderzeit* nicht schwer war. Er ging, wie ich ja schon erwähnte, auf die Bibelschule *BERÖA* und verliebte sich Hals über Kopf in unsere Tochter Bärbel. Später wanderten Stefans Eltern nach Kanada aus, und er zog bald darauf ihnen nach. Während dieser Reise wollten Bärbel und Stefan sich verloben. Bärbel wollte außerdem in den USA ihr internationales Krankenschwesterexamen ablegen, um ihrem späteren Mann auf dem Missionsfeld eine Stütze zu sein. Wir teilten ihr unterwegs mit, daß aus der Verlobung nichts wird. Als sie uns verblüfft anschaute, sagten wir ihr schnell – bevor Tränen ihr Gesicht überfluteten –, daß aber einer Heirat mit Stefan nichts im Wege stehen würde. Und so feierten wir – weil wir ja nun schon mal da waren – im August 1970 Bärbels Hochzeit und flogen ohne sie wieder nach Deutschland zurück.

Dies war der letzte gemeinsame Urlaub unserer Familie. Das war schon ein komisches Gefühl. Immerhin war Bärbel erst 17 Jahre alt, als sie Stefan Sos heiratete. Sie hat einen hohen Preis für ihre junge Liebe bezahlen müssen, sie gab ja ihre Jugend auf. Ihre Schwestern fragten sie einmal: „Vermißt du diese Jahre nicht? Du hast doch nichts von deiner Jugend gehabt." Ihre Antwort: „Wenn ich noch einmal so jung wäre und vor der gleichen Entscheidung stünde, würde ich mich genau so entscheiden, wie ich es getan habe. Ich habe nichts vermißt."

Stefan ist inzwischen ein gefragter Lehrer und Redner weltweit. 1987 machte er seinen Doktor in Theologie. Bärbel und er haben fünf Kinder. Die drei Mädchen sind bereits verheiratet. Manuela hat auch schon wieder zwei Kinder; ihr Mann David ist Pastor in Edmonton, Alberta. Michelle hat ein Kind, und Melanie, die dritte Tochter der Sos's, ist jung verheiratet und Kirchensekretärin. Der Sohn Ben studiert in Kalifornien Film und Drama, und Joshua lebt noch zu Hause bei seinen Eltern und geht noch zur Schule. Er ist nicht nur ein Eishockey-Fan, er spielt auch in einem Verein. Die Mama freut sich, daß ihr Joshua noch zu Hause lebt. Eine Mordsfamilie. Bei den Sos's ist immer das Haus voll. Jeder fühlt sich wohl bei ihnen.

Unser Sohn Andreas begann mit seiner Lehre als Feinmechaniker. Andy, wie er hier genannt wird, war schulisch gesehen ein Spätzünder. Doch dann hat er gezündet. Er war einer der zehn besten Studenten auf der Uni. Er hat einen B.A. und einen M.A. in Linguistik (Sprachwissenschaften) geschafft und wollte einmal Bibelübersetzer werden. (B.A und M.A. sind Abkürzungen für akademische Abschlüsse unterhalb des Doktorgrades.) Auf der Uni lernte er seine Frau Meredith kennen und es ergab sich für ihn ein anderer Lebensweg. Er rief mich an und sagte: „Vater, ich kann nun nicht auf das Missionsfeld. Ich habe Gott jedoch versprochen, im Lauf meines Lebens eine Million Dollar für die Mission zu geben." Er ist auf dem besten Wege dahin. Andreas hat in den USA ein Unternehmen mit über 20 Angestellten aufgebaut. Herrenausstattung. Nun haben er und seine Frau drei Kinder: Anna (13), Megan (11) und Peter (9). Seine Frau ist eine ausgezeichnete Hauskreisleiterin und Bibellehrerin. Sie gehören zu einer lokalen AoG-Gemeinde und sind tüchtig in der örtlichen Gemeinde engagiert. Trotz seiner vielen Arbeit singt Andreas auch noch im Chor. Früher war Andreas einmal jahrelang mit einer evangelistischen Musikgruppe um die Welt gereist und hat das Evangelium verkündigt.

Unsere zweite Tochter, Gabriele oder Gaby, wie wir sie nennen, ist ebenfalls im Dienst für den Herrn und immer aktiv. Mit Hans Reimann, ihrem Mann, ging sie zunächst nach Sambia, Afrika. Hans unterrichtete Kinder weißer Farmer und beaufsichtigte den südlichen Distrikt der *Velberter Mission,* die in Sambia arbeitet. Dort war Gaby sehr engagiert in der Kinder- und Jugendarbeit. Sie haben zwei Töchter, Jennifer und Sabrina. Jennifer, die in Sambia geboren ist, ist bereits verheiratet und hat ebenfalls eine süße Tochter. Sabrina wird eine Ausbildung als Krankenschwester absolvieren.

Gaby arbeitet zur Zeit als Kindergärtnerin. Hans studiert noch einmal und hofft, in zwei Jahren sein Studium beendet zu haben. Dann wird er im Lehramt – Bible College – tätig sein. Ihr gemeinsamer Traum ist, in ein Land zu gehen, in dem offizielle Missionare keinen Zutritt haben, dort Englisch als zweite Sprache zu unterrichten und über persönliche Kontakte Gemeinde Jesu zu bauen.

Angelika, unsere jüngste Tochter, kam mit ihrer Familie 1990 nach Kanada. Ihr Mann ist Folker Schack. (Beide sind am selben

Tag, im selben Monat und in derselben Stadt geboren.) Sie haben an ihrem Geburtstag, dem 21. August, geheiratet und wurden an diesem Tag 21 Jahre alt. Folker ist von Beruf Zahntechniker, wiederholte hier in Kanada sein Examen und hat in Kelowna, B. C., ein eigenes zahntechnisches Labor aufgebaut. Sie haben drei Kinder: eine Tochter, sie heißt Jana und ist die Älteste. Zwei Jungen folgten: Jones und Lennart. Jones erzählte mir, daß er gerne für Deutschland Fußball spielen möchte, aber ich denke, bei Kindern ändern sich die Wünsche sehr rasch. Janas Deutsch ist nicht gerade umwerfend, doch als sie uns vor einigen Jahren am Abend nach dem Gottesdienst besuchen kam, sagte sie: „Opa, ich muß dir ganz was Schönes erzählen, aber ich kann das nicht in Deutsch."

„Mädchen", sagte ich, „dann sag's in Englisch." Sie war damals neun oder zehn Jahre alt. Und sie erzählte mir: „Heute abend hat mich der liebe Heiland mit seinem Heiligen Geist erfüllt. Ich habe Gott in einer anderen Sprache angebetet." Opa und Oma haben sich natürlich mitgefreut.

Wir sind beschämt, mit welcher Hingabe Angelika und Folker hier in der Gemeinde Gott dienen. Ich frage mich manchmal, wie sie es schaffen. Angelika betet mit und für viele Menschen. Wir sind auch sehr dankbar, daß sie in Kelowna so nahe bei uns wohnen.

Unsere Kinder, Enkel und Urenkel sind unsere Zierde und Krone. Wir wissen nicht, wieviel Zeit uns Gott noch geben wird. Doch mit Josua wollen wir sagen:

Ich und mein Haus, wir wollen dem Herrn dienen.

Im Rückspiegel einen Freund betrachtet

Wäre der Autor, Gerhard Klemm, mit 21 Jahren nicht Christ geworden, sondern in die Wirtschaft oder in die Politik gegangen, er hätte es zweifellos auch dort zu etwas gebracht. Gerhard ist schon von Natur aus der perfekte Alpha-Typ; ein Mann, der kreativ, zielstrebig und ausdauernd arbeiten – und andere Menschen mitreißen und anleiten kann, ohne sich unbeliebt zu machen. Er hat sich mit diesen seinen Talenten bewußt und entschieden in den Dienst Jesu und seiner Gemeinde gestellt.

Kennzeichnend für sein lebenslanges Engagement ist seine Vielseitigkeit: Ideenreichtum und Kreativität, Frohsinn und Gelassenheit, menschliche Nähe und Wärme, unerschütterlicher Glaube und eine wohltuende Freiheit seines christlichen Gewissens machen ihn im Kreise seiner Amtsbrüder unverwechselbar. Gerhard Klemm paßt in keine Schablone – vielleicht fühlte er sich deshalb manchmal zu stark und manchmal zu schwach, was er selbst beim Rückblick auf sein bisheriges Leben in diesem Buch eingesteht. Er ging manches Wagnis des Glaubens ein, und er konnte beizeiten erkennen, wann er an seine Grenzen gestoßen ist.

Gerhard Klemm und ich wurden 1966 miteinander zur Leitung der Bibelschule „Beröa" berufen. Hier schnürte er das Paket seiner Begabungen hoch motiviert auf. Er war als Lehrer zugleich Evangelist, Komponist und Dirigent, der eine stets wachsende Anzahl junger Menschen missionarisch und musikalisch schulte. Und er ging selbst mit ihnen ,an die Hecken und Zäune' mit dem Evangelium; immer beseelt und bewegt von der Liebe zu den Menschen, die noch nicht glauben konnten oder wollten. Gerhard förderte im übrigen die rhythmische Musik im Gottesdienst, was ihm von allzu besorgten Leuten als „Anpassung an die Welt" ausgelegt worden ist. Aber er hat der Gemeinde Jesu viele Lieder gegeben, die heute noch gerne gesungen werden.

Bei der stets notwendigen Beschäftigung mit kontroversen theologischen Fragen war Gerhard mir eine große Stütze. Bloße Theorie oder gar lautstarke Polemik lag dem erfolgreichen Pragmatiker fern. Doch wenn es galt, ein wichtiges Gut biblischer Lehre zu vertreten, meldete er sich – taktvoll wie immer – aber mit Nachdruck zu Wort. Die Pfingstbewegung in Deutschland hatte es immer auch mit der für evangelikale Kreise typischen Gesetzlichkeit zu tun. Der „schmale Weg" wurde und wird in unseren Gemeinden unterschiedlich verstanden. Die Angst vor der „Welt" schien aber bei manchen Gläubigen größer gewesen zu

*sein als das Vertrauen zu Jesus Christus. Am Theologischen Se-
minar kulminierten Probleme dieser Art ständig und mußten diskutiert und gelöst werden. Beispielsweise ging man als Christ
nicht ins Kino oder ins Theater, hörte nur Infosendungen im Radio oder im Fernsehen; die Frauen trugen langes Haar und eine
dezente Kopfbedeckung, aber keine Miniröcke oder „Männerho-
sen". Verstöße gegen diese Regeln wurden korrigiert, es gab Ver-
mahnungen – und in manchen Fällen auch disziplinarische Maß-
nahmen an Gemeindemitgliedern bis hin zum Ausschluß.*

*Gerhard setzte sich mit diesen Fragen frühzeitiger auseinan-
der als viele andere Pastoren seiner Generation. Er legte keinen
so großen Wert auf Äußerlichkeiten. Und er ist beileibe nie ein
Liebhaber der „Welt" gewesen, sondern immer der Mann Gottes
geblieben, als den wir ihn in diesem Buch kennengelernt haben.
Er war nur unbefangener und unverkrampfter als andere, und das
haben ihm besonders junge Menschen hoch angerechnet. Vielleicht ist ihm dabei seine Herkunft aus der ELIM-Bewegung zugute gekommen, die anders geprägt war als viele der damals ein-
flußreichen Flüchtlingsgemeinden, deren Mitglieder aus Ost-
europa in ethischen Fragen andere Kriterien setzten als die
„westlichen" Gläubigen. Gerhard hat auch sie geliebt.*

*Im internationalen Reisedienst für die Schule war er der
„Außenminister", der die Gemeinden besuchte, den Freundeskreis
vergrößerte, die Spendeneingänge vervielfältigte und auf jede Art
und Weise bemüht war, für die Arbeit der Bibelschule Vertrauen
zu stiften. Damals wurde uns von der Bruderschaft ein neuer
Lehrplan zugestanden, mit dem wir vom hessischen Kultusmini-
ster die Anerkennung nach den Richtlinien des Bundesausbil-
dungsförderungsgesetzes (BAföG) erhielten. Aus der zweistufigen
Bibelschule wurde dadurch – zum Nutzen unserer Gemeinden –
eine anerkannte Fachschule (im diakonischen Zweig) und eine
Höhere Fachschule im Bereich der theologischen Ausbildung. Ich
hätte die damit verbundene Mehrarbeit seinerzeit nicht geschafft,
wenn Gerhard mir nicht den Rücken dafür freigehalten hätte.*

*In der Bruderschaft genoß Gerhard Klemm immer ein hohes
Ansehen. Er wurde schon mit 32 Jahren ins Präsidium gewählt,
bekam immer wieder das Vertrauen für besondere Dienste und
Ämter ausgesprochen und stand an vielen wichtigen Weichenstel-
lungen unserer Geschichte seinen Mann. Wenn er den Eindruck
hatte, daß eine seiner Aufgaben erfüllt war, gab er sein jeweili-
ges Amt wieder ab oder kandidierte nicht mehr, wenn eine neue
Wahl angesagt war. Manche haben ihm auch diese Selbstbe-*

schränkung als „Unbeständigkeit" ausgelegt, aber Gerhard blieb immer „beständig in der Lehre der Apostel", d. h. er bewies auf Schritt und Tritt, daß er mit seinem Herzen und Gewissen fest an Gottes Wort gebunden war. Daß die deutsche Pfingstbewegung sich von unnötigen äußerlichen Satzungen gelöst hat, verdankt sie, neben vielen anderen Männern und Frauen, auch dem Dienst von Gerhard Klemm.

Der Autor wird zweifellos von vielen Menschen geliebt und geschätzt. Seine Familie stellt sich einmütig zu ihm als Ehemann und Vater – trotz mancher Kritik an ihm. Und was ihm seine Familie bedeutet, hat Gerhard ja selbst beschrieben. Auch seine Freunde äußern sich in diesem Buch nur positiv über ihn. Ist er ein so perfekter Mensch oder ein so unangefochtener Christ, daß es an ihm nichts zu tadeln gäbe? Sicher nicht. Gerhard Klemm ist wohl sein schärfster eigener Kritiker. Aber er wundert sich eigentlich, daß Gott einen solchen Mann wie ihn überhaupt in seinen Dienst berufen hat. Denn Gerhard weiß selbst am besten, wer er wirklich ist. Und er wollte seine Leserinnen und Leser sicher nicht auf sich aufmerksam machen, sondern ihnen in spontaner Freude und Dankbarkeit von dem erzählen, was er mit Gott erlebt hat.

Seine Lebensgeschichte kann alt und jung neu inspirieren, sich selbst auch so in den Dienst Jesu zu stellen. Mehr wollte und konnte Gerhard mit seinem Buch nicht erreichen.

Ludwig D. Eisenlöffel